KB268424

國語學叢書 53

국어 어간복합어 연구

이선영 저

태학사

머리말

　이 책은 2002년 8월 서울대학교 대학원에 제출한 박사학위 논문인 「국어의 어간복합어에 대한 통시적 연구」를 수정하고 제목을 바꾸어 다시 내는 것이다. 저자는 1992년에 석사학위 논문인 「15세기 국어 복합동사 연구」를 쓰면서 어떤 의문을 가지게 되었다. '접칼, 얕보다'처럼 어간이 어미 없이 후행 어기와 결합하는 단어들이 현대국어에 적지 않게 존재하는데, 왜 이러한 단어들이 현대국어에서 더 이상 형성되지 않는다고 보는가? 이러한 궁금증이 결국 2002년에 '어간복합어'에 대한 박사논문을 쓰게 되는 동기가 되었다.

　저자는 1990년 서울대학교 대학원 석사과정에 입학하면서 국어사를 공부하게 되었고, 문헌 자료를 통하여 오백여 년 전 국어를 접하면서 새로운 세계가 열리는 것 같은 신선함을 느꼈다. 특히 관심을 가지는 부분은 이휘의 변화인데, 단어 하나하나가 만들어져 쓰이다가 소멸되는 일련의 과정이 마치 유기체의 일생처럼 생생한 감동을 주었다. 이러한 느낌은 지금까지도 저자가 국어학을 공부할 수 있는 원동력이 되고 있다.

　또 하나의 원동력은 저자를 지금까지 가르쳐 주시고 격려해 주신 여러 선생님들이다. 지도교수인 심재기 선생님은 학부 때부터 지금까지 저자를 학문의 길로 이끌어 주신 큰 스승이다. 늘 부족하기만 한 제자가 남편을 따라 3년 동안 지방에 내려가 있다가 어느 날 박사논문 초고를 써서 나타났을 때, 마치 집 나간 막내딸이 돌아온 것처럼 기뻐해 주시던 모습은 지금도 잊을 수 없다. 논문을 심사해 주신 고영근 선생님,

이익섭 선생님, 김창섭 선생님, 이현희 선생님도 논문의 부족한 부분을 하나하나 짚어 주셔서 큰 힘이 되었다. 이 선생님들의 지도가 없었다면 박사논문은 나올 수 없었을 것이다. 이기문 선생님, 김완진 선생님, 안병희 선생님, 이병근 선생님, 임홍빈 선생님, 이상억 선생님, 최명옥 선생님, 송기중 선생님, 송철의 선생님의 수업과 논문을 통하여 배운 지식과 학문은 저자의 평생 재산이다. 2004년 박사후 연수과정을 지도해 주신 홍윤표 선생님과, 박사논문을 동숭학술논문상에 추천해 주신 최호철 선생님께도 감사드린다. 또한 늘 힘이 되어 주는 선배, 동학, 후배 여러분께도 고마움을 전하고 싶다. 학문의 길이 외롭다지만 지금까지 외롭지 않았던 것은 이들의 격려가 있었기 때문이다.

10년을 한결같이 손자들을 엄마 대신 돌봐 주시는 시아버님과 시어머님, 엄마는 원래 학교에 가는 사람인 줄 알고 할머니 손에서 잘 자라 주는 세 아이들, 부족한 아내를 언제나 격려하고 지켜 주는 남편에게도 감사를 전하고 싶다. 처음 대학원에 진학하겠다고 했을 때 '교수 되는 것이 가수 되기보다 어렵다'며 걱정하셨던 아버지(사실 공부를 하게 된 것은 평생 학자의 길을 가셨던 아버지의 영향이 크다), 늘 딸을 위해 기도하시는 어머니께도 감사드린다.

마지막으로 여러 가지로 부족한 논문을 국어학총서로 선정해 주신 국어학회 여러 선생님들과 이 책을 출판해 주신 태학사 지현구 사장님 이하 편집부 여러분들께도 감사를 드린다.

2006년 4월 18일
이선영

차 례

제3장 어간복합어의 시대별 검토 • 91

제4장 어간복합어의 통시적 변화 • 159

제5장 결론 • 181

제1장 서 론

1.1. 연구의 목적

새로운 개념이나 물건이 생겨 그것을 지칭하는 단어가 필요할 때 흔히 우리는 새로운 단어를 만들게 된다. 그 단어는 단일어일 수도 있고, 복합어 또는 파생어일수도 있다.[1] 이렇게 새로운 단어를 만들기도 하고, 때로는 이미 쓰던 단어를 더 이상 쓰지 않기도 하는 것 등은 국어 화자의 몫이요 언어 자체의 생명력이지만, 그 단어의 어원과 형성 원리, 그리고 변화와 사멸의 모습을 밝혀내고 그 자료를 정리하는 것은 바로 우리 국어학자의 몫이요 책임일 것이다.

이러한 단어 연구의 일환으로 우리는 국어의 복합어에 대해 살펴보고자 한다. '복합어'는 일반적으로 '어미를 제외한 단어의 직접구성요소가 모두 어기이거나 그보다 큰 언어 단위인 단어'를 말한다.[2]

---

1) 여기에서는 이희승(1955)와 이익섭(1975)의 용어를 따라, 단어가 단일어(simple word)와 합성어(complex word)로 나누어지고 합성어가 다시 복합어(compound word)와 파생어(derived word)로 나누어지는 것으로 보기로 한다.

2) 이 정의는 이익섭(1975)에 기댄 것이다. 이익섭(1975:6)에 의하면 '語根'은 "굴절접사(어미)와 직접 결합될 수 없으며 동시에 자립형식도 아닌 단어의 중심부"를, '語幹'은 "굴절접사와 직접 결합될 수 있거나 아니면 그 단독으로 단어가 될 수 있는 단어의 중심 부분"을 의미한다. 여기에서는 '어근'의 개념은 이 정의를 그대로 따르되, '어간'의 개념은 어미와 직접 결합할 수 있는 단어의 중심부인 '용언 어간'만을 지칭하는 개념으로 사용하기로 하겠다. 그리고 어간과 어근, 자립형식인 명

우리가 관심을 가지는 복합어는 이 가운데 '용언 어간이 어미와 유리되어 후행하는 용언이나 명사와 직접 결합하여 형성된 복합어'이다. 여기에 속하는 복합어에는 세 가지가 있다.

(1) '어간+어간'형('V_1+V_2'형) 복합동사 : 얽미다, 오르느리다
(2) '어간+어간'형('V_1+V_2'형) 복합형용사 : 굳세다, 됴쿶다
(3) '어간+명사'형('V+N'형) 복합명사 : 붗돌, 두디쥐

지금까지 이 복합어는 일반적으로 '비통사적 복합어'라는 이름으로 지칭되어 왔다. 그러나 우리는 다음 두 가지 이유를 근거로 '비통사적 복합어'라는 용어를 쓰지 않으려 한다. 첫째, '비통사적 복합어'는 상당히 포괄적인 개념으로 우리의 논의 대상이 되는 복합어만을 지시하지 못하는 개념이다. '통사적 복합어(syntactic compound)'와 '비통사적 복합어(asyntactic compound)'는 복합어를 구성하는 구성 성분의 배열 방식이 구에서 볼 수 있는 방식이냐 아니냐에 따라 나누는 개념으로, 그 결과 상당히 이질적인 복합어들을 하나의 집합으로 묶고 있다. '비통사적 복합어'에 속하는 것들을 나열해 보면, 복합명사로 '명사+ㅅ+명사(콧물, 곗돈), 어간+명사(늦잠, 곶감), 부사+명사(산들바람, 척척박사), 부사+부사(잘못)'형과 한자어(父母, 手足)가 있고, 복합동사로는 '어간+어간(굶주리다, 오르내리다)'형이 있고, 복합형용사로는 '연결형+어간(쓰디쓰다, 머나멀다), 어간+어간(검붉다, 굳세다)'형이 있다.[3] 우리의 연구 대상이 되는 복합어는 이 가운데 '어간+명사'형과 '어간+어간'형으로 이것만을 지칭하는 용어로 '비통사적 복합어'를 사용하기는 어려운 일이다. 물론 우리는 졸고(1992)에서 용언 어간이 어미 없이 다른 용언 어

사 등을 아울러 지칭하는 개념으로 '語基'를 사용하기로 한다.
3) 이 분류는 이익섭·임홍빈(1983:123)과 임홍빈·장소원(1995:184~189)을 참고한 것이다.

간과 결합하는 복합어를 '비통사적 복합동사'로 지칭한 바 있다. 그러나 이는 동사에 논의를 한정하였을 때 가능한 용어이고, 지금처럼 '비통사적 복합명사'를 같이 고려한다면, '비통사적 복합어'는 상당히 이질적인 복합어들을 하나로 포괄하는 광범위한 개념인 것이다.[4]

둘째, 어휘론의 대상인 단어를 통사론적 기준으로 분류하는 것에 대하여 재고해 볼 필요가 있다고 생각한다. 복합어는 어휘론의 대상이며 통사론적 방식이 아닌 어휘론적 방식에 의해 형성된다. 예를 들어 현대 국어에서 사이시옷이 들어간 복합명사(바닷물, 나뭇잎)는 통사론적 기준으로 보면 '비통사적'이지만 어휘론적 기준으로 보면 국어의 고유한 단어 형성 방식에 의해 형성된 자연스러운 복합어이다.[5]

이에 우리는 '비통사적 복합어'라는 용어 대신 (1)~(3)의 복합어만을 지칭하는 개념으로 '語幹複合語'라는 용어를 사용하기로 한다.

> (4) '어간복합어'는 용언의 어간이 어미 없이 유리되어 후행하는 어기와 결합한 복합어를 말한다.

우리는 '어간'과 '어기'를 달리 사용하였는데, '어간복합어'의 선행 성분으로는 용언 어간만이 가능하고, 후행 성분으로는 용언 어간과 명사가 다 가능하기 때문에 이를 포괄하는 개념으로 '어기'를 사용하였다.[6]

우리가 이 유형의 복합어에 관심을 가지는 이유는 어간복합어가 후

---

4) 국어에서 한자어가 차지하는 비중을 생각한다면 아마도 국어의 '비통사적 복합어'의 수는 '통사적 복합어'의 수를 능가할 것이다.

5) 김창섭(1996ㄱ:40~41)에서는 구의 단어화에 의한 합성명사를 '통사적 합성명사'로, 어휘부의 합성명사 형성규칙에 의한 합성명사를 '형태적 합성명사'로 분류한 바 있다.

6) Hockett(1958:240~241)에서도 '어간복합어(Stem compounds)'라는 용어를 쓰고 있는데, 여기에서는 복합어를 구성하는 직접구성요소(IC)가 둘 다 어간일 경우를 지칭하고 있어 선행성분이 용언 어간인 경우를 지칭하는 우리의 개념과는 차이가 있다.

기 중세국어 이후 소멸되었다고 보는 견해가 많아 지금까지 그 어휘사가 제대로 정리된 바 없으며, 특히 어간복합명사에 대해서는 따로 논의된 바가 거의 없다고 보아도 과언이 아니기 때문이다. 어간복합어는 우리 국어사에서 어간의 특성을 밝히는 데 중요한 자료일 뿐만 아니라 국어 어휘 형성의 특성을 밝히는 데 있어서도 좋은 자료가 된다. 이에 우리는 고대국어부터 현대국어까지 우리 국어에서 확인되는 어간복합어의 어휘 자료를 시기별로 정리하고 그 특성과 통시적 변화상 등을 논하고자 한다.

1.2. 연구사

어간복합어와 관련한 연구사를 검토해 보기로 하겠다. 먼저 주시경(1910:115~116)을 보면, 단어의 결합에 대해 다루는 '기몸헴'에서 복합어에 대해 논하고 있는바, '낫몸'은 '한 낫의 기로 된 것'으로 '사람, 새, 고기, 돌, 흙, 불, 물'이 있고, '모힌몸'은 '둘로 붙어 둘 더 되는 기가 모히어 한 기의 몸으로 쓰이는 것'으로 '그 사람이 물불을 헤알이지 안이한다'의 '물불'이 이에 해당한다고 보았다. 그리고 '엇기의 몸'에서는 '낫몸'으로는 '크, 검, 차, 착하, 흔하'가 있고, '모힌몸'으로는 '검붉'이 있다고 하였다. 여기에서 엇기의 몸이 모인 '검붉'이 바로 어간복합어가 된다. 다음으로 최현배(1937/1989:686~718)를 보면, '겹씨[複詞]'라는 이름으로 복합어를 다루고 있는데, '겹씨'를 '뜻과 꼴이 둘 더 되는 낱말이 서로 겹하여서, 말본에서 한 낱말로서의 다룸을 받는 한 덩어리의 말'로 정의하고, 이를 의미에 따라 '녹은 겹씨[融合複詞], 가진 겹씨[有屬複詞], 벌린 겹씨[並列複詞]'로 나누고 있다. 이 가운데 우리가 관심을 가지는 어간복합어의 예를 찾아보면, '가진 겹씨'로 '묵밭[陳田], 붙장[附檣], 메끈[荷繩], 들오다, 돌보다, 붙잡다, 보살피다, 감돌다' 등을 들고 있고,

'벌린 겹씨'로 '나들다, 오르내리다, 오가다, 우짖다, 듣보다, 검붉다, 검푸르다, 굳세다' 등을 들고 있다.[7] 그런데 특이한 것은 '늦되다'의 '늦-', '깔보다'의 '깔-', '얕보다'의 '얕-' 등을 접두사로 처리하고 있다는 점이다.[8] 이희승(1955:248~297)에서는 '단어'를 '단일어'와 '합성어'로 나누고, '합성어'를 다시 '복합어, 첩어, 파생어'로 분류하고 있다.[9] 그리고 복합어를 다시 의미의 결합도에 따라 '疎緩(닭의알, 쥐손이풀), 普通(국그릇, 눈물), 緊密(곶감, 미닫이)'로 분류하고, 구성성분의 관계에 따라 '竝立(여닫이, 날뛰다, 오르나리다), 主從(건잡다, 썩마르다), 渾一(나드리[外出], 손위[年長])'로 분류하고 있다. 그리고 품사의 종류에 따라 '복합명사(손아귀, 큰아버지), 복합대명사(이이, 저이), 복합동사(날뛰다, 엎누르다, 낮보다), 복합형용사(속없다, 잣젊다), 복합부사(죄다, 온종일), 복합조사(에는, 에게는)'로 나누고 다시 이를 세분하여 분류하고 있다.

다음으로 어휘형성법 전반에 관련한 논의를 검토하기로 하겠다. 현대국어 이전 국어를 대상으로 한 공시적 연구를 보면, 최남희(1996)에서는 향가자료를 중심으로 고대국어에 나타나는 복합어와 파생어에 대해 논하고 있다. 중세국어를 대상으로 이루어진 연구로는 안병희(1959), 허웅(1966ㄱ, 1966ㄴ, 1967), 강성일(1972), 홍일섭(1984) 등이 있다. 안병희(1959)에서는 용언의 활용어간에 대하여 논하면서 복합어간을 구성성분의 성격에 따라 첫째, 용언의 활용어간들이 결합한 경우, 둘째, 용언의 활용형에 활용어간이 결합한 경우, 셋째, 자립형식인 명사나 부사에 활

---

7) '녹은 겹씨'에는 '돌아가다[死], 꽃같다[美]' 등이 포함되는데 어간복합어의 예는 없다.

8) 최현배(1937/1989:668~669)에서는 '풀이씨 앞에 붙는 앞가지'를 들고 있는데, 이 가운데 접사로 처리된 '늦-(늦되다), 돋-(돋보다), 낮-(낮보다), 깔-(깔보다), 얕-(얕보다), 설-(설삶다)' 등은 어간복합어의 선행 성분인 용언 어간으로 보아야 할 것들이다.

9) 이 책에서는 제4편 '문법론'에서는 '품사의 분류'를 다루고, 제3편 '어휘론'에서 '단어, 어의(語義)의 연구, 단어의 구성' 등을 다루고 있다.

용어간이 결합된 경우로 나누어 기술하고 있다. 허웅(1966ㄱ)에서는 15세기 국어를 대상으로 한 어휘형성론의 서술에서 제기되는 문제점을 제시하는 한편, 15세기 어휘형성법을 정리하고 있다. 허웅(1966ㄴ)에서는 15세기 국어의 비통사적 복합어에 대해, 허웅(1967)은 15세기 국어의 통사적 복합어에 대해 각각 기술하고 있는바, 이 논의들은 허웅(1975)로 연결된다. 강성일(1972)에서는 허웅(1966ㄱ, 1966ㄴ, 1967) 등의 기술방식에 따라 중세국어의 어휘형성법 전반을 정리하고 있다. 그리고 15세기 국어의 어휘형성법에 대한 연구로는『석보상절』을 대상으로 논의한 김사권(1990)과 노양수(1992)가 있다. 그리고 김세중(1990)에서는 16세기 국어의 어휘형성법을 논하는바, 16세기 초기 문헌인『번역노걸대』와 『번역박통사』에 나타난 복합어와 파생어를 논하고 있다. 이진환(1984)에서는 18세기 국어의 어휘형성법을 논하는데,『방언집석』에 나타난 복합어와 파생어를 논하고 있다. 이영숙(1987)에서는『계축일기』에 나타난 조어법을 다루고 있다. 그런데 이들 연구는 허웅(1966ㄴ, 1967)을 제외하고는 복합법만을 연구대상으로 한 것이 아니라 어휘형성론 연구의 한 부분으로서 파생법과 함께 복합법을 다루고 있다.

　다음으로 15세기의 복합어를 대상으로 한 연구로는 김종욱(1992)가 있고, 15세기의 복합동사만을 대상으로 한 논의로는 장종하(1986)과 졸고(1992ㄱ)이 있다. 박용찬(1994)에서는 근대국어의 복합명사를 대상으로 단어형성기제와 형태구조를 검토하였다. 그리고 이현희(1991ㄴ)에서는 복합어 형성에서 나타나는 음운론적 정보에 대해 논하였으며, 이현희(1997)에서는 중세국어의 강세접미사 목록과 이 강세접미사에 의해 만들어져 나오는 강세동사의 목록을 작성하고 분류하였는데, 그 작업의 일환으로 기존 논의에서 강세동사로 분류된 것들 가운데 어간복합어로 보아야 할 단어들을 분류하였다. 한재영(1999)에서는 어간복합어의 판별 기준에 대하여 논한 바 있다. 그리고 송창선(1999)에서는 어간복합어를 구성하는 어기 간의 의미 관계를 검토하였다.

다음으로 어휘형성에 관한 통시적 연구를 보면, 복합동사만을 통시적으로 검토한 연구로는 김광우(1995)가 있고, 어간복합어만을 통시적으로 검토한 연구로는 조현룡(1994)와 박정순(1999)가 있다.

현대국어의 복합어와 파생어를 전반적으로 분류하고 검토한 연구로는 서병국(1975), 유경종(1986), 이석주(1989), 최규일(1989), 이상복(1990), 김정은(1995), 김계곤(1996) 등이 있다. 그리고 복합어만을 대상으로 한 연구로는 한태형(1986), 김용범(1989), 정동환(1991), 김일병(2000)이 있고, 복합동사만을 대상으로 한 논의로는 김창섭(1981)과 김성란(1989), 황현주(1994), 藤澤文人(1994), 허철구(1998), 하미선(1998) 등이 있다. 최형용(2002)는 통사적 결합어에 대한 논의로 조사와 어미가 단어화에 참여하는 양상을 검토하고 있다.

국어의 단어 형성 원리와 관련한 논의로는 정원수(1992), 고재설(1994), 김창섭(1996ㄱ), 시정곤(1998), 채현식(2000), 송원용(2002) 등이 있다.

이제 어간복합어와 관련된 연구들을 구체적으로 살펴보기로 하자. 어간복합어에 대한 연구는 대부분 어간복합어의 생성 원인과 소멸 원인에[10] 대한 연구로 이루어진다. 어간복합어의 생성에 대하여 이기문(1972: 144~145)에서는 '동사 어간의 유리성'과 관련하여 논의하였다. 그 내용을 살펴보면, 중세국어에서 명사와 동사 어간이 일치하는 예('비[腹]', '빗[梳]'), 부사와 동사 어간이 일치하는 예('느외[更]', '브르[飽]') 등은 "명사나 동사 어간들이 그대로 (영변화에 의해서) 동사나 부사로 파생되었다고 해석하기도 했으나, 이렇게 단순하게 해석해 버리기 어려운 문제가 스며 있는 듯하다."라고 하고, "'빌먹-(乞食)'과 같은 두 동사 어간

---

10) 일반적으로 어간복합어는 근대국어 이후 생산성을 잃어 사라졌고, 이후에 남아 있는 예들은 그 화석이라고 보는 경우가 많았기 때문에 그 소멸 원인에 대한 연구가 상당히 많이 이루어졌다. 지금 복합어의 연구사를 정리하면서 '어간복합어의 소멸 원인'이라는 표현을 사용하는 것은 그간의 논의를 정리하기 위함이지 어간복합어가 사라졌다고 보는 것은 아님을 밝힌다.

의 합성이 매우 생산적이었으며, 심지어 동사 어간과 명사의 합성의 예
가 있었음을 고려에 넣을 때('붓돌[礪]') 국어의 동사 어간은 본래 어미
와 유리될 수 있었음을 암시하는 듯이 보인다."라고 하였다. 이 논의는
'용언 어간의 유리성'에 관한 최초의 언급으로서 이후에 전개되는 논의
의 토대가 되었다. 다음으로 이승욱(1973:266~296)에서는 『계림유사』
의 검토를 통하여 문법자료에서 용언이 어간 형식만 표출된 것은 "어느
시기의 고대어의 문법의식에는 명사류와 동사류의 분별이 현대어와 같
이 그렇게 명료한 한계에서 되었던 것이 아니었기 때문"이라고 보았다.
그리하여 이승욱(1974)에서는 '명사, 동사, 부사'라는 문법 범주가 이루
어지기 전에 이것들은 미분화된 하나의 어군범주로서 "통사 영의 자율
적 의미체"였을 것이라고 보아, "본시 동사도 명사류의 어기처럼 어미
형태소와 자유로이 유리될 수 있는 자질의 어류"라고 보았다. 그리고
이를 뒷받침하는 증거의 하나로 '동사어간+동사어간' 구성의 복합동사
를 들고 있다. 그리고 이 어간복합동사는 근대 이후 쇠퇴하여 갔으며
현대에는 일부 화석화된 것만이 쓰이고 있다고 보았는데 이러한 쇠퇴는
단순한 폐기가 아니었으며 이들 대부분은 '전치동사가 후치동사를 한정
하는 관계의 구성으로 발달'하게 되었는데 '전치동사어간+-아/어+후
치동사'의 구조가 대표적인 것이라고 하였다. 이런 변화는 기존의 질서
가 무너지고 새로운 질서의 통사적 관계로 바뀌는 계기가 되는 것으로
특히 이 전환은 "통사 영의 어간집합이 통사의 가치를 가진 구조로 발
달한 것"이라 하였다.

  조현룡(1994)에서는 15세기와 그 이전 시기에 어간복합어가 생산적이
었던 것은 그 당시에는 그 구조가 통사적이었기 때문이라고 보고, 이후
어미의 발달로 어미를 이용하여 연결되는 구조가 통사적인 구조가 되
자, 두 어간의 직접적인 결합은 비통사적인 것이 되어 생산성을 잃게
되었다고 보았다. 그리고 이 구조를 비생산적이게 만든 요소로는 '어미
의 발달, 접사화, 어휘화'가 있다고 보았다. 김광우(1995)에서도 조현룡

(1994)에서와 마찬가지로 용언 어간이 자립성이 있었다고 보고, 15세기에는 비통사적 복합동사가 용언 어간만으로 자립할 수 있는 통사적 구성을 통해 생산적 모습을 보이다가 근대 이후에 줄어들어 현대에 이르러서는 비생산적인 합성법이 되었다고 하면서 그 원인으로 '어미의 발달, 접사화, 어휘화, 신구세력의 갈등'을 들었다.

다음으로 심재기(1982:411)에서는 "동사어간의 영변화에 의한 부사화가 곧 복합동사 생성의 진원"이라고 보았는데, 아무런 형태상의 변화를 입지 않고 후행 동사와 자주 어울리게 되는 부사는 그와 같은 통사적 결합의 빈도가 높아질수록 그 의미가 특정한 것으로 고정되고 나아가 그 부사와 결합된 동사는 복합동사로 굳어져 어휘화하게 된다고 보았다. 중세어에서 이미 복합동사로 쓰였던 어휘는 사실상 보다 이른 시기에 그것들이 "부사와 동사로 분리된 동사구의 화석"이라고 할 수 있으며 "'눌쒀다, 빌먹다, 돌보다, 굽보다' 등에서 선행동사어간을 부사로 해석한다 하여 통사의미상 어떤 변화나 결함을 발견할 수 없다."라고 하였다.

김창섭(1997)에서는 중세국어 이전 시기에 동사 어간의 무어미 활용이 있었다고 보고, 이런 무어미 활용이 있던 고대국어에서는 동사어간끼리의 합성이 '통사적' 복합어였을 것이나 중세국어에 오면 '비통사적' 복합어로 성격이 바뀌었을 것이라고 보았다. 그리고 이러한 단어형성법은 근대국어를 거치면서 생산성을 잃어 현대국어에서는 생산성이 인정될 수 없게 되었으며 현대국어에서 보이는 시어(詩語) '오가-'는 '[X]v, [Y]v→[[X]v+[Y]v]v'의 단어형성 규칙이 적용되어 만들어진 것이 아니라, '오르내리-' 등 기존의 복합동사들에 유추되어 만들어진 것이라 보았다.

송창선(1999)에서는 중세국어에서 생산성이 높았던 어간복합어가 생산성을 잃게 된 원인을 구성 어기 간의 의미관계에서 찾고 있다. 어간복합어에는 구성 어기 사이에 연결어미가 개입되지 않았기 때문에 선행 용언과 후행 용언의 의미관계를 예측하기 어려웠고, 이로 인하여 생산성이 약화되었다고 보았다.

다음으로 이광호(1998)에서는 국어의 동사 어간은 본래 어미와 유리될 수 없었다고 보고, 후기 중세국어의 어간끼리 결합하는 복합동사의 형성 규칙은 순수한 국어 동사 어간이 가지는 규칙이 아니라, 한자 단어 형성 원리를 차용한, 일시적이고 제한된 원리였다고 보았다. 이렇게 보는 근거로는 '빌먹-'류의 복합동사가 후기 중세국어를 끝으로 근대국어에서는 더 이상 생성되지 못했다는 점과 다른 알타이어에서는 동사 어간이 직접 후행 동사 어간이나 명사와 연결될 수 없다는 점을 들고 있다. 박정순(1999)에서도 어간복합동사는 국어의 통사구조에서 받아들일 수 없는 형식이나, 한문의 언해 과정에서 한문에 익숙한 언해자들이 동사 어간이 한자에서처럼 문법형태소(어미) 없이 동사 어간과 결합하는 방식이 가능하다고 여겼기 때문에 이런 방식을 이용하여 복합동사를 형성하게 되었다고 보았다.

심재기(1997)에서는 국어 어휘의 형태론적 유연성을 강하게 반영하는 것이 복합어라고 전제하고, '맛보다, 빗나다, 나아가다, 듣보다, 뛰놀다' 등과 같은 국어의 복합어들은 이미 존재하는 두 개의 낱말을 통사론의 질서에 맞추어 결합하면서 부차적인 요소라고 생각되는 문법적 형태를 과감하게 생략하기도 하고 때로는 받아들이기도 하면서 하나의 낱말로 만든 것들이라고 하면서, '듣보다, 뛰놀다'는 '듣(고)보다, 뛰(어)놀다'와 같이 생략된 어미가 있기 때문에 흔히 비통사적 복합어라 말해 왔으나 그것이 통사규칙을 어긴 것이라고는 할 수 없다고 하였다.

이상에서 알 수 있듯이 어간복합어는 후기 중세국어나 그 이전 시기에 존재하던 어휘 형성 방식에 의해 생성된 어휘라고 보는 견해가 많기 때문에 그와 관련하여 소멸의 원인을 문법 의식의 발달, 어미의 발달, 불명료한 의미 관계의 해소, 한자 단어 형성 방식의 차용 등에서 찾고자 하였다. 우리는 2장에서 실제로 어간복합어를 문헌 자료에서 찾아

검토함으로써 그 특성을 살펴보는 한편, 위에서 든 소멸 원인에 대해서
도 쟁점별로 검토하기로 하겠다.

1.3. 논의의 구성

　복합어를 논의하기 위해서는 먼저 복합어의 분석을 어디까지 해야 할
것인가를 정해야 한다. 현대국어에서 단일어처럼 쓰이고 있으나 그 어원
을 분석해 보면 복합어로 확인되는 단어의 경우, 이 단어를 복합어로 처
리해야 하는지 아니면 단일어로 처리해야 하는지 문제가 된다. 예를 들
어 '두더지'를 보면, 현대국어에서 이 단어는 단일어처럼 인식되고 있으
나 후기 중세국어에서는 '뒤지다'의 의미를 가지는 동사 어간 '두디-'와
명사 '쥐'가 결합하여 이루어진 어간복합명사이다. 현대국어에서 볼 때
'두더지'는 더 이상 분석할 수 없는 단어이나 어원론적으로는 복합어이
다. '두더지'는 현대국어에서 복합어라는 의식이 약화되기는 하였으나
그 어원이 단일어인 단어와는 차이가 있다. 그러므로 현대국어에서 단
일어로 처리되는 예라도 그 어원을 볼 때 복합어임이 분명한 단어는 우
리의 논의 대싱으로 삼고자 한다.
　반면 복합어인 것으로 보이나 그 한쪽 어기를 공시적이나 통시적으
로 확인할 수 없다면 논의에서 제외하기로 한다. 예를 들어 후기 중세
국어에서 확인되는 '답사히다[積]'를 보면, 현대국어까지 용례가 확인되
며 그 의미 또한 '한군데로 들이덮쳐서 쌓이다'여서 '덮-'과 모음교체
관계에 있는 '*닾-'과 '쌓이-'가 결합하여 된 복합어로 추정된다. 그러
나 '*닾-'이 문증되지 않으므로 논의에 포함시키지 않기로 한다.[11] 그리
고 복합어로 보이는 단어라도 그 구성 어기의 의미가 명확하게 드러나

---

11) '덮-'의 짝으로는 '둪-'이 확인된다.

지 않으면 복합어로 보지 않는다. 예를 들어 '고소미다[焦]'를 보면, '미-'가 '믜-[尨]'와 의미상 유연성이 있는 듯하나, '고소-'가 단일어 '고소-[香]'와 의미상 유연성이 없으므로 복합어로 처리하지 않는다. 그러나 '글탉다[焦]'의 경우는 '긇-[沸]'과 '*닳-[煎]'의 결합으로 된 단어인 듯한데, '액체 등이 졸아들다'의 의미를 가지는 '닳-'이 후기 중세국어에서는 확인되지 않으나 현대국어에서는 확인되므로 복합어로 처리하고 우리 논의의 대상으로 삼는다.[12]

이 책의 구성은 다음과 같다. 이 책은 국어의 어간복합어를 대상으로 그 생산성을 확인하고, 고대국어부터 현대국어까지의 어휘목록을 작성하고, 그 통사적 변화를 확인하는 것을 목적으로 하였다. 먼저 2장에서는 어간복합어의 형성 원리와 그 특성을 살펴볼 것이다. 어간복합어가 형성되는 것은 용언의 어간이 어미와 유리되어 존재할 수 있기 때문인데, 그 '어간의 유리성'을 '어간의 자립적 유리성'과 '어간의 의존적 유리성'으로 나누어 검토할 것이다. '어간의 자립적 유리성'은 『계림유사』와 같은 전기 중세국어 자료에서 확인할 수 있는 어간의 자립적 쓰임과 후기 중세국어 자료의 영변화 파생부사와 영변화 파생명사에서 볼 수 있는 어간의 유리성이다. '어간의 의존적 유리성'은 단어 형성에서 용언 어간이 어미와 유리되어 '얽미다, 감포르다, 두디쥐'와 같은 어간복합어를 형성할 때 나타나는 유리성이다. 우리는 이 두 가지를 구별함으로써 어간복합어가 현대국어에서도 형성되는 원리를 밝혀 보고자 한다. 그리고 용언 어간의 특성을 통하여 인간의 머릿속 어휘부에 어간과 어미가 결합되어 존재하는 것이 아니라 따로 저장되어 있을 가능성이 있음을 볼 것이다. 그리고 어간복합어가 생산성이 없다고 본 기존의 논의들을 유형별로 살펴보고 그 문제점을 검토해 보기로 한다. 다음으로 복합어와 구의 구별, 부사와 용언 어간의 구별, 접사와 용언 어간의 구별, 어미

---

12) 후기 중세국어에서는 '닳다'의 사동사인 '달히다'만이 확인된다.

축약형과 용언 어간의 구별을 해 보고자 한다. 이러한 작업은 어간복합어를 구와 구별하고 어미가 개재된 복합어와 구별하고, 파생어와 구별하려는 시도이다.

3장에서는 어간복합어의 시대별 목록을 확인할 것이다. 우리는 어간복합어가 나타나는 모든 자료를 검토하고자 하는데, 고대국어와 전기 중세국어의 차자표기 자료, 후기 중세국어와 근대국어의 문헌 자료, 현대국어의 사전 자료에 나타나는 어간복합어를 어간복합동사, 어간복합형용사, 어간복합명사로 나누어 검토할 것이다. 그리고 각 시대별 어간복합어 목록과 그 특성을 검토할 것이다.

4장에서는 3장에서 확인한 어간복합어 가운데 특징적인 예들을 대상으로 통시적 변화를 살펴볼 것이다. 통시적 변화는 크게 어원 의식의 약화와 의미의 변화로 나누어 볼 수 있는데, 어원 의식의 약화는 다시 어형의 변화와 어기의 소멸로 나누어 검토할 것이다. 의미의 변화는 의미의 확장, 축소, 이동으로 나누어 살펴볼 것이다. 그리고 5장은 결론이다.

1.4. 연구 자료

우리는 어간복합어를 논함에 있어 고대국어부터 전기 중세국어를 거쳐, 후기 중세국어, 근대국어, 현대국어를 총망라하여 가능한 한 어간복합어가 확인되는 모든 자료를 검토하고자 하였다.[13] 먼저 고대국어부터 전기 중세국어까지는 차자표기 문헌 자료에 나타난 복합어와 고려가요에 나타난 복합어를 확인하였고, 후기 중세국어부터 근대국어까지는 한글 표기 문헌 자료에 나타난 복합어를 확인하였다. 그리고 현대국어는『표준

---

13) 우리는 국어사의 시대 구분을 이기문(1972)에 따라, 고대국어(10세기초까지), 전기 중세국어(10세기초~14세기), 후기 중세국어(15세기~16세기), 근대국어(17세기~19세기), 현대국어로 나누기로 한다.

국어대사전』(1999, 두산동아)에 등재된 복합어를 중심으로 검토하였고, 필요한 경우『우리말큰사전』(1992, 어문각)과『조선말대사전』(1992, 사회과학출판사)을 참조하였다. 이 책에서 검토한 자료의 목록과 약호를 시대순으로 보이면 다음과 같다.

① 고대국어

문헌명	간행 연도	약호
新羅帳籍	8세기	신라
三國史記	1145	사기
三國遺事	1285	유사

② 전기 중세국어

문헌명	간행 연도	약호
鷄林類事	1103~1104	계림
鄕藥救急方	13세기	향약
張戩所志	14세기	장전
高麗末 戶籍文書	14세기	호적
樂學軌範	1493	악학
樂章歌詞	16세기	악장
時用鄕樂譜	16세기	시용

③ 후기 중세국어

문헌명	간행 연도	약호
釋譜詳節	1447	석상
龍飛御天歌	1447	용가
月印千江之曲	1447	월천
訓民正音諺解	1447	훈언
月印釋譜	1459	월석
楞嚴經諺解	1461	능엄
法華經諺解	1463	법화
金剛經諺解	1464	금언
禪宗永嘉集諺解	1464	선종
阿彌陀經諺解	1464	아미

문헌명	간행 연도	약호
救急方諺解	1466	구방
四法語諺解	1467	법어
牧牛子修心訣	1467	목우
內訓	1475	내훈
杜詩諺解	1481	두시
三綱行實圖	1481	삼강
金剛經三家解	1482	금삼
南明集諺解	1482	남명
靈驗略抄	1485	영험
救急簡易方諺解	1489	구간
六祖法寶壇經諺解	1496	육조
續三綱行實圖	1514	속삼
飜譯老乞大	1517	번노
飜譯朴通事	1517	번박
飜譯小學	1517	번소
正俗諺解(이원주교수본)	1518	정속-이
訓蒙字會	1527	훈몽
千字文(光州千字文)	1575	천자-광
百聯抄解	1576	백련
新增類合	1576	신합
警民編諺解	1579	경민
石峰千字文	1583	천자-석
小學諺解	1586	소언

④ 근대국어

문헌명	간행 연도	약호
諺解痘瘡集要	1608	언두
諺解胎産集要	1608	언태
禪家龜鑑諺解	1610	선가
癸丑日記	1613	계축
東醫寶鑑 湯液篇	1613	동의
東國新續三綱行實圖	1617	동신
家禮諺解	1632	가언
杜詩諺解 重刊本	1632	두시-중
新傳煮取焰焇方諺解	1635	신자
警民編諺解 重刊本	1656	경민-중

문헌명	간행 연도	약호
語錄解-初刊本	1657	어록-초
千字文-七長寺版	1661	천자-칠
語錄解-改刊本	1669	어록-개
老乞大諺解	1670	노언
朴通事諺解	1677	박언
馬經抄集諺解	1682	마경
譯語類解	1690	역해
伍倫全備諺解	1721	오전
靑丘永言	1728	청구
千字文-松廣寺版	1730	천자-송
女四書諺解	1736	여사
御製內訓諺解	1737	어내
同文類解	1748	동해
地藏經諺解	1752	지장
海東歌謠	1763	해동
朴通事新釋諺解	1765	박신
蒙語類解	1768	몽해
松江歌辭(관서본)	1768	송강-관
三譯總解	1774	삼역
念佛普勸文(해인사본)	1776	염보-해
明義錄諺解	1777	명의
方言集釋	1778	방언
漢淸文鑑	1779	한청
隣語大方	1790	인어
正俗諺解(일사문고본)	1792	정속-일
增修無冤錄諺解	1792	무원
敬信錄諺解	1796	경신
五倫行實圖	1797	오륜
濟衆新編	1799	제중
物譜	18세기	물보
太上感應篇圖說諺解	1852	감응
閨閤叢書	1869	규합
歌曲源流	1876	가곡
예슈셩교젼셔	1887	예성
國漢會語	1895	국한

제2장 어간복합어의 형성 원리와 특성

2.1. 용언 어간의 유리성

어간복합어의 형성 원리를 밝히기 위해서는 먼저 '용언 어간의 유리성'에 대해 검토할 필요가 있다. 용언은 어간과 어미로 구성되는데, 어간복합어에서는 선행 어간이 어미 없이 유리되어 후행 어기와 결합하는 방식으로 단어가 형성되기 때문에 특별한 단어 형성 방식으로 지적되어 왔다. 특히 후기 중세국어의 복합동사에서 이러한 예가 상당수 확인되기 때문에 이를 후기 중세국어나 그 이전 시대의 문법의식과 관련된 현상으로 해석하기도 하였다. 우리는 이 문제를 논의하기 위해 국어에서 확인되는 '용언 어간의 유리성'을 유형별로 검토하고 이러한 현상이 생기는 원인에 대해서 생각해 보기로 하겠다.

'용언 어간의 유리성'과 관련하여 논의되는 자료로는 고대국어의 인명표기, 향찰 자료,『계림유사』의 자료 등과 같은 차자표기 자료, 그리고 영변화 파생 자료와 어간복합어 자료 등이다. 우리는 이 자료들을 두 가지로 나누어 검토하기로 하겠다. 하나는 용언 어간이 후행 성분 없이 단독으로 유리되어 쓰인 것이고, 다른 하나는 용언 어간이 어미와 유리되어 후행 성분과 결합하여 쓰인 예이다. 전자는 2.1.1에서 후자는 2.1.2에서 검토하기로 하겠다.

2.1.1. 어간의 자립적 유리성

[1] 어간복합어의 형성이 가능한 것은 용언 어간이 어미와 유리될 수 있기 때문이다. 용언의 어간이 어미 없이 단독으로 쓰인 예는 『鷄林類事』에서 확인할 수 있다. 『계림유사』는 宋의 '奉使高麗國信書狀官'이었던 孫穆이 고려에 왔다가 高麗의 단어나 어구 350여 항을 漢字로 기록한 책으로, 12세기 초(1103~1104)의 자료이다. 이 책은 우리나라에서 나온 차자표기 자료와는 달리 12세기 초의 고려어를 외국인이 자신의 문자로 寫音한 것이어서 특별한 가치를 지닌다. 이 문헌에서 특이한 점은 동사 어간이 어미 없이 자립적으로 쓰인 것으로 보이는 예들이 적지 않게 확인된다는 점이다.[1]

   (1) 가. 雪下曰 _嫩耻_ 凡下皆曰耻 '눈 디'

       나. 讀書曰 _乞鋪_ '글 보'

       다. 射曰 _活索_ '활 뽀'

       라. 飽曰 _擺咱_ '비 츠'

       마. 染曰 _沒遞里_ '믈 드리'

       바. 暮曰 占桵 或言_占沒_ '져믈'

(1가)의 예에 대하여 강신항(1980:33)에서는 "'耻'는 '디-'를 寫音한 것으로 보이는데, 어간만 사음된 특수한 예"라고 하였다. 그리고 따로 언급하지는 않았지만, (1나)~(1바)의 예에서도 마찬가지로 어간만이 드러나고 어미는 나타나지 않는다. 위에서 든 예 외에도 『계림유사』에는 어미 없이 어간만이 자립적으로 쓰인 것으로 보이는 예가 적지 않게 보인다.

---

1) 자료 뒤에 고려어를 한글로 표기한 것은 宋代音의 자료를 근거로 한자의 음가를 추정한 강신항(1980)을 따랐다.

이에 대하여 이승욱(1973:273~279)에서는 『계림유사』에서 설명법 어미 '-다'가 나타나지 않는 것은 이 당시의 문법의식이 지금과는 달라서 명사류와 동사류의 분별이 현대어와 같이 그렇게 명료하지 않았기 때문이라고 보았다. 즉 『계림유사』에 나타난 이러한 동사표현은 그 당시의 문법의식의 단적인 표출이라는 것이다. 또한 이에서 더 나아가 명사와 동사뿐만 아니라 부사도 같은 범주의식의 영역으로부터 분화·발달한 문법 단위일 가능성이 있다고 보았다. 이에 대하여 김창섭(1997:823)에서는 "명사와 동사의 내향적인 통사 행위는 현대국어에서와 마찬가지로 중세국어 이전에도 달랐을 것이기 때문에 동사, 명사, 부사가 기원적으로 미분화된 하나의 어군 범주(품사)였다고 할 수 없을 것"이라고 하고, 이를 '동사의 無語尾 活用'으로 보았다.[2]

　실제로 『계림유사』에는 설명법 어미가 거의 나타나지 않는다. 굳이 설명법 어미가 쓰인 예를 찾자면, '走曰 連音打 '녀늠다'' 정도를 제시할 수 있을 뿐이다. 그런데 흥미로운 것은 설명법 어미 외의 다른 어미들은 나타난다는 사실이다. 일부 예를 들어 보면 다음과 같다.

(2) '-라' : 來曰 烏囉 '오라'

(3) '-쇼셔' : 借物皆曰 皮離受勢 '비리쇼셔'

(4) '-ㄴ(-은)' : 冷水曰 時根沒 '시근 믈'/ 銀曰 漢歲 '힌 쇠'

(2)와 (3)은 명령법 어미 '-라'와 '-쇼셔'가, (4)는 관형사형 어미 '-ㄴ(-은)'이 쓰인 예들이다. 만약 어미 없이 나타난 용언 어간의 자립적인 용법이 12세기에 살았던 사람들의 문법의식과 관련된 문제로서, 동사를

---

[2] 이 논의에서는 중세국어에서 나타나는 동사의 무어미 활용은 현대국어의 명사가 외향적 기능을 표시하는 조사 없이 자립형식으로 쓰여서 문장을 끝맺기도 하고(우리의 소원은 통일.), 부사어나 관형어가 되는 것(첫눈이 내리는 날 만나자. 우리 동네 아이들은 축구를 잘 한다.)과 같다고 보았다.

명사와 동일하게 인식하는 차원에서 발생한 문제라면, 설명법 어미뿐만 아니라 다른 어미들도 나타나지 않아야 한다는 것이 우리의 생각이다. 그러나 (2)~(4)의 예에서 확인할 수 있는 바와 같이 설명법 어미 외의 다른 어미들은 나타나고 있어서, 동사를 명사와 같이 인식했다고 보기는 어려움을 알 수 있다.

『계림유사』에서 유독 설명법 어미만 나타나지 않은 것은 설명법 어미가 의미의 전달에 있어서 별 역할을 수행하지 못하기 때문에 나타난 결과가 아닌가 한다. 또한『계림유사』의 내용이 손목이 고려방언을 듣고 혼자의 힘으로 기술한 것이라고 한다면, 외국인이 고려어를 어간과 어미로 나누어 기술한다는 것은 사실상 불가능하였을 것이다. 이 기술을 도와준 제보자의 판단에 중국어와 의미의 대응을 이루는 어간만이 가치가 있기 때문에 '어간을 유리하여' 고려어를 일러 주었을 가능성이 있을 듯하다. 반면 설명법 어미 외의 어미들은 문체적 기능이 강하기 때문에 생략될 수 없었던 것이 아닌가 생각한다. 특히『계림유사』에서 가장 활발히 나타나는 명령법 어미의 경우, 중국인과 고려인의 의사소통을 위하여 가장 절실히 필요한 어미였을 것이기 때문에 생략되지 않고 쓰인 것으로 보인다. 반면 설명법 어미는 생략되어도 의미의 전달에 문제가 없다고 보았기 때문에 생략된 것이 아닌가 한다.

용언의 어간이 어미 없이 단독으로 쓰이면서 논항을 취하는 예는『계림유사』이외의 자료에서는 거의 확인되지 않는다. 설명법 어미의 경우에 국한되기는 하나 용언 어간이 어미 없이 유리될 수 있었음을 보여 주는 특별한 예이다.[3)]

[2] 다음으로 볼 자료는 후기 중세국어에서 확인되는 영변화 파생명

---

3) 16세기 자료인『광주천자문』에도 어간이 쓰인 듯한 예가 보이기는 하나 일부에 불과하다('量 헤아리 량'<천자 광9ㄱ>, '解 그르 힐'<천자 광31ㄱ>).

사와 영변화 파생부사이다. 영변화 파생명사는 용언의 어간과 명사가, 영변화 파생부사는 용언의 어간과 부사가 동일한 형태를 보이는 단어들인데 이것은 용언의 어간이 어미와 유리될 수 있었음을 보여 주는 또 다른 예이다.

(5) 가. 거츤 階砌엔 草茅ㅣ <u>너추럿도다</u>(荒階蔓草茅)<두시 14:9ㄴ>

　　나. 퍼덧는 <u>너추리</u> 몰ㄱ 모술 횟돌앳도다(滋蔓匝淸池)<두시 15:8ㄱ>

(6) 가. 通達ᄋᆫ <u>ᄉᄆᆞ출씨라</u><석상 13:4ㄴ>

　　나. 죽사릿 受苦ㅣ <u>ᄉᄆᆞᆺ</u> 업스리라<석상 13:60ㄱ>

(5가)는 '너출-'이 용언 어간으로 쓰인 예이고, (5나)는 '너출'이 명사로 쓰인 예이다. (6가)는 'ᄉᄆᆞᆾ-'이 용언 어간으로 쓰인 예이고, (6나)는 'ᄉ ᄆᆞᆺ'이 부사로 쓰인 예이다. 이처럼 용언 어간과 명사, 용언 어간과 부사가 동일한 어형을 보이는 예는 후기 중세국어에서 적지 않게 나타난다.

(7) 곱-[倍] : 곱 / ᄀᆞ물-[旱] : ᄀᆞ물 / 너출-[蔓] : 너출 / 누비-[納] : 누비 / 되-[測] : 되 / 뭑-[束] : 뭇 / 비븨-[鑽] : 비븨 / 빗-[梳] : 빗 / 신-[履] : 신 / 심-[泉] : 심 / ᄯᅴ-[帶] : ᄯᅴ / 품-[懷]·품

(8) 가ᄅᆞ-[分] : 가ᄅᆞ / 거의-[庶] : 거의 / 그르-[誤] : 그르 / ᄂᆞ외-[復] : ᄂᆞ외 / 비릇-[始] : 비릇 / ᄉᄆᆞᆾ-[通] : ᄉᄆᆞᆺ

(7)은 용언 어간과 명사가 동일한 형태를 보이는 단어들이고, (8)은 용언 어간과 부사가 동일한 형태를 보이는 단어들이다. 이승욱(1974:159)에서는 이 단어들이 문법적인 어군범주가 이루어지기 전의 모습을 반영하는 것으로 "통사가 零인 상황에서의 자율적 의미체"를 나타낸다고 보았다. 이 단어들은 동사와 명사, 동사와 부사라는 문법 범주가 생기기 이전의 형태를 반영한다는 것이다. 이 논의에서는 이 단어들이 동사와 명사, 동

사와 부사 가운데 어느 한쪽에서 다른 쪽으로 파생이 이루어진 것이 아니라 동사, 명사, 부사와 같은 문법 범주로 분화되기 이전의 하나의 의미체를 나타내고 있다고 본다.

그러나 유창돈(1971/1980), 구본관(1998), 기주연(1994) 등에서는 이를 파생 가운데 영변화 파생의 하나로 본다. 여기에서는 파생의 방향을 정함에 있어서 (7)과 같이 용언 어간과 명사가 동일한 형태를 보이는 예들에 대해서는 명사에서 용언 어간이 파생된 것으로 보고, (8)과 같이 용언 어간과 부사가 일치하는 예들에 대해서는 용언 어간에서 부사로 파생이 일어난 것으로 보고 있다. 유창돈(1971/1980: 321~322)를 보면, 용언 어간과 명사가 일치하는 예들의 경우, "'용언>체언'의 전성 유형으로 잡을 수 있겠으나, 여기서는 '체언>용언'의 발달 순으로 보기로 하겠다."라고 하여 명사에서 용언 어간으로 파생이 일어났다고 보고 있으나 그 근거는 들지 않고 있다. 마찬가지로 구본관(1998:67~68), 기주연(1994:342~346)에서도 '용언>명사', '명사>용언'의 두 가지 방향이 다 가능하다고 하면서도 명사에서 용언 어간이 파생된 것으로 보는데 그 근거로 국어가 명사문에서 동사문으로 변해왔다는 가설을 들고 있다. 그런데 영변화 파생부사의 경우에는 앞서 본 세 논의에서 공히 용언 어간에서 부사로 파생이 일어났다고 보고 있다.

용언 어간과 명사, 그리고 용언 어간과 부사가 동일한 형태를 보이는 단어들의 경우, 이승욱(1974)에서와 같이 '통사 영의 자율적인 의미체'라고 보지 않는 이상, 어느 쪽이 어기이고 어느 쪽이 파생어인지 그 파생의 방향을 결정해야 할 것이다. 앞의 논의들에서는 용언 어간과 명사의 일치형에서는 명사를 기본 형태로 보고 있고, 용언 어간과 부사의 일치형에서는 용언 어간을 기본 형태로 보고 있다. 그러나 우리는 다음의 세 가지 이유를 근거로 용언 어간과 명사의 일치형이든 용언 어간과 부사의 일치형이든 둘 다 용언 어간을 기본 형태로 보고자 한다.

첫째, 기술의 일관성 문제이다. 용언 어간과 명사의 일치형에서는 명사가, 용언 어간과 부사의 일치형에서는 부사가 어기라면 이것은 일관성이 없는 기술이다. 용언 어간과 명사의 일치형에서 명사를 어기로 보는 근거로 국어가 명사문에서 동사문으로 발달하였다는 가설을 들고 있으나 이것은 용언 어간과 부사의 동일형에는 해당하지 않는 이야기다. 이것은 곧 영변화 파생이 명사문에서 동사문으로의 발달과는 관련이 없는 문제임을 말해 준다. 우리는 이 문제가 용언 어간의 유리성과 관련된 문제라고 보는바, 즉 용언에서 어간이 어미와 유리되어 명사나 부사로 파생되었다고 보고자 한다.[4]

둘째, 언어의 경제성 문제이다. 일반적으로 명사에서 동사가 파생될 경우는 '명사+-ㅎ다' 형태를 취한다. 예를 들면, '스랑'이 동사로 파생될 때 '*스랑다'가 되지 않고, '스랑ㅎ다'와 같이 '-ㅎ다'가 결합한 형태를 취한다. 명사를 동사로 만드는 방법으로 '-ㅎ다'를 결합시키는 방법이 있었는데도, 굳이 명사에 '-다'가 결합하는 방식이 따로 있었다는 것은 언어의 경제성 면에서 납득하기 어렵다. 즉 '누비'를 동사로 파생시키려면 '*누비ㅎ다'가 되는 것이 더 자연스러운 것인데 이것을 취하지 않고 '누비다'로 파생되었다는 것은 어색한 면이 없지 않아 있다.[5] 이에

---

4) 일반적으로 이 부류의 단어들은 영변화 파생의 일송으로 저리되어 왔다. 그런데 김창섭(1990ㄱ)에서는 현대국어에서 영파생으로 다루어지는 예들(오늘, 이리, 밤낮 등)을 환유에 의한 의미전이의 결과로 해석하여 영파생을 인정하지 않고 있다. 그리고 중세국어에서의 용언 어간과 명사의 동일형에 대해서는 "국어사의 이전 어느 단계에서 용언 어간의 명사화 또는 부사화가 있었다고 인정해도 그 경우에는 의존형식의 자립형식화라는 형식상의 변화가 있음이 인식되어야 할 것이다(이 때의 형식 변화는 굴절어미가 없어진다는 것이다)."(108면)라고 하여 중세국어에서의 용언 어간과 명사, 부사의 동일형의 문제는 의미전이와는 다른 현상으로 보고 있다. 우리는 여기에서 "용언 어간의 명사화 또는 부사화"라는 표현을 통하여 김창섭(1990ㄱ)에서 용언 어간이 우선적으로 존재하고 여기에서 명사나 부사가 나온 것으로 보고 있음을 알 수 있다.

5) 여기에서 '자연스럽다'는 것은. 명사가 동사로 파생될 때는 '명사+-ㅎ다'형이 더 일반적으로 나온다는 의미이다. 실제로 '명사+-ㅎ다'의 예로는 '구경ㅎ다(월석 2:27ㄴ), 긔걸ㅎ다(내훈 2:38ㄱ), 노룻ㅎ다(석상 20:35ㄱ), 말ㅎ다(남명 上:7ㄴ), 말

우리는 명사에서 용언 어간이 파생된 것이 아니라 용언 어간에서 명사가 파생된 것으로 보고자 한다.

예를 들어 '곱다(동사) : 곱ᄒ다(동사) : 곱(명사)'의 관계를 살펴보기로 하겠다.

(9) 倍ᄂᆫ 고ᄫᆞᆯ 씨라<월석 1:48>/ 倍 고ᄫᆞᆯ 비<신합 下:43ㄱ>

(10) ᄯᅩ 빌 ᄢᅧ여 외방사ᄅᆞᆷ 갓치 한 말을 곱ᄒ지 말나<예성 마6:7>

(9)에서 볼 수 있는 바와 같이 '곱다'는 후기 중세국어에서 동사로 사용되었다. 그러나 근대국어에서는 '곱다'가 확인되지 않고 (10)에서와 같이 '곱ᄒ다'만 확인되며 이는 현대국어에서도 마찬가지이다. 만약 명사 '곱'에서 동사 '곱다'와 '곱하다'가 둘 다 나왔다고 본다면, '곱다'가 사어가 된 이유를 설명하기 쉽지 않을뿐더러 왜 '곱다'라는 동사가 있는데 굳이 '곱하다'가 또 생기게 되었는지도 설명하기가 쉽지 않다. 그래서 우리는 동사 '곱다'가 먼저 존재하였고, 이 동사 어간에서 명사 '곱'이 영변화 파생되었고 후대에 이 파생명사에서 다시 '곱하다'라는 동사가 나왔다고 보고자 한다.

셋째, 설명의 용이성이다. 구본관(1998:67)에서는 용언 어간에서 부사가 파생되었다고 보는 근거로 '어기 말음의 자음군단순화'를 들고 있다. 여기에서는 '넋-(석상 9:22ㄱ) : 빗(금삼 5:47ㄱ)'의 예를 들면서, 부사는 자립적으로 쓰이어 휴지 앞에서 발음될 수 없는 'ㅅㄱ' 자음군을 가질 수 없기 때문에, '부사>용언어간'의 방향으로 파생이 일어났다면 어기 말음의 자음군단순화를 설명하기 어렵다고 하였다. 그런데 우리는 용언 어간과 명사의 동일형에서도 같은 유형의 예를 찾아볼 수 있다. '넋-(월

___

미ᄒ다(두시 7:22ㄴ), 맛당하다(구방 下:23ㄱ), 시름ᄒ다(두시 11:49ㄴ), ᄉᆞ랑ᄒ다(선종 上:92ㄴ), 조심ᄒ다(내훈 1:74ㄱ), 풍류ᄒ다(아미 9ㄱ)' 등이 있다.

석 11:84:1ㄴ) : 뭇(월석 8:99ㄱ)'의 경우, 명사 '뭇'에서 동사 '묶-'이 파
생되었다면, '묶-'의 'ㅺ'자음군을 설명할 수 없게 된다. 여기에서도 용
언 어간에서 명사로 파생이 일어났다고 보는 것이 더 설득력이 있음을
알 수 있다. 그래서 우리는 용언 어간에서 명사와 부사의 방향으로 파
생이 일어났다고 보고자 한다.

　이처럼 용언 어간이 명사나 부사로 파생되는 예는 후기 중세국어에
서 적지 않게 확인되던 예들이다. 그러나 이러한 형식의 영변화 파생법
은 근대국어에 오면 이미 생산성을 잃은 것으로 보인다. 기주연(1994:
342)에서는 근대국어에서는 이러한 파생 유형이 전대에 형성된 파생어
가 형태 변화를 보인 채 남아 있을 뿐이라고 하였다. 용언 어간이 그대
로 명사나 부사로 파생되는 예들은 현대국어에서는 거의 찾기 어렵다.
송철의(1990:218~220)에서는 중세국어에 나타나던 '동사-명사, 동사-
부사, 형용사-부사' 사이의 영변화 파생은 현대국어에서 생산성이 거의
없어진 것으로 보인다고 하고, 현대국어에 남아 있는 예들로 다음 예들
을 들고 있다.

　　(11) 가. 동사-명사

　　　　　가뭄-:가뭄/ 김-:김/ 누비-:누비/ 되-:되/ 뭉치-:뭉치/ 신-:신/ 배-:배/

　　　　　품-:품/ 띠-:띠/ 꾸미-:꾸미/ 빗-:빗

　　　　나. 동사-부사

　　　　　낮추-:낮추/ 내리-:내리/ 늦추-:늦추

　　　　다. 형용사-부사

　　　　　더디-:더디/ 느리-:느리

이처럼 용언 어간이 바로 명사나 부사로 영변화 파생되어 쓰이는 현상은
후기 중세국어에서는 적지 않게 확인되었으나 현대국어에서는 거의 나
타나지 않는다. 현대국어에서 용언 어간이 명사로 쓰이는 예로, '버무리

-:버무리’와 북한어의 ‘튀기-:튀기’ 정도를 추가할 수 있을 뿐이다.

　(12) 버무리 몡 ① 여러 가지를 한데에 뒤섞어서 만든 음식. ② = 버무리떡.

(12)는 『표준국어대사전』에 나오는 ‘버무리’의 뜻풀이이다. ‘버무리’는 ‘감자버무리, 쑥버무리, 버무리떡’ 등에서와 같이 쓰임이 활발한 명사인데, 이 명사 ‘버무리’에서 ‘버무리다’라는 동사가 나왔다고 보는 것보다는, 동사 ‘버무리다’에서 ‘버무리’가 나왔다고 보는 것이 우리의 직관에 더 맞는 해석으로 보인다.[6] 다음으로 ‘튀기’는 남한어의 ‘튀김’과 ‘튀밥’을 아우르는 개념인데 그 뜻풀이를 『조선말대사전』에서 확인하면 다음과 같다.

　(13) 튀기 몡 ① 고기, 물고기, 남새 등을 높은 온도의 기름 속에 넣고 튀겨낸 음식. ¶ 생선~, 두부~, 통오리~. ② 강냉이, 콩, 쌀, 수수 같은 것을 튀겨낸 것. ¶ 콩~/ 밥알~/ 강냉이~.

이처럼 일부 예들이 확인되기는 하나, 영변화 파생이 현대국어에서 생산성이 있다고 보기는 어려울 듯하다.

2.1.2. 어간의 의존적 유리성

[1] 이제 용언 어간이 어미와 유리되기는 하나 앞에서와 같이 단독으로 쓰이지 않고 뒤에 다른 성분과 결합하여 쓰이는 예들을 살펴보기로 하겠다. 이 유형은 후행 성분으로 용언 어간이나 명사가 오는 경우, 보조사가 오는 경우 등으로 나누어 볼 수 있다. 먼저 가장 이른 시기에 국

---

6) 물론 ‘[[버무리-]+-이]ₙ일 가능성도 없지는 않다.

어에서 용언의 어간이 어미와 유리되어 쓰인 예는 『삼국사기』와 『삼국유사』의 인명 표기와 지명 표기에서 확인할 수 있다. 주지하는 바와 같이 고대국어 자료는 그 표기가 한자로 되어 있어 실제로 어떻게 읽었는지를 판단하기가 쉽지 않다. 그러나 이기문(1972:47)에서는 "同一名에 대하여 音讀 表記와 釋讀 表記가 병존할 때 그것은 가장 믿음직한 언어 자료로 이용될 수 있다."라고 보았다. 즉 어떤 단어의 음독 표기와 석독 표기가 병존할 때, 그 음독 표기에서는 發音을, 석독 표기에서는 意味를 찾아낼 수 있다는 것이다. 우리는 이러한 생각에 기대어 『삼국사기』와 『삼국유사』의 자료 가운데 음독 표기와 석독 표기가 병존하는 예를 대상으로 검토하기로 하겠다.

『삼국사기』와 『삼국유사』의 고유 명사 표기에서 용언 어간이 어미 없이 쓰인 것으로 보이는 예들은 적지 않게 확인된다. 먼저 人名 表記를 보기로 하겠다.

(14) 赫居世王[蓋鄕言也 或作弗矩內王 言光明理世也]<유사 1>

위 예는 『삼국유사』 권1의 '新羅始祖 赫居世王'에 나오는 '赫居世王'의 이름에 대한 내용이다.[7] 여기에서 우리는 '赫居世王'이 '弗矩內王'과 동일한 이름임을 알 수 있다. 이기문(1972:46)에서는 '赫居世'나 '弗矩內'나 다 '鄕言'으로 그 讀法은 같았다고 보고, 전자는 석독 표기, 후자는 음독 표기라고 하였다. 그래서 전자의 '赫, 世'는 釋으로 읽으면 각각 후자의 '弗, 內'와 같아지고, 전자의 '居'는 음독을 하여, 엄밀히 말하면 '赫居世'는 釋讀과 訓讀의 混合 表記라고 보았다. 이승욱(1974:161~162)에서는 "赫(居)＝弗矩"를 동사어간형태소 "pʌlkʌ-"로 보아, "弗矩-內"가

‘동사어간-명사’의 구조일 가능성이 있다고 본 바 있다. 그렇다면, ‘赫居’나 ‘弗矩’나 공히 ‘*붉ㄱ-’를 표기한 것으로 형용사 어간이 유리되어 다른 명사에 연결된 것일 가능성이 있다.

> (15) 가. 姓朴字厭髑[或作異次 或云伊處 方音之別也 譯云厭也 髑頓道覩獨等 皆隨
>   書者之便 乃助辭也 今譯上不譯下 古云厭髑 又厭覩等也]<유사 3>
>   나. 異次頓[或云處道]<사기 4>

(15가)는『삼국유사』권3의 ‘原宗興法 厭髑滅身’에 나오는 ‘厭髑’에 관한 내용이다. 여기에도 역시 註로 이름에 대한 설명이 나온다. 그 내용을 번역해 보면, “‘異次’라고도 하고 ‘伊處’라고도 하는데 이는 方音의 차이이고, 譯하면 ‘厭’이라는 뜻이다. ‘髑, 頓, 道, 覩, 獨’ 등은 다 글 쓰는 사람의 편의에 따라 쓴 것이니 助辭이다. 여기에서 위의 글자만 譯하고 아래의 글자는 譯하지 않았으므로 ‘厭髑’ 또는 ‘厭覩’ 등이라 불렀다.” 정도의 의미이다. 여기에서 우리는 고대국어의 인명에 대해 새로운 인식을 할 수 있게 된다. 일반적으로 고유 명사는 표기가 고정되어 있다고 본다. 그러나 고대국어에서는 우리 고유어를 표기하기 위하여 한자를 이용하였기 때문에, 가능한 한 그 사람의 이름에 가깝게 표기하기 위하여 다양한 방법으로 표기를 할 수 있었다. 단, 표기는 여러 가지이나 읽는 방법은 동일하였을 것이다. ‘厭髑’의 경우에도 ‘厭’은 釋讀 表記이고, ‘異次’나 ‘伊處’가 이에 해당하는 音讀 表記이다. 그리고 ‘髑’은 註에서 밝히고 있는 바와 같이 ‘頓, 道, 覩, 獨’ 등과 통용하여 쓸 수 있는 글자인 것이다. (15나)는『삼국사기』에 나오는 예인데, 여기에서도 우리는 ‘異次頓’이 ‘異處道’로도 표기될 수 있었음을 알 수 있다. 이기문 (1972:65)에서는 ‘厭’은 釋讀 表記이고, ‘異次, 伊處’는 音讀 表記인데, 이 두 음독 표기의 정밀한 차이를 제쳐 놓으면 ‘*ich-’이 추출된다고 보고, 이것은 중세국어의 ‘잊-[困]’에 대응되는 것으로 의미 변화(厭→困)

가 있었음을 알 수 있다고 보았다. 이를 통하여 '異次頓'의 '異次'가 [厭]의 의미를 가지는 형용사의 어간임을 알 수 있으며, 이 예 또한 용언 어간이 어미 없이 유리되어 쓰인 예임을 확인할 수 있다.

다음으로 나타나는 인명은 『삼국사기』 권44에 나오는 '居柒夫'이다.

(16) 居柒夫[或云荒宗]<사기 44>

이 인명에서 우리는 어렵지 않게 '居柒'이 晉讀 表記이고, '荒'이 釋讀 表記임을 알 수 있다. '居柒'은 '荒'의 釋에 해당하는 '거츨-'로서 형용사 어간이 어미 없이 유리되어 쓰인 예이다. 이기문(1967:103)에서도 '居柒'이 후기 중세국어의 '거츨-[荒]'과 완전히 일치한다고 보고 있다. '居柒夫'의 '夫'는 인명에 쓰이는 助辭로 보아도 좋을 것이다.[8]

다음으로 地名 表記를 보기로 하자.

(17) 密城郡 本推火郡 景德王改名 今因之<사기 34>

먼저 볼 지명은 『삼국사기』 권34에 나오는 '密城郡'이다. 이 지명에 대해 이기문(1967.103)에서는 '密'이 중세한국어의 '밀[推]'과 완전히 일치한다고 보았으며, 이기문(1972:60)에서는 "舊名은 釋讀 表記로 '밀블'이라고 읽혀질 것으로 추정되는데 改名은 '밀'의 晉을 따서 '密'자를 썼음을 볼 수 있다."라고 하였다. 여기에서 우리는 '推火'가 '밀블'로 읽혀졌다면, '밀-'은 동사 어간이 어미 없이 유리된 예임을 알 수 있다.

(18) 密津縣 本推浦縣 景德王改名 今未詳<사기 34>

---

8) 『삼국사기』 권44의 '異斯夫[或云苔宗]'에서도 인명에 쓰이는 '夫'가 확인된다.

『삼국사기』 권34에는 '密津縣'이 나오는데, 이 지명에서도 우리는 '密'
이 '推'에 대응되어 '밀-'의 의미를 나타내었음을 알 수 있다.
　또한 위의 인명에서 본 '居柒-'은『삼국사기』 권34에서 지명으로도
확인된다.

　　(19) 東萊郡 本居柒山郡 景德王改名　今因之<사기 34>

이 지명에 대해서도 이기문(1967:103)에서는 '居柒-'이 중세국어의 '거
츨-[荒]'과 완전히 일치한다고 보았는데, '東萊'의 '萊'에 '거츨-'의 의
미가 어느 정도 반영되어 있다고 할 수 있을 것이다.
　이상에서 우리는 인명인 '弗矩內'의 '붉フ-[明]', '異次頓'의 '잋-[厭
→困]', '居柒夫'의 '거츨-[荒]'과 지명인 '推火郡'과 '推浦縣'의 '밀-
[推]', '居柒山郡'의 '거츨-[荒]' 등이 고유명사 표기에 쓰였음을 보았다.
이 예들은 우리 국어에서 고대국어부터 용언 어간이 어미와 유리되어
후행 성분과 결합하는 방법이 있었음을 보여 준다. 이 고유명사 가운데
일부는 어간복합어로 볼 수 있을 듯한데, 이에 대해서는 3장에서 다시
언급하기로 하겠다.

　[2] 다음으로 동사 어간의 유리성과 관련되어 논의되는 자료로 용언
어간 뒤에 나타나는 보조사나 어미의 쓰임을 보기로 하겠다. 먼저 검토
할 자료는 향가에 나타나는 '良'의 쓰임이다.

　　(20) 가. 月良(ᄃ래) : 東京明其月良(處容歌)
　　　　나. 枝良(가재) : 一等隱枝良出古(祭亡妹歌)
　　(21) 가. 入良(드러ᄉᆞ) : 入良沙寢矣見昆(處容歌)
　　　　나. 修良(닷가) : 道修良待是古如(祭亡妹歌)

(20)은 '良'이 명사에 연결되어 조사처럼 쓰인 예이고, (21)은 '良'이 동사에 연결되어 어미처럼 쓰인 예이다.[9] 이승욱(1974:174~179)에서는 '良'이 '月良'(명사)와 '入良'(동사)에 공히 쓰인 사실은, 명사와 동사라는 어군범주가 분화형성되기 이전의 모습을 반영하는 것이며, 이처럼 어군범주가 분화되기 이전의 단계에 상승적으로 이끌어 올린다면, '月'과 '入'의 어군적인 대립도 무의미해지는 것이니, 결국 '月良'과 '入良'은 동질의 어형을 표기한 것이라고 보았다.

여기에서 '月良'과 '入良'의 존재에 대하여 '月'과 '入'의 관계에 초점을 맞추지 않고, 후행하는 '良'의 기능에 초점을 맞추어 보기로 하겠다. 우리는 '月'과 '入'이 동일 범주에 속했기 때문에 '良'이 양쪽에 다 결합한 것이 아니라 '良'이 원래 기능상 명사와 동사에 다 결합할 수 있었던 것은 아닌가 생각한다. 물론 그렇다고 하여 우리가 이 사실로 동사 어간의 유리성을 부정한다는 것은 아니고, 다만 '良'의 쓰임으로 미루어 동사 어간의 유리성을 확인하기는 어렵다는 것을 밝히고자 하는 것이다.

이두의 예이기는 하지만, 이승재(1992:52)에서는 고려시대의 이두에서 '亦, 以, 中, 段, 叱' 등은 반드시 조사류의 표기에만 사용되고, '白, 賜, 去, 如, 內, 乎, 在, 旅, 遣' 등은 항상 어미류에만 사용되었다고 하였는데, 이에 비해 조사류와 이미류에 두루 쓰인 것은 '乙, 良, 置, 矣' 등에 불과하다고 하였다. 이 기술에서 우리는 '良'이 조사와 어미에 두루 쓰인 문법형태임을 확인할 수 있다. 그러므로 명사나 동사에 두루 결합되는 '良'자 부류가 동사와 명사가 분화되기 전의 문법사실을 암시한다고 한다면, 명사와 동사에 구분되어 쓰이는 이두자들은 명사와 동사가 다른 문법범주임을 암시한다고 보아야 할 것이다. 그리고 설사 고대국어에서의 명사와 동사의 어군범주 미분화 가설이 맞다 하더라도 이를

___

9) 위의 해독은 양주동(1965)의 것인데, 김완진(1980)에서는 '月良'을 '드라라'로, '枝良'을 '가지라'로 해독하였다.

증명하기 위해서는 동사와 명사에 고루 연결되는, '良'자 부류가 다른 글자들보다 더 오래된 문법형태임을 확인할 수 있어야 할 것이다.

다음으로 살펴볼 것은 용언 어간 뒤에 바로 조사가 결합하는 현상이다.

(22) 가. 킈 <u>젹도</u> <u>크도</u> 아니ᄒ고 슐히 <u>지도</u> <u>여위도</u> 아니ᄒ니라<월석 1:26ㄴ>

　　 나. <u>보도</u> 몯ᄒ며 <u>듣도</u> 몯거니 므스기 快樂ᄒ 쁠리잇고<석상 24:28ㄴ>

　　 다. 이 法이 <u>뵈도</u> 몯ᄒ며 <u>니르도</u> 몯ᄒ리니<석상 13:41ㄱ>

　　 라. 쉰여듦차힌 소리 <u>높도</u> <u>ᄂᆞᆽ갑도</u> 아니ᄒ샤<월석 2:58ㄴ>

　　 마. 다 <u>오도</u> <u>가도</u> 말옴이 무던ᄒ다<오전 2:31ㄴ>

　　 바. 우리는 수리 두루미라 <u>검도</u> <u>셰도</u> 아네라<청구 344>

위의 예들은 '젹-, 크-, 지-, 여위, 보-, 듣-, 뵈-, 니르-, 높, ᄂᆞᆽ갑-, 오-, 가, 검-, 셰-'와 같은 용언 어간이 형태소 '도'와 직접 결합한 것들이다. 김창섭(1997:822~823)에서는 (22가)의 '젹-, 크-'에 대하여 내향적으로는 서술어이지만 명사적 용법으로 쓰이고 있으므로 그 기능을 표시할 어미가 기대되는데도 실제로는 아무런 어미도 가지고 있지 않다고 보아, 동사의 '무어미 활용' 가운데 하나로 보았다.[10] 이 무어미 활용은 현대국어의 일부 방언에서는 아직도 일반적으로 유지되고 있으나 중앙어에서는 '오도 가도 못한다'와 같은 일부 관용구에서만 볼 수 있는 화석적 용법이 되었다고 하였다.

다음은 『표준국어대사전』의 관용구에서 확인되는 이 부류의 예들이다.

(23) 가도 오도 못하다/ 굽도 젖도 할 수 없다/ 듣도 보도 못하다/ 빼도 박도 못하다/ 오도 가도 못하다

---

10) 이 논의에서는 '도'를 조사로 보고 있다. 참고로 말하면 『표준국어대사전』에서는 이 경우의 '-도'를 어미로 처리하고 있다.

특이한 것은 이러한 예들의 경우 '가-, 굽-, 들-, 빼-'와 같은 용언 어간이 단독으로 이렇게 쓰이지는 않고 항상 서로 반의어 관계에 있는 '오-, 젖-, 보-, 박-'과 같은 용언 어간과 대구를 이루어 쓰인다는 사실이다. 또한 '~도 ~도 못하다(할 수 없다)' 식으로 부정 서술어와만 공기하고 있다. 우리는 '~도 ~도 못하다(할 수 없다)' 구성이 전자와 후자의 내용을 대조시키는 식으로 의미를 표현하기 때문에 서로 대응이 되는 어간만을 유리하여 의미를 강조하여 표현하였을 가능성이 있다고 본다.[11]

다음으로 '도'와 마찬가지로 용언 어간에 연결되는 형태소로 '싸'를 들 수 있다.

(24) 가. 츨히 說法 마오 涅槃애 어셔 드사 ᄒ리로다<석상 13:58ㄱ>

　　나. 아니옷 드르면 아비 주그리오 드르면 남지니 주그리니 내 죽사 ᄒ리로다<삼강 열5ㄱ>

이현희(1995)에서는 이 예들이 용언 어간에 직접 통합한 '싸'류를 보여 준다고 한 뒤, 일반적으로 용언 어간에 직접 통합하는 '-싸'류는 어말어미로 분류되고, 부사나 격조사, 어말어미 뒤에 통합하는 '-싸'류는 보조사로 분류되나 기원적으로 이 둘은 성격이 동일하다고 하였다. 그리고 보조사가 체언, 용언의 활용형, 부사, 문장 전체 등에 통합하는 등 그 분포가 다양하고 이질적이기는 하나 어떠한 기술 방법으로도 동사 어간에 직접 통합하는 '-싸'와 '-도'를 어미로 처리하지 않고 보조사로 처리할 방안이 현재로서는 없다고 한 바 있다(이현희, 1995:529).

우리는 이 문제에 대하여 용언 어간이 어미와 유리되어 쓰일 수 있었

---

11) 물론 '힝역이 도도디 빗나디 아니코 붇도 아니코 자리 붉디 아니코'(언두 上:67ㄱ)와 같이 단독으로 나타나는 어간도 있기 때문에 이 문제를 단순하게 처리하기는 쉽지 않다.

다고 본다면, 굳이 이 경우의 '-사'와 '-도'를 어미로 처리하지 않아도 될 것이라고 생각한다. 즉 용언 어간이 어미와 유리되어 보조사와 결합한 예로 볼 수 있을 것이다.

[3] 다음으로 용언 어간의 유리성을 확인할 수 있는 자료로는 우리가 관심을 가지는 어간복합어가 있다. 어간복합어에는 앞에서 본 바와 같이 복합동사('얽미다, 오르느리다'), 복합형용사('굳세다, 됴쿶다'), 복합명사('붗돌, 두디쥐')가 있는데, 용언의 어간이 어미와 유리되어 후행하는 어기와 직접 결합하여 복합어를 형성하기 때문에 우리가 앞에서 본, 용언의 어간이 어미와 유리되는 다른 현상들과 동일하게 처리되어 왔다. 또한 앞에서 본 '용언 어간의 유리성'—특히 영변화 파생부사나 영변화 파생명사의 경우가 그러하다— 이 후기 중세국어 이후 사라진 데 기대어 어간복합어도 후기 중세국어 이후 사라진 것으로 보고 이에 초점을 맞추어 논의가 진행되어 왔다. 그러나 우리가 뒤에서 살펴보겠지만, 근대국어에서도 어간복합어는 생성되었고 현대국어에서도 새로운 단어가 생기고 있다. 특히 현대국어의 복합형용사나 복합명사의 경우는 그 양에 있어서 이전 시대와 비교할 수 없을 만큼 많은 예가 확인된다.
    또한 어휘 형성에 있어서 용언 어간끼리 결합하여 명사가 되는 예까지도 확인된다.

(25) 괴 쥐 자봄 ᄀ티 ᄒ며 둘기 알 아뇸 ᄀ티 ᄒ야 <u>긋닛이</u> 업게 호리라(如猫捕鼠 如雞抱卵 無令斷續)<법어 1ㄴ>

위의 예에서 '긋닛'은 용언 어간인 '긏-[斷]'과 '닛-[續]'이 결합하여 명사가 된 예로 '끊고 잇는 일'의 의미이다.[12] 이러한 예가 드물기는 하나

---

12) '긋닛이'가 '[[긏-+닛-]+-이]ɴ'로 분석될 가능성도 없지는 않다.

용언 어간이 단어 형성에 참여하면서 일어날 수 있는 현상이라고 본다. 현대국어에서도 이러한 예가 확인되는데 '오르내리'가 그 예이다. 이 단어는 용언 어간 '오르-'와 '내리-'가 결합하여 이루어진 명사로 '올라갔다 내려갔다 하는 일'의 의미를 가진다.

또한 용언 어간이 결합하여 부사가 되는 경우도 있다.

(26) 가. 고본 님 몯 보ᅀᄫᅡ <u>술읏</u> 우니다니 오ᄂᆞᆳ날애 넉시라 마로렛다<월석 8:87ㄴ>

나. 고븐니 몯 보아 <u>술읏</u> 우니다니 님하 오ᄂᆞᆳ나래 넉시라 마로리어다 <월석 8:102ㄱ>

'술읏'은 용언 어간인 '술-[燒]'과 '긏-[斷]'이 결합한 뒤, '긏-'의 'ㄱ'이 약화하여 형성된 부사로 '사르고 끊듯'의 의미를 가진다.[13] 여기에서도 우리는 단어형성에서 용언 어간이 유리되어 쓰인 예를 확인할 수 있다. 용언 어간 두 개가 결합하여 부사로 쓰인 예는 이 예 외에는 거의 확인하기 어렵다.

또한 현대국어에서도 근대국어 이전 단계에서는 볼 수 없었던, 새로운 형태의 '어간의 '의존적' 유리성'을 확인할 수 있다.

(27) 더듬더듬/ 둥글둥글/ 더디더디/ 비뚤비뚤/ 시들시들/ 흔들흔들

이 단어들은 이익섭(1983)에서 어간끼리 구성된 반복복합어로 제시된 예들이다. 이 단어들은 동사의 어간이 유리된 후 중첩되어 형성된 의태어들이라 할 수 있다. 신중진(1998:31)에서는 '흔들흔들'이 용언 어간인

---

13) 김완진(2000:209)에서는 『악학궤범』의 '鄭瓜亭'에 나오는 '술읏븐뎌'의 '브'를 형용사 형성 접미사로 보고, 그 앞에 나오는 '술읏-'은 '술-[燒]'과 '긏-[斷]'이 결합하여 이루어진 복합어라고 본 바 있다.

'흔들-'에서 어휘부에 있는 중첩 기제에 유추되어 역형성된 의성의태어라고 보고 있다. 또한 조남호(1988:18)에서는 동사 어간이 형태상의 변화 없이 반복된 복합어로 위의 예 외에도 '까불까불, 느물느물, 미루미루, 서슴서슴, 서리서리, 저리저리'가 있다고 하였다. 또한 김정은(1995: 192~193)에서는 '더듬더듬, 흔들흔들, 부풀부풀, 시들시들, 비틀비틀'은 동사 어간과 동사 어간의 결합이고, '작작, 비뚤비뚤, 둥글둥글'은 형용사 어간과 형용사 어간의 결합으로 형성된 부사라고 보았다.

이 외에 '발기발기'도 동사 어간 '발기-'가 중첩되어 형성된 부사의 예로 추가될 수 있다. 위의 예들은 어간이 유리되어 복합어를 형성했다는 점에서는 어간복합어와 동일하나, 하나의 어간이 중첩되어 부사를 형성하였다는 점에서는 차이를 보인다. 이러한 단어들은 후기 중세국어나 근대국어에서는 확인되지 않고 현대국어에서 처음 확인된다. 만약 '용언 어간의 유리성'이 후기 중세국어 이전 시기에만 존재하고 현대국어에서는 사라진 현상이라면 나타날 수 없는 예들일 것이다. 이처럼 "단어 형성에서 나타나는 용언 어간의 유리성"은 국어 고유의 현상이라고 보아도 무리가 없을 것이다.[14]

2.1.3. 용언 어간의 특성

이제 지금까지 살펴본 '용언 어간의 유리성'에 관하여 총체적으로 정리하여 보도록 하자. 앞에서 검토한 예 가운데 현대국어에서도 확인되는 것과 확인되지 않는 것들을 분류하여 보기로 하겠다. 용언 어간이 그대로 영변화 파생되어 부사나 명사로 쓰이던 현상은 현대국어에서 거

---

14) 성격이 같다고는 할 수 없으나 용언 어간이 파생어를 형성할 때도 '어간이 어미와 유리되어' 접사와 결합하는 것은 마찬가지라고 할 수 있다. 예를 들어 파생어 '날개, 먹보'의 '날-'이나 '먹-'도 '어미와 유리되어' 단어 형성에 참여하고 있다.

의 나타나지 않으며 이전 시대에 쓰였던 예들의 화석만이 존재한다. 용언 어간이 유리되어 기술되는 경우도 『계림유사』와 같은 예는 확인되지 않는다. 이에 비해 용언 어간이 후행 어기와 결합하여 복합어를 형성하는 현상은 현대국어에서도 확인된다.

현대국어에 나타나지 않는 '영변화 파생어'의 형성 방식과 현대국어에 나타나는 어간복합어의 형성 방식 사이에는 간과할 수 없는 차이가 있다. 그것은 바로 어간이 어미와 떨어져 자립적으로 쓰이느냐, 아니면 다른 성분과 결합하여 쓰이느냐의 차이이다.

(28) 용언 어간의 유리성
　　가. 용언 어간의 '자립적' 유리성 : 용언의 어간이 어미와 유리되어 후행 성분 없이 자립적으로 쓰일 수 있다.
　　나. 용언 어간의 '의존적' 유리성 : 용언의 어간이 어미와 유리되어 단어의 선행 성분으로 어휘 형성에 참여할 수 있다.

일반적으로 어간복합어는 중세국어 이후 생산성을 잃었다고 보고 있는데, 이는 (28가)와 (28나)를 동일한 현상으로 보고 이를 일관되게 해석하려는 노력에서 나온 것이라 할 수 있다. 그러나 우리는 (28가)와 (28나)를 분리하여 '용언 어간의 자립적 유리성'은 후기 중세국어 단계에서 사라졌으나, 어휘 형성에서 나타나는, '용언 어간의 '의존적' 유리성'은 국어의 고유한 특성으로 현대국어에서도 존재한다고 보고자 한다.

우리는 (28나)와 같은 '용언 어간의 의존적 유리성'을 문법 의식의 발달과 관련된 현상이라고 보기보다는 어휘 형성 과정에서 나타날 수 있는 현상이라고 보고자 한다. 우리가 복합어를 만드는 것은 기존 단어로는 표현할 수 없는 새로운 의미를 표현하기 위한 것으로 그 과정에서 의미의 핵심이 되는 실질 형태소인 어간끼리 결합하면서 어미를 제외시키는 것은 가능한 일인 것이다. 실제로 어간보다 더욱 자립성이 없다고

하는 語根도 어휘 형성에 참여할 때는 유리될 수 있는 것이다. '시원섭
섭하다, 괘씸죄, 어둑새벽' 등의 예를 보면, 어근 '시원, 괘씸, 어둑'이
후행 성분 '-하다'와 유리되어 복합어를 형성하였음을 알 수 있다.[15]

이상에서 우리는 어간이 어미와 유리될 수 있다는 사실을 여러 가지
로 살펴보았다. 그렇다면 어간과 어미가 실제로 인간의 머릿속 어휘부
에 어떻게 저장되어 있는지 인지언어학에서의 논의를 살펴보기로 하겠
다. 영어의 경우이기는 하나 Aitchison(1989/1993:173~180)에서는 어간
과 어미가 어휘부에 어떻게 저장되어 있는지를 발화실수의 분석, 실어
증 환자들의 발화 분석, 정상적 화자들의 모순된 행위 등을 통하여 논
의하고 있다. 먼저 발화실수에서는 'He goes back.'을 'He go backs.'라고
하는 것처럼 엉뚱한 곳에 어미가 부가되는 것을 보면, 어미는 발화 중
필요할 때 부가된다는 것을 보여 준다고 한다. 또한 실어증 환자들이
발화할 때 어미를 거의 붙이지 않고 말하거나 또는 무의미 낱말에도 기
계적으로 복수어미 '-s'를 붙이는 것 등도 어미가 발화할 때 부착된다는
것을 보여주는 예들이라고 한다. 그리고 정상적인 화자들의 모순된 행
위로는 리딩 시의 십대들이 빈번히 동사에 비표준적인 '-s'를 붙이는 것
을 들고 이것도 어미가 대화 중에 부가되기 때문에 나타나는 현상이라
고 보았다. 이 논의에서 우리는 어간과 어미가 머릿속 어휘부에 이미
결합되어 있는 것이 아니라 각각 저장되어 있다가 발화를 할 때 결합할
가능성이 있음을 알 수 있다.

이것을 국어에 적용시킨다면, 국어의 어간과 어미도 인간의 머릿속
어휘부에 결합되어 존재하는 것이 아니라 각각 존재하면서 발화 시에
결합한다고 볼 수 있을 것이다. 국어의 선어말어미를 보기로 하자. '(책
을) 보면'과 '(책을) 보시면'을 비교하여 보면, 선어말어미 '-시-'가 어

---

15) 이처럼 어근이 '-하다'와 유리되어 복합어의 선행 성분으로 참여하는 복합어는 '어
　　근복합어'라 할 수 있을 것인데 이에 대해서도 더 면밀한 검토가 필요할 것이다.

간과 어미 사이에 개입하고 있다. 만약 어간과 어미가 결합한 상태로 어휘부에 저장되어 있다면 그 결합 사이에 다른 요소가 개입하기는 쉽지 않을 것이다. 이처럼 우리 머릿속의 어휘부에서 어간과 어미가 분리된 채로 저장되어 있다면, 우리가 새로운 단어를 만들 때 어간이 어미 없이 다른 어간이나 명사와 결합하는 것이 어려운 일은 아닐 것이다. 즉 머릿속 어휘부에 어미와 유리되어 따로 존재하던 어간이 새로운 단어의 형성을 위하여 그 어미와 유리된 형태 그대로 단어 형성에 참여하는 것이라고 할 수 있다.

만약 우리의 머릿속 어휘부에 어간과 어미가 분리되어 저장되어 있다면, 우리에게는 어간과 어미를 구별하는 능력이 있을 것이다. 그렇다면 이러한 사실은 표기법에도 반영되어야 할 것이다. 일각에서 용언을 표기할 때 어간과 어미를 구별하지 않고 '머거라, 머그니' 등과 같이 표기하는 방법이 더 자연스럽다고 말하고 있으나 이는 국어 어간의 유리성을 생각할 때 능률적인 표기가 되지 못한다. 오히려 어간을 명시하여 '먹어라, 먹으니'와 같이 표기하는 것이 우리의 뇌가 인지하기에 더 자연스러운 표기인 것이다.

2.2. 어간복합어의 생산성

앞에서 우리는 어간복합어가 현대국어에서도 형성된다고 하였는데 여기에서는 이것을 두 가지 측면으로 확인하고자 한다. 먼저 2.2.1에서는 어간복합어가 근대국어 이후 소멸되었다고 보는 견해들에서 제시하는 어간복합어의 소멸 원인을 살펴보고 그 타당성 여부를 살펴볼 것이다. 그리고 2.2.2에서는 단어의 소멸과 단어 형성 방식의 소멸은 별개의 문제임을 살펴볼 것이고, 2.2.3에서는 실제로 근대국어 이후 자료에서 확인되는 어간복합어를 대상으로 그것이 근대국어 이후에 형성되었다고 볼 수 있는 근거를 제시하고자 한다.

2.2.1. 기존 논의의 검토

이제 어간복합어의 생산성에 대하여 검토하기로 하겠다. 우리는 여기에서 어간복합어가 후기 중세국어 이후 소멸되었다고 보는 견해들을 정리하고 그에 대하여 하나씩 검토하기로 하겠다. 그런데 이 논의들이 주로 복합동사를 대상으로 이루어진바, 우리도 그 쟁점을 따라 복합동사 위주로 정리하기로 하겠다. 이 견해들에서는 'V_1+V_2' 구성이 근대국어 이후 'V_1+어+V_2' 구성과 같이 동사 어간 사이에 어미가 결합된 복합어나 구 구성으로, 또는 한자어 등으로 바뀌었다고 보는데 그 원인에 대한 해석은 크게 네 가지로 나누어진다.

첫째, 'V_1+V_2'형이 통사 영의 어간집합으로 존재하였는데 근대국어 이후 기존 질서가 무너지고 새로운 질서가 자리를 잡게 되자 'V_1+어+V_2' 형이 통사의 가치를 가진 구조로 발달하게 되었다고 보는 견해이다. 이승욱(1973, 1974, 1977)에서 이러한 견해를 확인할 수 있는바, 이는 우리 문법사에서 동사 어간의 발달과 관련하여 이루어진 논의이다. 여기에서는 명사·동사 공통 형태나 'V+N'이나 'V_1+V_2' 구조에서의 동사 어간의 자질은 순수한 어휘 항목으로 그 스스로 자율적 의미체가 되는 것이라고 보았다. 그리고 어휘 범주가 분화되기 이전의 자율적 의미체는 통사 영의 어휘 형태로 표상되며 그것은 스스로 완결체가 된다고 보았다.[16] 그러다가 어휘소 형태가 통사관계를 가지게 되면서 '통사의 부여→굴절→어군형성'으로 발달하게 되었다고 보았다(이승욱, 1977:

---

16) 이승욱(1974)에서는 '통사 영'이라고 표현하였고, 이승욱(1977)에서는 '영 통사'라고 표현하였다.

26). 이 논의에서는 후기 중세국어의 'V+N'이나 'V₁+V₂' 구조를 단어가 아니라 통사 영의 어휘소 형태만의 병렬 구조라고 보았다.

이승욱(1977:13~14)에서는 어군 범주의 발달 단계를 3단계로 나누어 보고 있는데 먼저 1단계는 어군 범주가 형성되기 이전의 상태로, 동사 어간이 자립 형식으로서의 형태론적인 자질을 가지고 통사 영의 의미 표상을 하던 단계이다. 그리고 2단계는 점차 동사와 명사의 어군 범주가 형성되고 이들의 굴절 양식도 대립하는 것으로 발달하여 가는 단계로 후기 중세국어가 바로 2단계의 말기에 해당한다고 보았다. 마지막으로 3단계는 이미 전단계에 안정을 얻은 범주 의식들이 체계로 정착하는 시기로 어군 간의 엄격한 형태론상의 징표에 의해 제약이 있게 되며 '너출'류는 견딜 수 없게 되었다고 보았다.

이는 후기 중세국어에서 나타나는 품사의 통용 상태로 보아 일견 타당성이 있는 것으로 보이나,[17] 'V₁+V₂'나 'V+N' 구성에 관한 한 이를 다른 현상들과 동일한 현상으로 해석하기에는 무리가 따른다고 본다. 현대국어가 동사의 발달 단계에서 3단계에 속하며 '너출'과 같이 명사와 동사 어간이 동일한 형태를 보이는 예들은 더 이상 견딜 수 없게 되었다고 한다면, 유독 'V₁+V₂'나 'V+N' 구성이 현대국어에서 계속 생성되고 있는 현상을 설명하기가 쉽지 않다. 앞에서 보았듯이 동사 어간이 어미와 유리되어 자립적으로 쓰이는 경우와 동사 어간이 어미와 유리되어 단어 형성의 선행 성분으로 작용하는 현상은 분리되어 논의되어야 할 것이다. 우리는 현대국어에 나타나는 '낮잡다, 얕보다, 덮밥'까지도 '통사 영의 어휘소 형태의 병렬 구조'라고 보기는 쉽지 않다고 본다. 어

---

17) 다 아는 바와 같이 후기 중세국어에서는 자동사와 타동사의 용법을 함께 가지는 동사가 적지 않았으며, 형용사가 동사처럼 쓰이는 경우도 현대국어보다 더 많이 나타난다. 그뿐 아니라, 관형사와 명사가 동일한 형태로 시현되기도 하였으며('다시 <u>새로</u> 비허'(법화 3:94ㄱ)), 관형사형이 명사로 쓰이기도 하였다('이 나래 뜨디 <u>다오</u> 업도다'(두시 11:31ㄱ)).

군 범주 의식이 명확하게 생긴 현대국어에서도 'V₁+V₂'나 'V+N' 구성이 계속해서 생긴다면 이는 단어 형성에서 나타나는 용언 어간의 '의존적' 유리 현상으로 보아야 할 것이다.

두 번째 견해는 원래 'V₁+V₂'형이 통사적인 구조였는데, 이후 어미의 발달로 어미를 이용하여 연결되는 구조가 통사적인 구조가 되자 'V₁+어+V₂' 형으로 바뀌게 되었다는 것이다. 그런데 이기문(1967:99)에서는 "현존 신라어 자료, 특히 향가와 이두는 중세한국어의 복잡하고 특이한 동사 활용체계가 이미 신라어에 있어 발달되어 있었음을 명백히 보여준다."라고 한 바 있다. 그렇다면 어미의 발달이 시기별로 이루어졌다고 보기에는 무리가 있을 듯하다. 또한 후기 중세국어에 이미 '나ᅀᅡ가다, 도라오다, 몰라보다' 등과 같이 'V₁'과 'V₂' 사이에 어미가 개입된 복합어가 어간복합어와 공존하고 있었기 때문에 이를 통시적인 어미의 발달 단계에 따라 생기는 변화라고 볼 수는 없을 것이다.

세 번째는 'V₁+V₂'형은 사이에 연결어미가 개입되지 않아 의미관계를 예측하기 어려웠기 때문에 생산성이 약화되었다고 보는 견해이다. 그러나 복합어의 유형을 조금만 검토해 보면, 의미가 불명료한, 즉 복합어 자체로는 그 의미를 파악하기 어려운 복합어가 어간복합어 외의 다른 복합어에서도 나타남을 알 수 있다. '국수'가 들어간 복합명사를 예로 들면, '냄비국수(냄비에 끓인 국수), 칼국수(밀가루 반죽을 방망이로 얇게 밀어서 칼로 가늘게 썰어 만든 국수), 유부국수(유부를 썰어 얹은 국수), 가락국수(가락을 굵게 뽑아 요리한 국수)' 등에서 '냄비'와 '국수'의 관계, '칼'과 '국수'의 관계, '유부'와 '국수'의 관계, '가락'과 '국수'의 관계는 복합명사에서 전혀 드러나지 않으며 서로 공통점도 없다. 그럼에도 불구하고, 우리는 이 단어들을 일상 생활에서 자연스럽게 사용하고 있으며, 어떠한 불편이나 의미의 혼동을 느끼지 않는다. 그러므로, 의미의 불명료성 때문에 어간복합어가 생산성을 잃게 되었다고는 보기 어렵다고 본다.

그렇다면 어미를 개입시킴으로써 의미가 더 명료해질 수 있는지 몇 가지 예를 살펴보기로 하겠다. 예를 들어 '검푸른 바다'에서의 '검푸르다'를 보자. '검푸르다'의 '검-'과 '푸르다' 사이에 어미를 넣는다면 '검고 푸르다'나 '검으면서 푸르다'가 될 것이다. 그렇다면, 이 단어는 이미 단어가 아니라 구로 변하게 되며 그 의미도 '검은 빛을 띠면서 푸르다'라는 '검푸르다'의 의미와는 다른, '검다'와 '푸르다'가 대등한 비율로 섞여 있거나 아니면 '검다'인지 '푸르다'인지 정확하게 알 수 없는 색이 될 것이다. 또한 '여닫다'의 경우도 '열고닫다'는 동작이 일회성인 반면, '여닫다'는 '문 따위를 열고 닫고 하다'의 의미로 동작이 반복성을 가지게 된다.[18] 이상에서 본 바와 같이 의미가 불명료해서 어간복합어가 소멸되었다고 보기는 어려울 것이다.

마지막으로 검토할 견해는 'V_1+V_2'형이 한자 단어 형성 원리를 차용하여 형성된 일시적이고 제한적인 성격의 복합동사로 근대국어 이후에는 생성되지 않았다고 보는 견해이다. 이에 대하여 우리는 다음의 두 가지 사실로 이를 인정하기 어렵다는 것을 논하고자 한다. 첫째, 어간복합어는 고대국어부터 형성되어 향가에서도 나타나며, 근대국어나 현대국어에서도 나타난다. 특히 복합명사나 복합형용사의 예는 이전 시대와는 비교할 수 없을 만큼 다양하게 확인된다. 그러므로 어간복합어의 형성 규칙이 한 시대에 일시적으로 존재했던 단어 형성 규칙이라고 볼 수 없다. 둘째, 한문 원문의 언해 과정에서 생긴 단어라고 보기 어려운 예들이 확인된다. 후기 중세국어의 예에서 우리는 '듣보다'(번소 6:2ㄱ)를 볼 수 있는데 이 단어는 한문 원문의 '見聞'을 언해할 때 나오는 단어이다. 만약 이 단어가 한자 단어 형성 원리를 차용하여 일시적으로 만들어진 단어라면, '듣보-'가 아니라 한문의 순서대로 '보듣-'이 되어야 할

---

18) 반의어가 결합하여 복합어를 형성한 예로는 '굽닐다, 눕닐다, 죽살다, 여다지다' 등이 있는데, 이 단어들은 다 반복의 의미를 가진다. 또한 현대국어의 '미닫기다, 살죽다, 어녹다' 등도 마찬가지이다. 졸고(1992ㄱ:86~88) 참조.

것이다. 그러나 '見聞'은 '듣보-'로 언해되고 있는데 이것은 '듣보-'가 우리 국어에 원래 존재하는 복합어였음을 보여 준다. 또한 '눕닐다'(마경 下:93ㄱ), '므르딯다'(구간 6:11ㄴ), 브스골다(구간 6:4ㄴ), '브스딯다'(구간 6:62ㄱ) 등도 각각 '起臥', '擣爛', '硏碎', '搗碎' 등의 언해 과정에서 나온 단어인데, 한문 원문을 그대로 축자적으로 언해한 결과 나온 단어라면 *닐눕다, *딯므르다, *골브스다, *딯브스다 등으로 언해되어야 할 것이다. 그러나 한문 원문의 한자와 언해된 복합어의 어순이 반대인데, 이는 한자에 대해 축자적으로 복합어가 만들어진 것이 아님을 보여 준다. 그리고 '옮듣니다'를 보면, 한문 원문의 '走轉(구간 1:89ㄴ), 流(두시 6:3ㄴ), 飄轉(두시 6:47ㄴ)' 등을 언해할 때 사용되어 한자에 대해 축자적으로 쓰인 단어가 아님을 알 수 있다.

또한 '좃드듸다'는 '그르혼 이룰 좃드듸여 말며(無循枉)'(내훈 1:8ㄴ)에서 확인되는데, '循'을 언해한다면, '좇다'만으로도 충분할 것이나 의미를 고려하였기 때문에 '좇아서 따라 가다'라는 의미의 '좃드듸다'로 언해한 것이 아닌가 한다. 그리고 '넘드듸다[蹶](신합 下:37ㄱ), 덥달다[熱](구간 1:13ㄱ), 빌뿌다[假](금삼 4:18ㄴ), 질긔굳다[毅](내훈 3:16ㄱ)' 등에서도 한자 한 글자에 대한 언해로 어간복합어가 쓰이고 있는데, 이것도 한문 원본의 언해 과정에서 어간복합어가 나왔다면 나타나기 어려운 예들이라 하겠다.

또한 통시적으로 '빌어먹다'가 '걸식(乞食)'으로 변한 사례를 보면, 어간복합어가 한자어로 변한 듯하나, 구성 어기 사이에 어미가 개재된 '니근실'(번박 上:27ㄱ)과 '니근갓'(신합 上:26ㄱ)이 현대국어에서 각각 '숙사(熟絲)'와 '숙피(熟皮)'로 변한 것을 보면, 고유어가 한자어로 바뀌는 예들은 어간복합어에 국한된 이야기가 아니라고 할 수 있다. 단일어에서도 'ᄀᆞᄅᆞᆷ, 뫼'가 '강(江)'과 '산(山)'으로 변하였는데 이는 어간복합어와는 관련이 없는 변화이다. 또한 근대국어에서 확인되는 '굶주리다'는 '飢餓'를 언해할 때 쓰인 단어인데 현대국어에서는 '굶주림'과 '飢餓'가 공존하고 있다. 그러므로 '니근실, 니근갓, ᄀ람, 뫼, 굶주리다' 등의 예들에서 알 수 있는 바와 같이 이 문제는 고유어와 한자어의 경쟁 문제로 어휘의 생성, 성장, 소멸 과정과 관련된 문제이지 어간복합어에 국한된 문제가 아니다. 이상에서 검토한 사실들로 미루어 우리는 한자 단어 형성 방식의 차용으로 어간복합어가 생겼다고 보기는 어렵다고 생각한다.

2.2.2. 단어의 소멸과 단어 형성 방식의 소멸

이상에서 우리는 어간복합어가 근대국어 이후 소멸되었다고 보는 견해들을 살펴보았다. 그런데 앞에서 본 바와 같이 15세기 국어에 이미 '빌먹다'와 '비러먹다'는 공존하고 있었으며 '엿보다'와 '여ᅀᅥ보다'도 공존하고 있었다. 이 가운데 전자의 짝에서는 'V₁+-어+V₂'형인 '비러먹다'가, 후자의 짝에서는 'V₁+V₂'형인 '엿보다'가 후대에서 사회성을 얻게 된 것은 'V₁+V₂'형이 'V₁+-어+V₂'형으로 변화된 결과라고 보기보다는, 'V₁+V₂'형과 'V₁+-어+V₂'형이 공존하며 경쟁하다가 그 가운데 어느 한쪽이 쓰이게 된 결과라고 보는 것이 나을 듯하다. 그리고 '돌보다'와 '두라보다'의 경우도 역시 15세기에 공존하고 있었는데 이후 그 의미가 서로 다르게 분화하였다. 또한 후기 중세국어에 존재하던 '빌먹다, 섯버믈다, 묻져주다' 등의 단어는 현대국어에서 확인되지 않지만, '감돌다, 무르익다, 붙잡다, 얽매다' 등의 단어들은 15세기부터 지금까지 쓰이고 있다. 동일한 방식으로 형성된 동사들이 일부는 남고 일부는 사라졌다면, 이것은 단어 형성 방식에 대한 인식이 변화된 결과라고 보기보다는 단어 자체의 생명력과 관련된 문제라고 보아야 할 것이다.

또한 역방향의 변화도 존재한다. 즉 구성 성분 사이에 어미가 개재된 복합어였거나 구 구성이었던 것이 현대국어에서 어간복합어로 나타나는 예도 있다.

(29) 가. 矩 <u>고본자</u> 구<천자 광41ㄴ>

  나. 矩 <u>고본자</u> 구<신합 上:28ㄴ>

(30) 가. 晩穀 <u>느즌</u> 곡식<동해 下:1ㄴ>

  나. 晩穀 <u>느즌</u> 곡식<몽해 下:1ㄴ>

  다. 晩穀 <u>느즌</u> 곡식<방언 戌:25ㄴ>

이 예들은 각각 후기 중세국어와 근대국어의 예인데, (29)의 '고본자'는 현대국어에서 '곱자'로 나오고, (30)의 '느즌 곡식'은 '늦곡식'으로 나온다. '곱자'와 '늦곡식'은 다 『표준국어대사전』에 등재된 예들이다.

  여기에서 우리는 단어 형성 방식의 소멸과 단어 자체의 소멸을 구별해야 할 필요를 느낀다. 어간복합어가 중세 이후 소멸되었다고 본 것은 후기 중세국어에서 확인되던 '어간복합어 자체의 소멸'이지 '단어 형성 방식의 소멸'은 아닌 것이다. 우리는 졸고(1992ㄱ:93)에서 "비통사적 복합동사는 근대국어 이후 생산성을 잃어 일부 화석화한 예들만 남게 되었으며 비통사적 복합동사가 담당하던 의미영역은 통사적 복합동사, 구 구성, 한자어 등이 담당하게 되었다."라고 본 바 있는데, 이것은 15세기 국어에 존재했던 복합동사의 개별 어휘사에 국한할 때 가능한 이야기이고, '$V_1 + V_2$'형 복합어는 근대국어 이후에도 새롭게 생기고 있다.[19]

2.2.3. 신조어의 확인

  또한 15세기에 존재하던 어간복합동사 가운데 사어화한 것이 적지 않은 반면, 16세기 이후 자료에서 처음으로 확인되는 어휘도 적지 않다.

---

19) 조남호(1988)에서는 단어형성규칙이 생산성이 있느냐는 (1) 가능한 단어의 수와 (2) 신조어의 수에 의해 판단할 수 있다고 하였다.

'보술피다(보-+술피-), 저투리다(젛-+두리-), 보비호다(보-+비호-)' 등은 16세기 자료에서 처음 확인되며, 싯가시다(싯-+가시-), 어르더듬다(어르-+더듬-)' 등은 17세기 자료에서, '굽지지다(굽-+지지-), 헐벗다(헐-+벗-), 덥누로다(덮-+누르-)' 등은 18세기 자료에서 처음 확인된다. 그뿐 아니라 '낮잡다, 빌붙다, 얕보다' 등과 같이 현대국어에서 처음 확인되는 어휘도 있다. 이러한 사정은 형용사와 명사의 경우에도 마찬가지이며 특히 명사의 경우는 그 수에 있어서 현대국어에서 처음 확인되는 어휘의 수가 이전 시대와 비교할 수 없을 만큼 월등히 많다.

16세기 자료에서 처음 확인되는 '저투리다'의 예를 보자.

(31) 가. 믄득 분발ᄒ며 닐와다 <u>저허 두려ᄒ디</u> 아니ᄒ과ᄃ녜니라(勃然奮厲 不可恐懼也)<번소 8:29ㄱ>

　　　나. 勃然히 분발ᄒ야 ᄀ다듬아 可히 <u>저투리디</u> 아니콰댜 홈이니라(勃然奮厲 不可恐懼也)<소언 5:107ㄴ>

(31가)는 1517년에 나온 『번역소학』의 예인데, 여기에서 '저허 두려ᄒ다'라는 구로 나오는 부분이 (31나)의 1586년에 나온 『소학언해』에서는 '저투리다'라는 복합어로 나온다. 물론 번역이라는 것은 번역자의 의도에 따라 달라질 수 있기 때문에 '저투리다'와 '저허 두려ᄒ다'가 동일하다고는 할 수 없으나, 1517년에는 '저허 두려ᄒ다'가 쓰이고 1586년에는 '저투리다'가 쓰였다는 것은 '저투리다'가 16세기에 처음 나타나는 복합어일 가능성이 있음을 말해 준다고 할 수 있겠다.

다음으로 18세기 자료에서 처음 확인되는 '헐벗다'를 살펴보기로 하겠다.

(32) 가. 窮寒 <u>헐버서</u> 칩다<동해 下:56ㄱ>

　　　나. 窮寒 <u>헐버서</u> 칩다<몽해 下:47ㄱ>

이 '헐벗다'는 '옷 따위가 헐어 벗다시피 하다'의 의미를 가진다. 우리는 이 단어가 근대국어에서 새롭게 생성된 단어라고 보는데 그 근거는 다음의 두 가지이다. 첫째 근거는 우리가 확인할 수 있는 한, 이 단어가 18세기 이전 문헌에서는 확인되지 않는다는 점이다. 그 이전 시기에도 '헐벗다'가 쓰였을 가능성이 없는 바는 아니나, 그것이 문증되지 않는 한 그 이전 시기에 반드시 쓰였다고 보기도 어려운 것이 사실이다.[20]

둘째 근거는 '벗다'의 의미이다. '헐벗다'는 '헐-'과 '벗-'이 결합하여 이루어진 단어로, 여기에 나타나는 '벗다'는 옷처럼 구체적인 대상과 관련되어 쓰이고 있다. 그런데 후기 중세국어의 '밧다~벗다'를 살펴보면, '밧다'는 주로 '옷'처럼 구체적인 것을 논항으로 취하는 반면, '벗다'는 주로 '죄, 수고' 따위와 같은 추상적인 것을 논항으로 취한다.[21]

(33) 가. 各各 웃옷 <u>바사</u> 부텨씌 供養ᄒᆞᅀᆞᆸ더니<월석 12:16ㄱ>

　　　나. 나ᄀᆞ내 ᄃᆞ외여 가난ᄒᆞ여 옷도 <u>바스며</u> 신도 <u>바사</u><번소 9:21ㄱ>

(34) 가. 世尊ㅅ德 닙ᅀᆞᄫᅡ 罪를 <u>버서</u> 地獄을 ᄭᅳ러나니<월천 上, 其78>

　　　나. 뎌 根塵을 <u>버서</u> ᄆᆞᆰ기 비취어니<선종 上:71ㄴ>

(33)은 '밧다'가 '옷'과 함께 쓰인 예이고, (34)는 '벗다'가 '죄' 등과 함께 쓰인 예이다. 15세기 국어에서 '밧다'와 '벗다'는 이렇게 서로 다른 논항을 취하며 구별되어 쓰였는데, 이후 16세기 국어에서는 '밧다'가 나타나지 않고, 그러한 의미로 '벗다'가 쓰이는 것을 확인할 수 있다. (35)가 그 예이다.

---

20) 물론 이 첫 번째 근거는 그 이전 시기 문헌에서 이 단어가 확인된다면 달라질 수 있다.

21) 남성우(1986:88~89)에서는 15세기 국어에서 '밧다'는 [脫]의 의미, '벗다'는 [脫], [解脫]의 의미를 가진, 첫음절의 '아~어' 교체에 의한 동의어 관계라고 보고 있다. 그리고 '밧다'는 '衣冠, 옷, 冠, 곳갈' 등과 같은 목적어와 공기하고, '벗다'는 '受苦, 罪, 罪業, 輪回, 生死' 등의 목적어와 공기한다고 하였다.

(35) 나그내 되야 가난ᄒ고 궁박ᄒ여 옷 <u>벗고</u> 발 <u>버서</u> 고공 ᄃᆞ녀 ᄡᅥ 어미를
　　　공양ᄒᆞᄃᆡ<소언 6:19ㄱ>

그리고 이후 근대국어에 와서는 '벗다'가 구체적인 옷 따위와 함께 쓰이고, 후기 중세국어의 '벗다'가 가지던 추상적인 의미는 '벗어나다'가 대신하게 되었다. 이렇게 볼 때, '헐벗다'는 적어도 '벗다'가 옷 따위와 같은 구체적인 대상과 관련을 맺게 된 이후에 생긴 단어일 가능성이 있다. 그래서 우리는 '벗다'의 의미 변화로 미루어 '헐벗다'가 적어도 16세기 이후, 또는 근대 이후에 새로 형성된 단어라고 보는 것이다.

　다음으로는 현대국어에서 처음 확인되는 복합어로 '빌붙다'를 살펴보기로 하자. '빌붙다'는『표준국어대사전』에 '남의 호감이나 환심을 사기 위하여 곁에서 아첨하고 알랑거리다'로 뜻풀이되어 있고, 그 용례로는 '세도가에 빌붙어 벼슬살이를 하다', '윤애의 말은 악마에게 빌붙은 천사의 그것이었다' 등이 있다. 이 단어는 후기 중세국어나 근대국어 자료에서는 확인되지 않는데, 이 단어가 쓰일 만한 문맥에서는 한자어 '阿黨'이 쓰이고 있다.

(36) ㄱ. 그러나 求ᄒᆞᄂᆞᆫ 배 <u>阿黨</u>ᄒᆞ며 아ᄅᆞᆺ다온 양ᄒᆞ야 苟且히 親ᄒᆞ요ᄆᆞᆯ 닐오
　　　　디 아니라(然이나 所求者ㅣ 亦非謂佞媚苟親也라)<내훈 2:11ㄱ>
　　ㄴ. 諂 <u>아당ᄒᆞᆯ</u> 텸 諛 <u>아당ᄒᆞᆯ</u> 유<훈몽 下:12ㄴ>
　　ㄷ. 諂佞的 <u>아당ᄒᆞᄂᆞᆫ</u> 이<역해 上:28ㄴ>
　　ㄹ. 너의 물이 다 <u>아당ᄒᆞ야</u> 셤기니<동신 忠1:17ㄴ>
(37) 즁과 승을 <u>아텸ᄒᆞ야</u> 위와드며<경민 -중36ㄱ>

(36가)에서 우리는 한문 원문의 '佞媚'가 '阿黨ᄒᆞ며 아ᄅᆞᆺ다온 양ᄒᆞ야'로 언해되었음을 알 수 있다. 그리고 (36나)는 후기 중세국어, (36다)와 (36라)는 근대국어에서 '아당ᄒᆞ다'가 쓰였음을 보여 준다. 그리고 (37)은

‘아당ᄒ다’ 외에 ‘아텸ᄒ다’도 쓰였음을 보여 준다. 그러나 ‘빌붙다’는 확인되지 않는다. 단정할 수는 없지만, 후기 중세국어와 근대국어에서 ‘아당하다’나 ‘아첨하다’로 나타나던 의미가 현대국어에서는 ‘빌붙다’로 나타난다고 할 수 있을 듯하다. 이는 ‘빌붙다’가 현대국어에서 형성되었을 가능성이 있음을 보여 준다.

  이제 현대국어의 신조어를 보기로 하겠다. 우리는 신조어를 ‘실제로 쓰임이 확인되나 아직 국어사전에 등재되지 않은 단어’로 정의하기로 하겠다. 우리는 주로 인터넷 검색을 통하여 신조어를 확인하였다. 어간복합어 가운데 신조어로 보이는 것은 주로 명사에서 확인된다. 그러나 용언의 경우도 없는 것은 아니다. 먼저 볼 예는 ‘덮씌우다’이다. ‘덮씌우다’는 인터넷 검색 엔진 ‘야후(www.yahoo.co.kr)’의 검색창에서 확인하였을 때(2002년 1월 기준), 9개의 예가 확인되었다.[22] 그 예를 일부 보면 다음과 같다.

(38) 가. 도로 포장의 <u>덮씌우기</u> 작업 후 시설표지판은 신류로 설치함으로써
        경제적 손실과 기존 시설 방향의 위치 변경으로 지하굴착시 안전사고
        예방.<태성산업(www.tsind.co.kr)>
    나. 검지와 엄지로 주사침머리를 잡고 <u>덮씌워진</u> 카뉼라만 정맥속으로 밀
        어 넣는다.<의학자료실(www.medbank.pe.kr)>

이외에 ‘덮씌우다’는 박노해의 시에도 나타난다.

(39) 나를 <u>덮씌워온</u> 허상을 무너뜨리고/ 14년간 쌓아온 노예의 공든 탑을 부
        쉬버리고<무너진 탑(1989년)>

---

22) ‘인터넷 검색’은 인터넷에 올라 있는 모든 글들을 대상으로 이루어지기 때문에
    실생활에서의 언어 사용 실태를 어느 정도 반영해 주고 있다고 할 수 있다.

'덮씌우다'는 『조선말대사전』과 『우리말큰사전』에는 표제어로 등재되어 있으나 『표준국어대사전』에는 등재되어 있지 않아 신조어의 예로 살펴보았다.

이제 명사의 예를 보기로 하자. 먼저 살펴볼 예는 '어울마당'이다. 이 단어는 '어울-+마당'의 구성으로 이루어진 어간복합어다. '어울다'는 "'어우르다'의 옛말'로 현대국어에서는 '어우러지다'에서 그 모습을 확인할 수 있다. '어울마당'의 '어울-'은 고어 '어울다'에서 왔다기보다는 '어우러지다(어울-+-어+지다)'에서 재분석된 어간 '어울-'인 것으로 보인다. '어울-'이 복합어에서 쓰인 예로는 근대국어의 '어울투다[疊騎]'(역해 下:20ㄴ)와 현대국어의 '어울무덤'(두 사람 이상의 주검을 한데 묻은 무덤. 대개 부부를 묻은 경우가 많다)이 있다. '어울마당'은 사전에 등재되어 있지는 않으나 상당히 보편적으로 쓰이는 단어이다. '어울마당'은 인터넷 검색엔진 '네이버(www.naver.com)'로 검색했을 때 총 2460개의 문서에서 확인된다. 또한 '디지틀 조선일보(www.choson.com)'의 '기사검색'에서 확인해 본 결과(1993년 1월 1일~2002년 1월 25일) 총 118건이 검색된다. 이 단어가 쓰인 기사를 몇 가지 검토해 보면, '제1회 청소년 어울마당-애니메이션 축제가 오는 27일 낮 12시 30분 신당3동 청소년 수련관에서 중구 주최로 열린다'(2002.1.23), '홍성 특산물 판매, 새우젓을 이용한 음식 시식회, 풍물패 공연, 연예인 초청 공연 및 어울마당, 국악공연, 씨름대회 등 다양한 이벤트가 마련된다'(2000.10.11), '마곡사 주지 진허(52) 스님은 "오는 30일 인근 노인 3,000명을 초청해 국악공연과 점심대접 등의 어울마당을 갖는다."며 "마곡사에 오면 편안하고 따뜻한 마음이 들도록 열린 공간이 되는 데 힘쓰겠다."라고 말했다'(1998.10.27) 등과 같이 '많은 사람이 어울리어 여러 가지 행사를 하며 흥겹게 지내는 일' 정도의 의미로 '어울마당'이 쓰임을 알 수 있다.

그렇다면, 이 단어는 언제부터 쓰이게 되었을까? 다음 기사에서 우리는 그 단서를 찾을 수 있다. '고양 YMCA는 또 '어울마당'이란 이름의 청소년 문화행사를 수시로 개최, 5년간 10만 여명의 청소년이 참석했다'(1997.10.31) 이 기사에서 우리는 이 단어가 적어도 1992년부터 쓰인 단어로, 사용된 지 10여 년이 넘었으며 이제는 어느 정도 사회성을 획득하였음을 알 수 있다.[23] 또한 이 단어는 '영남과 호남이 한데로 어우러지는 국민 화합의 자리'라고 소개되어 있는 인터넷 웹사이트(www.yhnam.kisc.net) '어울마당'의 이름으로도 쓰이고 있으며,[24] 인터넷 검색 엔진 '다음(www.daum.net)'의 사이버 모임인 '다음 카페'에서도 두 개가 확인되는데('덕양 어울마당'(덕양중학교 학생들과 선생님의 모임), '77~79들의 어울마당'(톡톡 튀는 77~79들 모여서 맘속의 응어리를 풀어 보자)), 이것은 이 단어가 실제로 사람과 사람이 만나는 구체적인 모임의 의미에서 '여러 사람이 흥겹게 어우러지는 컴퓨터상의 모임'이란 뜻으로 의미가 확장되었음을 보여 준다. 이 '어울마당'의 예는 의미를 잘 전달할 수 있도록 자연스럽게 만들어진 어간복합어가 자리잡는 모습을 잘 보여 준다.

이른바 한글학자들이 인위적으로 만든 고유어에 어간복합어가 나타나며 그 방식이 자연스럽지 못하여 자리를 잡지 못한다고 보는 견해가 있는데 그것은 그 단어가 의미를 제대로 전달할 수 없게 잘못 만들어졌기 때문이지 단어 형성 방식을 잘못 택했기 때문이 아니다. 예를 들어 '넘보라살(넘-+보라+살)'을 생각해 보자. 이 단어는 처음 접했을 때, 그 의미가 명확하게 들어오지 않는다. 이 단어는 '자외선(紫外線)'을 순화하여 만든 말인데, 이 단어가 우리 실생활에서 거의 쓰이지 않는 이유는, 이 단어가 어간이 유리되어 다른 어기와 결합하는 잘못된 방식을 택했기 때문에 생긴 결과가 아니라 의미가 명료하지 않아 널리 쓰이지 못했기 때문이다. 또한 '새내기'처럼 의미가 명확하게 들어오는 단어는

---

23) 『조선일보』에서는 1996년 3월 30일 기사에서 처음 확인된다.
24) 이 사이트도 1997년부터 운영되고 있다.

설령 '잘못된' 방식으로 형성되었다고 하여도, 결국 사회성을 획득하여 폭넓게 쓰이게 되는 것이다. 또한 '잘못'은 일반적으로 부사 '잘'과 '못'이 결합하여 명사가 된 특이한 예라고 보는데 이 경우도 우리의 어휘 형성 규칙에는 맞지 않으나 사회성을 획득하여 쓰이고 있다. 여기에서 우리는 문법보다는 '의미의 명료성'이 어휘 형성에서 더 중요한 요소임을 알 수 있다.

다음으로 볼 단어는 '삶통'이다. 'CJ삼구쇼핑'의 2002년 2월 상품목록 책에 보면, '대일 빨래 삶통 삼숙이'라는 상품이 나온다. 여기에서 우리는 '빨래 삶통'이라는 신조어를 보게 된다. 일반적으로 '빨래를 삶기 위해 만든 통'은 따로 없었다. 그러나 이제 그 기능을 위한 물건이 새로 생기면서 '빨래 삶통'이라는 새로운 단어가 형성된 것이다. 이 물건을 구로 나타내어 '빨래 삶는 통'이라고 한다면, 특별히 제작된 제품이라는 느낌이 들지 않으나 이것을 '빨래 삶통'이라고 명명함으로써 빨래를 삶기 위해 특별히 제작된 물건이라는 것을 명시적으로 드러내게 되는 것이다. 또한 인터넷 쇼핑몰 '쇼핑스타(www.shoppingstar.co.kr)'의 상품 소개를 보면, '1. 대일 빨래 삶통 삼숙이(대일)/ 2. 라이프 자동 빨래 삶통(동양시스코)/ 3. 빨래 삶통 깔끔이(비즈포비즈)'와 같이 '빨래 삶통'이 다른 제품 소개에서도 쓰여 어느 정도 자리를 잡은 것으로 보인다.

다음으로는 '푸르넷'이라는 단어가 있다. 이것은 금성출판사에서 나온 초등학생용 학습지의 이름으로 '푸르다'의 어간 '푸르-'와 '인터넷'의 '-넷'이 결합한 말이다. '넷'은 '넷맹'이란 말에서 단독으로 어휘 형성에 참여함을 확인할 수 있다. 여기에서도 어간복합어의 예를 확인할 수 있다.[25]

이외에 '생크림 따위를 넣어서 짤 때 쓰는 깔때기 모양의 주머니' 정

---

25) 물론 상호명에는 일반명사와는 다른 여러 가지 특징이 있으므로 여기에서는 이에 대해 더 이상 언급하지 않기로 하겠다.

도의 의미를 가지는 요리기구로 '짜주머니(짜-＋주머니)'라는 단어도 확인되는데 사전에 등재되어 있지는 않으나 보편적으로 쓰이는 단어이다.[26] 그리고, '덮밥'뿐만 아니라 '덮면'과 '덮라면'과 같은 단어도 확인되어, '덮-'이 어간복합어의 선행성분으로 생산적으로 쓰이고 있음을 볼 수 있다. 이상의 예들에서 알 수 있는 바와 같이 어간복합어는 현대국어에서도 적지 않게 형성되고 있다.

2.3. 어간복합어의 의미 특성

어간복합어가 후기 중세국어와 그 이전 시기에 용언의 어간이 유리되던 특성을 이용하여 형성된 특별한 복합어로 일시적으로 쓰이다가 사라진 복합어가 아니라면, 선행 어간과 후행 어기 사이에 어미가 개입되어 결합된 복합어와는 다른 고유한 의미가 있을 것으로 기대할 수 있다. 여기에서는 어간복합어의 고유한 의미 특성을 두 가지로 나누어 살펴보기로 하겠다.

첫 번째로 살펴볼 어간복합어의 특성은 어미가 개입된 복합어나 구로는 나타낼 수 없는 의미를 선행 어간과 후행 어기의 직접적인 결합으로 표현한다는 것이다. 이 부류의 복합어는 'V$_1$＋V$_2$'와 유사한 의미를 가지는 'V$_1$＋-어＋V$_2$'나 'V$_1$＋-고＋V$_2$'로는 나타나지 않는다. 여기에 속하는 대표적인 부류는 '오른느리다'와 같이 서로 반의 관계에 있는 동사 어간들이 결합하여 이루어진 복합어이다.

(40) 가. 數 업슨 즌자리는 ᄀᆞ주기 <u>오른느리거늘</u>＜두시 7:2ㄱ＞

　　　나. 聖王이 ᄃᆞ외샤 各各 셜흔여슷 디위를 <u>오른느리시니</u>＜월석 1:20ㄴ＞

---

26) 이 단어는 '짜-'에 관형사형 어미 '-ㄹ'이 결합한 '짤주머니'로도 나타난다.

이 예들을 보면, '오르느리다'가 '올랐다가 내렸다가 하다'라는 '반복'의 의미를 가짐을 알 수 있다. 이것은 '*올아 느리다'나 '오르고 느리다'와 같은 구로는 표현할 수 없는 의미이다. '*올아 느리다'는 의미상으로 비문이 되며, '오르고 느리다'는 일회적인 의미를 가질 뿐 반복의 의미를 가질 수 없다. 그러나 'V₁+V₂' 복합어는 어미 없이 어간끼리 직접 결합함으로써 구나 어미가 개재된 복합어로는 표현할 수 없는 반복의 의미를 표현하고 있다.[27]

다음으로 볼 예는 '감포르다'이다.

(41) 가. 뉘 오직 눈 파란 되 傳ㅎ다 니르뇨(誰道唯傳碧眼胡)<남명 上:68ㄱ>
     나. 눈 파란 되는 達磨롤 술오니 누니 감포론 비치 겨시더니라<남명 上:68ㄱ>

(41가)는 언해의 본문이고 (41나)는 이에 대한 협주 부분이다. 이 예에서 우리는 협주의 '감포론'이 본문의 '파란'에 대한 설명으로 쓰였음을 알 수 있다. 이는 '감포르다'의 의미가 '포르다'가 주이고 '감다'는 그것의 정확한 상태를 표현하는 데 쓰였음을 보여 준다. 또한 '감포르다'는 현대국어의 '감파르다'로 이어지는데 그 의미가 '감은 빛을 띠면서 푸르다'이다. 여기에서 '감포르다'의 의미를 어미가 개재된 복합어로 표현하려면 '감고 포르다'가 될 것이나 '감고 포르다'는 두 가지 색의 의미가 대등하게 쓰여 '감은 빛을 띠면서 푸르다'와는 다른 의미가 된다. 또한 '감게 포르다'가 가능할 듯하나 동일한 의미장에 속하는 '감-'과 '포르-'가 수식관계를 형성하는 것은 쉽지 않은 일이다.[28] 그러므로 '감포르다'

---

27) 한재영(1999)에서는 '오르느리다'가 '복합동사가 가지는 의미는 그를 구성하는 요소들이 가지고 있는 일차적인 의미의 단순한 나열이 아니어야 한다'라는 조건을 어기기 때문에 복합어가 아니라 구라고 보았는데, 우리는 '오르느리다'가 이 조건을 어긴다고 보지 않는다.

도 구로 표현할 수 없는 의미를 어간복합어의 형태로 표현하고 있다고
하겠다.[29]

어미가 개재된 복합어로 나타낼 수 없는 의미를 나타내는 어간복합
어의 특성은 복합명사에서도 확인된다. 후기 중세국어에서 나타나는
'쁫돌[礪]'을 한번 살펴보자.

(42) 소ᄂᆞ로 가슴과 녑과롤 <u>쁫고</u>(手擦胸脇)<구방 上:77ㄱ>
(43) 礪 <u>쁫돌</u> 려<신합 下:42ㄱ>

'쁫돌'은 '쁫-[擦/摩]'과 '돌[石]'이 결합하여 형성된 복합어로 현대국어
의 '숫돌'로 이어진다. 위의 (42)번 예에서 알 수 있듯이 '쁫다'는 '문지
르다'의 의미를 가진다. 그런데 '쁫-'과 '돌' 사이에 적절한 어미를 넣어
복합어를 만든다면 '*쁫는돌' 정도가 가능할 듯한데, 이 경우 '쁫-'은 능
동적으로 어떤 대상을 다른 대상에 문지른다는 의미를 가지게 된다. 그
러나 아는 바와 같이 '쁫돌'의 '돌'은 능동적으로 어디에 문지르는 돌이
아니라 '문질러지는', 즉 '다른 대상에 의해 문지름을 입는', 피동적인
의미의 '쁫-'인 것이다. 이 경우 '*쁫는돌'은 우리가 아는 '쁫돌'과는 다
른 의미를 가지게 된다. 이렇게 어미가 개재되어서 표현할 수 없는 의
미를 표현하게 위해 어간복합어가 쓰이는 것이다.

이러한 의미 특성은 현대국어의 '덮밥'에서 확연히 드러난다. '덮밥'
은 '반찬이 될 만한 요리를 밥 위에 얹어 먹는 음식을 통틀어 이르는
말'인데, '덮밥'의 '덮-'과 '밥' 사이에 어미가 개재된다면, '*덮은밥'이
나 '*덮인밥' 정도가 되었을 것이다. 여기에서 '덮밥'의 '밥'과 '*덮은밥'

---

28) 동일한 의미장에 속하는 어휘 간에 'V₁+-게 V₂'구성이 되기 어려운 것은 현대국
   어의 '*예쁘게 아름답다'나 '*건강하게 튼튼해라' 등과 같은 예가 성립하지 않는
   데에서 확인할 수 있다.
29) 색채어의 경우 이러한 의미 관계가 많이 확인된다.

의 '밥²'를 비교하여 보자. '밥¹'은 '요리가 얹혀진 완성된 음식으로서의 밥'인 반면 '밥²'는 '요리가 얹혀지는 대상이 되는 밥'을 의미한다. 이 '밥²'는 '밥¹'의 의미를 가지기는 어려워 보인다. 이 예에서 우리는 어미가 들어감으로써 발생하는 수식 관계로 인한, 의미의 변화나 불명확성을 제거하기 위하여 'V+N'형 복합어가 쓰였다는 것을 알 수 있다. 그러므로 어간복합어의 첫 번째 의미 특성은 '어미가 개입해서는 가질 수 없는, 새로운 의미의 생성'이라고 정리할 수 있을 것이다. 기존의 논의에서는 어간복합어가 선후행 성분 사이의 의미 관계가 불명료하여 어미가 개입함으로써 그 의미 관계를 분명하게 하였다고 보았으나, 오히려 우리는 어미가 개입함으로써 의미의 변화나 불명확성이 생기는 예들을 검토함으로써 어간복합어가 고유한 의미 기능이 있다는 것을 확인하였다.

둘째, 어간복합어는 결합하는 선행 어간와 후행 어기 사이에 어미가 개입하지 않음으로써 두 성분 간에 '의미의 긴밀성'이 생길 수 있다. 후기 중세국어에 나타나는 '도라보다'와 '돌보다'를 예로 살펴보자.

(44) 가. 그 王子ㅣ ᄯᅩ 네 솞가라ᄀᆞᆯ 드러늘 王이 <u>도라보고</u> <u>上座</u>ᄭᅴ 닐오ᄃᆡ<석상 24:47ㄴ>

　　　나. 슬퍼 우러 駬馬ㅣ <u>도라보고</u> 눖므를 너무 흘려셔 萬人이 ᄲᅳ리놋다<두시 24:48ㄱ>

(45) 가. 太子ᄭᅴ 절ᄒᆞᅀᆞᆸ고 두루 <u>돌봊며</u> 붓그려 ᄒᆞ더라<석상 3:8ㄱ>

　　　나. 아힛쩨 서르 <u>돌오던</u> 사ᄅᆞ미 다ᄋᆞ니(兒童相顧盡)<두시 24:47ㄴ>

　　　다. 술윗 가온ᄃᆡ셔 <u>돌보디</u> 아니ᄒᆞ며<소언 3:13ㄱ>

먼저 (44)의 '도라보-'는 '돌-+-아+보-'가 결합하여 이루어진 복합어로 '고개를 돌려 주변을 보다'의 의미를 가진다. 그런데 어간복합어인 '돌보다'는 (45가)에서와 같이 '고개를 돌려 주변을 보다'의 의미뿐만 아니라 (45나)와 같이 '관심을 가지고 보살피다'의 의미도 나타난다. 물론

(45다)에서와 같이 16세기에서도 전자의 의미로 쓰인 예가 확인되기는
하나, 이후 근대국어에 오면 '돌보다'가 전자의 의미로 쓰이기보다는 후
자의 의미로 주로 쓰임을 알 수 있다.

   (46) 가. 扶助他 뎌를 <u>돌보다</u><역해 下:52ㄴ>

      나. 나는 서ᄅᆞ 아는 스이오라 <u>돌보려</u> ᄒᆞ고 그리 말을 ᄒᆞ더니<인어 10:11ㄱ>

      다. 곳 가셔 죽더라 ᄒᆞ여도 부모의 <u>돌보믈</u> ᄇᆞ라지 아니리이다<감응 5:2ㄱ>

위 예들은 각각 17세기, 18세기, 19세기 문헌에 나타나는 '돌보다'의 예
로 모두 후자의 의미로 쓰였음을 알 수 있다.

   현대국어에서는 '돌보다'가 전자의 의미로는 쓰이지 않고 후자의 의
미로만 쓰이고 있다. 다음은 『표준국어대사전』에 나오는 '돌보다'와 '돌
아보다'의 뜻풀이이다.

   (47) 돌보다 동 관심을 가지고 보살피다.

   (48) 돌아보다 동 ① 고개를 돌려 보다. ② 지난 일을 다시 생각하여 보다.
      ③ 돌아다니면서 두루 살피다. ④ = 돌보다.

이 뜻풀이에서도 알 수 있듯이 '돌아보다'에 비해 '돌보다'는 '돌-'과
'보-'의 의미 사이가 더 밀접함을 알 수 있다. 또한 '돌보다'의 의미에
는 '돌-'과 '보-'의 원래 의미가 거의 남아있지 않은 반면, '돌아보다'는
'돌-'과 '보-'의 의미가 그대로 반영되어 있는 ①의 의미도 존재하는바,
이는 어미 '-아'가 '돌-'과 '보-' 사이에 개입함으로써 어기 각각의 의
미를 더 부각시켜 주기 때문인 것으로 보인다. 이처럼 ''V₁'과 'V₂' 간
의미의 긴밀성'은 어간복합어의 의미적 특성이 될 수 있다. '도라보다'
와 '돌보다'에서 나타나는 이러한 의미 차이는 '얼거미다'와 '얽미다'에
서도 확인된다.

(49) 가. 효근 대 닐굽 낫과 뽀리 닐굽 낫츨 흔디 <u>얼거믹여</u><언두 下:50ㄴ>

　　　나. 뎌 孃을다가 노흐로뻐 <u>얼거믹고</u><오전 4:35ㄴ>

　　　다. 스믜 비롤 노흐로 <u>얽어믹고</u><삼역 4:14ㄱ>

(50) 가. 즉자히 毗摩質多阿脩羅롤 사르자바 <u>얽믹야</u> 가져오거든<월석 11:30ㄴ>

　　　나. 늘거 病ᄒ야 <u>얽믹여슈믈</u> 아처러 ᄒ노니<두시 16:69ㄴ>

(49)의 '얼거믹다'는 후기 중세국어 자료에서는 확인되지 않고 근대국어 자료에서 확인되는데, 공히 '구체적인 사물을 얽어서 동여매다'라는 의미를 가지고, 여기에서 확장된 다른 의미의 용례가 확인되지 않는다. 그러나 '얽믹다'의 경우는 (50가)에서처럼 '얼거믹다'와 동일한 의미를 나타내기도 하지만, (50나)와 같이 15세기에 이미 '마음대로 행동하지 못하게 구속하다'의 의미가 확인된다. 이는 '얽믹다'가 '얽어믹다'에 비해 의미의 확장이 더 쉽게 일어남을 보여 주는데, 이러한 차이가 나타나는 원인은 어미 '-어'의 개입 여부에 있지 않은가 한다. 어미 '-어'가 개입하여 'V₁'과 'V₂' 사이에 일정한 거리를 유지하게 함으로써 두 동사 각각의 의미가 부각되어 두 동사가 융합되어 나타나는 제3의 의미가 생길 가능성을 줄인다 하겠다. 마지막으로 현대국어에서의 '얽어매다'와 '얽매다'의 뜻풀이를 보면, 두 단어 공히 '① 얽어서 동여 묶다 ② 마음대로 행동할 수 없도록 몹시 구속하다.'로 뜻풀이하고 있으나 '얽어매다'의 경우 ①의 의미가 주인 반면, '얽매다'의 경우는 ②의 의미가 주된 의미로 인식되는 것이 사실이다. 이상에서 본 바와 같이 어간복합어는 사이에 어미가 개재된 복합어에 비해 의미의 긴밀성이 생길 수 있다.[30]

---

30) 물론 모든 어간복합어가 이와 같은 의미 특성을 가지는 것은 아니다. 현대국어의 '무뜯다 : 물어뜯다', '검물잠자리 : 검은물잠자리' 등과 같이 어간복합어와 어미가 개재된 복합어 사이에 특별한 의미 차이가 없는 복합어도 있다.

2.4. 어간복합어의 확인

2.4.1. 복합어와 구

후기 중세국어에서 'V₁+V₂'구조가 다양하게 나타나기 때문에 이것을 구로 보는 견해도 있다. 그러나 우리는 어미 없이 어간끼리 직접 결합하여 구를 이루는 것이 가능했는지 알 수 없으며 이것을 확인할 수 있는 방법도 없다. 또한 이것이 구였다면, 현대국어의 '낮잡다, 빌붙다, 얕보다' 등도 구로 보아야 하는지, 아니면 후기 중세국어의 '빌먹다'와 현대국어의 '빌붙다' 사이에 어떤 형성 원리의 차이가 있다고 보아야 하는지 밝힐 수 있어야 할 것이다. 또한 후기 중세국어의 복합어 가운데, '포ᄂ외다(都盡賣了, 폴-+ᄂ외-)'는 '거듭해서 팔다'의 의미로 구라면 'ᄂ외-'가 선행해야 할 것으로 보이는데, 이렇게 어순이 바뀔 수 있는 것은 복합어이기 때문에 가능한 것이 아닌가 한다.

한재영(1999)에서는 '보ᄉᆞ피다'를 예로 들어, '나그네 네 쉬라 내 문들 보ᄉᆞ피고 자리라'(번노 상:26ㄱ)에서는 접속 구성이고, '의원 쳥ᄒᆞ야 약 뻐 보ᄉᆞ펴 고티며 아픔의 나조히 쩌나디 말오'(번노 하:47ㄱ)에서는 "진정한 복합동사"라고 보았다. 이것은 전자의 '보ᄉᆞ피다'가 말 그대로 '보고 ᄉᆞ피다'의 기본적인 의미만을 나타내기 때문에 복합어가 아니라고 본 것이다. 그렇다면 이 두 개의 '보ᄉᆞ피다'는 동일한 동사가 아니고 표면 형식은 동일하되 내용은 다른 것으로 처리되는 것이다. 여기에서 우리는 전자의 '보ᄉᆞ피다'과 후자의 '보ᄉᆞ피다'가 서로 有緣性이 없다고 판단할 만큼 다른 의미인지 의문을 가지게 된다. 어휘의 의미는 언제든지 변할 수 있으며, 은유에 의한 의미 변이도 쉽게 일어난다. 전자의 '보ᄉᆞ피다'처럼 어떤 대상을 잘 '보고 살필 때', 후자의 '보ᄉᆞ피다'처럼 '정성을 기울여 돌볼 수 있게' 되는 것이다.[31] 그러므로 우리는 '보ᄉᆞ피다'를 두 가지로 구분하지 않고 다 복합동사로 보되 전자의 '보ᄉᆞ피다'

는 기본 의미로 쓰인 예이고, 후자의 '보숣피다'는 확장 의미로 쓰인 것으로 보고자 한다. 또한 '여위ᄆᆞᄅ다'나 '긁빗다'와 같이 두 용언 어간의 의미가 그대로 살아 있고 의미의 변화가 확인되지 않는 예들도 우리는 구가 아닌 복합어로 보고자 한다.

그리고 다음 예들은 후기 중세국어의 어간복합어가 '어휘고도제약'을 지켜 한 단어였을 가능성이 많음을 보여 준다.[32]

(51) 가. 춤빗 가져다가 빗기고 며 <u>것고지</u> 가져다가 것곳고<박언 上:40ㄱ>

나. 춤빗스로다가 빗기고 쏘 <u>것고지</u> 가져다가 것곳고<박신 1:43ㄱ>

다. 춤비소로 빗기고 너븐 <u>빈혀</u> 가져다가 머리 걷곳고<번박 上:44ㄴ>

(52) 다숫 ᄆᆞ리 <u>므르니기</u> 비치 나도다(五馬爛生光)<두시 23:12ㄴ>

(51가)와 (51나)의 '것고지'는 (51다)의 '빈혀'에 해당하는 말로 '걷-[捲]'과 '곳-[揷]'이 결합하여 된 '걷곳-'에 명사 파생 접미사 '-이'가 결합하여 된 파생명사이다. 명사 파생 접미사 '-이'가 결합한 것으로 미루어 보아 우리는 '것곳-(걷곳-)'이 한 단어로 인식되었음을 알 수 있다.

(52)에서 '므르니기'는 '므르닉-'에 부사 파생 접미사 '-이'가 결합하여 된 파생부사인데 이 예에서 우리는 부사 파생 접미사의 결합으로 미루어 '므르닉-'이 한 단어로 처리되었음을 알 수 있다. 그러므로 우리는 'V_1+V_2' 구성을 구가 아닌 복합어로 보고자 한다.

그러나 여전히 문제가 되는 부류가 있다. 우리는 이를 선행 성분의

---

31) 실제로 『표준국어대사전』에서도 '보살피다'를 '(1) 정성을 기울여 보호하여 돕다.(환자를 보살피다) (2) 이리저리 보아서 살피다.(사방을 보살펴 보다) 등으로 한 표제어 아래 뜻풀이하고 있다.

32) 졸고(1992ㄱ:15~21)에서는 복합동사의 특성으로 '어휘고도제약'을 논한 바 있는데, 그 내용은 '(1) 복합동사는 그 구성요소의 일부만이 수식을 받을 수 없다. (2) 복합동사는 그 내부에 분리성이 나타날 수 없다. (3) 복합동사는 그 구성요소의 일부만이 파생접사와 관련될 수 없다.' 등이다.

성격에 따라 크게 세 가지로 나누어 살펴보고자 한다. 그것은 곧 '(1) 선행 성분이 부사인지 용언 어간인지 판단하기 어려운 예, (2) 선행 성분이 접두사인지 용언 어간인지 판단이 어려운 예, (3) 선행 성분이 용언 어간과 어미가 결합하여 축약된 형태인지 용언 어간 자체인지 판단이 어려운 예'이다. 특히 (1)번 유형은 영변화 파생부사가 존재하는 중세국어에서 문제가 되는 유형이다.

2.4.2. 부사와 용언 어간

허웅(1966ㄱ:28~29)에서는 '어리미혹ㅎ다'를 예로 들어 (1) 선행 성분 '어리'가 용언 '어리다'에서 온 파생부사로 후행 성분과 복합어를 만들었다면 '통사적 복합어'로 보아야 하고, (2) 그 첫 성분이 부사로 복합어가 아니라면 '통사적 구성'으로 보아야 하고, (3) '어리-'를 어간 '어리다'에서 온 것으로 본다면, '비통사적 복합어'로 보아야 한다고 했다. 그러면서도 이 세 가지 가능성 가운데 '어리미혹ㅎ다'를 어간끼리 직접 결합한 (3)의 경우로 처리한바, 이는 '어리-'와 '미혹ㅎ다'가 직접적으로 연결된다고 보았기 때문이다. 이와 대조적으로 '바ᄅ 알다'는 '바ᄅ 自性을 ᄉ못 아ᄅ샤'(월석 서:18)와 같은 예에서 볼 수 있는 바와 같이 '바ᄅ'와 '아ᄅ샤'의 관계가 간접적으로 연결되어 있기 때문에 통사적 구성으로 보아야 한다고 하였다. 그러나 자료가 국한되어 있어 이러한 판단이 쉽지는 않다고 하였는데, 이것은 현재 우리로서도 마찬가지이다.

어간복합어의 판별이 어렵다는 사실은 이현희 외(1997ㄱ)에서도 알 수 있다. 여기에서는 '시름 오매 ᄑᄅ를 지즐안자셔'(두시 6:1ㄴ)의 '지즐앉다'를 분석하면서, '"지즐앉-'은 여러 가지의 해석 가능성을 가진다. 첫째는 '지즐'을 '지즐-[壓, 藉]'에서 이른바 영파생에 의해 형성된 파생부사로 보는 방법이고, 둘째는 '지즐-'의 어간과 '앉-'의 어간이 어떠한 어미의 개입이 없이 이른바 비통사적 합성동사를 형성한 것이라고 파악하는 방법이며, 셋째는 파생부사 '지즐'과 '앉-'이 통사적 합성동사를 형성한 것이라고 파악하는 방법이다. 여기에서는 둘째 방법을 택해둔다."(이현희 외, 1997:22)라고 하고 있다. 이는 허웅(1966ㄱ)에서와 마찬가지로 어떠한 구성이 구인지, 어간복합동사인지, 통사적복합동사인지 판단이 어렵다고 보는 것이다.

어간복합어의 판별기준과 관련한 논의로는 한재영(1999)이 있다. 이 논의에서는 '동사어간+동사어간' 구성 가운데 복합어로 보기 어려운 것들을 분류해 내기 위한 기준으로 '의미 반영 조건, 구성 요소 생략 불능 조건, 새로운 의미 형성 조건, 단일 동사 조건'이라는 네 가지 조건을 제시하고, 이 모든 조건에 부합되어야 "진정한 복합동사"가 된다고 하였다. 그리하여 '동사어간+동사어간' 구성 가운데 상당한 예들이 "진정한 복합동사"가 아니라 "선·후행 요소가 각각 부사이거나 접사 또는 보조 용언이었으며 나아가 문장이 접속된 경우도 있다."라고 보았다. 이 논의는 기존에 어간복합어로 처리되었던 많은 예들을 복합어가 아닌 구로 처리하고 있으며 그 기준은 "통사적으로나 의미적으로나 하나의 새로운 동사이어야 한다."라는 것이다. 우리는 이 논문에서 복합동사가 아닌 것으로 판명된 '동사어간+동사어간' 구성에 대해 검토하면서, 우리가 생각하는 복합동사의 판별기준을 세워보기로 하겠다.

먼저 이 논문에서는 '의미 반영 조건'으로 "복합동사는 그를 구성하는 요소들의 실질적인 의미가 각각 반영되어야 한다."라는 조건을 제시하고 '걸티다, 내혀다'와 같은 예들이 '-티-'나 '-혀-'가 강세접미사이기 때문에 복합동사에서 제외하여야 한다고 하였다. 이에 대하여 우리도 공감하는 바이다.[33] 다음으로 제시한 조건은 '구성 요소 생략 불능

---

33) 졸고(1992ㄱ)에서도 동사 어간의 문법화 문제를 검토한 바 있다. 그러나 '접사화'가 진행 중인 예들에 대해서는 어떻게 처리해야 하는지 해결해야 할 문제들이 남아 있다.

조건'으로 "복합동사는 그를 구성하는 요소들의 실질적인 의미 반영으로 인하여 구성 요소의 생략이 불가능하여야 한다."라는 조건이다. 이 기준에 의해서 '구틔우기다, ᄀᄅ미다, 드리비취다, 쥐주다, 사ᄅ묻다, 사ᄅ잡다'의 선행 성분인 '구틔, ᄀᄅ, 드리, 쥐, 사ᄅ'는 생략되어도 문장의 성립 자체에 아무 문제가 없다고 보아 부사로 판단되었고 그 결과 '구틔우기다, ᄀᄅ미다' 등은 복합어가 아닌 구로 처리되었다. 그런데 '구틔우기다, ᄀᄅ미다' 등이 '부사'와 '동사'로 이루어진 구가 되기 위해서는 먼저 영파생의 범위를 정해야 할 것이다. 즉 이러한 판단을 내릴 수 있으려면 우선 두 가지 문제가 해결되어야 한다. 첫째, 앞의 예에서 '동사+동사' 구성의 선행 성분인 '구틔, ᄀᄅ, 드리, 쥐, 사ᄅ' 등이 이 예 외에서도 부사로 사용되고 있는 예가 있는지를 확인할 수 있어야 한다. 둘째, 한재영(1999)에서는 이 구성들이 "복합동사는 그를 구성하는 요소들의 실질적인 의미 반영으로 인하여 구성 요소의 생략이 불가능하여야 한다."라는 조건을 어긴다고 보았는데, 실제로 그러한 것인지 우리는 의문을 가지게 된다. 이 논의에서는 '쥐주다'의 예로 들어, '舍衛國大臣 須達이 가ᅀᆞ며러 쳔랴이 그지업고 布施ᄒ기롤 즐겨 艱難ᄒ며 어엿븐 사ᄅ몰 <u>쥐주어</u> 거리칠쌔'(석상 6:13ㄱ)라는 예에서 '쥐주어'의 '쥐'가 생략된 '*舍衛國大臣 須達이 가ᅀᆞ며러 쳔랴이 그지업고 布施ᄒ기롤 즐겨 艱難ᄒ며 어엿븐 사ᄅ몰 <u>주어</u> 거리칠쌔'가 성립에 이상이 없다는 것은 생략된 성분이 필수적인 것이 아니었음을 뜻한다고 보고, 이렇게 생략이 가능한 성분은 부사이므로 '쥐'를 부사로 처리하여야 한다고 보았는데, 이 경우 "생략이 불가능하다."라는 것을 무엇을 기준으로 결정해야 하는 것인지 알기 어렵다. 즉 '쥐주다'에서 '쥐-'가 생략될 수 있다는 것이 '쥐'가 부사라는 것을 의미하는 필수 조건인지 의문을 제기하게 되는 것이다. 예를 들어, '검붉다'를 본다면, '저 언덕에는 검붉은 꽃이 피어 있다'에서 '검'을 생략하여 '저 언덕에는 붉은 꽃이 피어 있다'라고 하여도 역시 문장이 성립하는데, 이런 경우를 선행 성분을 생략해도 문장 성립에 이상이 없다고 보아 '검'을 부사로 처리해야 하는 것인지 의심이 든다. 또한 '내가 가장 존경하는 사람은 작은아버지이다'에서 '작은아버지[叔父]'의 '작은'이 생략된 '내가 가장 존경하는 사람은 아버지이다'도 역시 문장이 성립하는데 이것은 '작은'이 이 문장에서 필수성분이 아닌 것과는 관련이 없다. '작은아버지'에서 '작은'이 생략될 수 없는 것은 의미의 문제이지, 문법의 문제가 아니다. 그런데 이것으로 문장 성립 여부로 판단한다면 문제가 생기지 않을 수 없다.

우리는 2.1.1에서 용언 어간이 바로 부사로 전성되어 쓰이는 예들을 살펴보았다. 후기 중세국어에서는 용언 어간이 바로 부사로 쓰이는 예들이 있었기 때문에, '어간+어간' 구성의 복합어인지, '부사+어간' 구성의 통사적 복합어인지, 더 나아가 '부사'와 '동사'의 구 구성인지 판단이 어려운 예들이 있다. 여기에서 '부사+어간' 구성의 통사적 복합어인지, '부사'와 '동사'의 구 구성인지를 구분하는 것은 선행 요소가 부사라고 결정된 이후의 문제이므로, 여기에서는 선행 요소가 부사인지 용언 어간인지를 판단하는 문제에 대해서만 논하기로 하겠다. 영변화 파생부사는 용언 어간이 아무런 형태 변화 없이 바로 부사로 쓰이는 예로 '그르-[誤] : 그르/ ᄂᆞ외-[更] : ᄂᆞ외/ 바ᄅᆞ-[直] : 바ᄅᆞ/ ᄉᆞ못-[通] : ᄉᆞ못'과 같은 예들이 이에 해당한다.

'어간+어간' 구성인지, 아니면 영변화 파생부사와 결합한 '부사+어간' 구성인지를 판별하는 기준으로 우리는 두 가지를 제시하고자 한다. 첫째, 선행 성분이 영변화 파생부사라면, 그 부사의 수식을 받는 후행 성분이 다양하게 확인되어야 한다. 즉 영변화 파생부사는 분포가 다양하게 확인되어야 한다는 것이다.

(53) 가. 正覺은 正히 알씨니 그르 알면 外道ㅣ오 正히 알면 부톄시니라<월석 1:51ㄱ>

나. 이 經을 그르 頌ᄒᆞ면 당다이 地獄애 들리로다<금삼 5:47ㄱ>

다. 또 아히 <u>그르</u> 바놀 숨씨닐 고툐더<구방 上:53ㄴ>

위 예에서, '그르'는 다양한 것들을 수식하고 있다. 먼저 (53가)에서는 '그르'가 '알면'을 수식하지만, (53나)에서는 '頌ᄒ면'을 수식하고 있다. 그리고 (53다)에서는 '그르'가 '바놀 숨씬'과 같은 관형 구성을 수식하고 있다. 이것을 보면, '그르'는 수식하는 후행 성분이 다양하게 확인되는 것으로 보아 '그르다'의 어간 '그르-'에서 온 영변화 파생부사인 것을 알 수 있다.

둘째, 선행 성분이 영변화 파생부사라면, 동시대에 같은 어간에 부사 파생 접미사가 결합한 파생부사가 생산적으로 쓰이지 않아야 한다. 이 기준은 '언어의 경제성'과 관련된 기준으로서 '저지(blocking)' 현상과 관련된다.[34] 이 '저지' 현상은 일반적으로 비생산적인 파생어 형성에서만 가능하다고 보는바, 구본관(1998:326~327)에서는 부사 파생 접미사 '-이'가 결합가능성이 큰 접미사이기 때문에 '저지' 현상의 지배를 받지 않아 '비브르 : 비블리', '하 : 해' 등과 같이 영변화에 의한 부사와 '-이'에 의한 파생부사가 공존하고 있다고 보았다. 그런데 우리는 '비브르'는 15세기 자료에서 확인되지만, '비블리'는 17세기 자료에 가서야 확인된다는 사실에 주목하고자 한다.

　(54) 취바볼 長常 <u>비브르</u> 먹디 몯호라<두시 19:46ㄴ>
　(55) 우리 각각 잇긋 <u>비블리</u> 먹쟈<박언 下:33ㄴ>

만약 15세기 자료에서 '비브르'와 '비블리'가 같이 확인된다면 이를 '저지' 현상의 예외라고 볼 수 있을 것이다. 그러나 '비블리'가 후기 중세

---

34) Aronoff(1976)에서는 'glorious'의 예를 들어, 이와 관련된 명사로 'glory'가 있기 때문에 파생명사 *gloriosity'의 생성이 저지된다고 본 바 있다. 송철의(1990:87)에서 재인용.

국어 자료에서는 확인되지 않고 근대국어에 가서야 나타난다면, 이는 '저지' 현상의 예외라고 보기 어렵다. 우리는 2.1.1에서 '비브르'와 같이 어간이 바로 영변화 파생부사로 쓰이는 현상이 근대국어에 와서 이미 생산성을 상실하였다는 것을 본 바 있는데, 17세기에 들어서서 '비블리'가 등장한 것은 오히려 '비브르'와 같은 영변화 파생부사의 세력 약화와 관련이 있다고 보아야 할 것이다.

또한 우리는 영변화 파생부사가 활발하게 쓰임으로써 '-이'에 의한 파생부사가 나타나지 않는 예도 확인할 수 있다. 위에서 본 '그르'의 경우, 후기 중세국어에서 영변화 파생부사인 '그르'가 활발하게 쓰이는 반면, 어간 '그르-'에 부사 파생 접미사 '-이'가 결합한 '*글리'는 확인되지 않는다. 이것을 보면, '그르'에서는 '저지' 현상이 발생하고 있음을 알 수 있다. 그리고 우리는 이러한 사실에서도 '그르'가 용언 어간이 아니라 부사의 기능을 수행하고 있음을 알 수 있다.

우리는 이제 이 두 번째 기준을 좀더 확대하여, '영변화 파생부사'가 활발하게 쓰이면, '부사 파생 접미사가 결합한 파생부사'뿐 아니라 '부사형 어미가 결합한 부사어'도 생산적으로 쓰이지 않아야 한다고 보고자 한다. 예를 들어 '그르'가 부사로 활발하게 쓰이면, 부사형 어미가 결합한 '그르게'는 상대석으로 생산적으로 쓰이지 않아아 한다고 보는 깃인데, 이는 부사어 '그르게'와 '그르'가 의미상 거의 차이가 없다고 보기 때문이다. 실제로 후기 중세국어와 근대국어에서 '그르'는 활발하게 쓰이는 반면, 부사형 어미가 연결된 '그르게'는 거의 확인되지 않는다.

이제 앞에서 본 두 가지 기준에 의해 부사가 아니라 용언 어간으로 처리될 수 있는 예들을 검토해 보기로 하자. 먼저 살펴볼 예는 '누르볶다'의 '누르-'이다.

(56) 콩 서 되롤 <u>누르봇가</u> 술 서 되예 ᄌ마 우러난 므를 다 머그라<구간 1:27ㄴ>

'누르볶다'는『표준국어대사전』에서는 '눋게 볶거나 눋도록 볶다'의 의미를 가진 어간복합어로 처리하였으나『우리말큰사전』에서는 '누르'를 '눋게. 눋도록'의 의미를 가진 부사로 보아 '누르볶다'를 구 구성으로 처리하였다.『우리말큰사전』에서는 '누르'를 형용사 어간 '누르다'에서 온 영변화 파생부사로 보고 있음을 알 수 있다.

이제 '누르'가 형용사 어간인지 영변화 파생부사인지를 검토하여 보자. 먼저 첫 번째 기준인, '선행 성분이 영변화 파생부사라면, 그 부사의 수식을 받는 후행 성분이 다양하게 확인되어야 한다'는 기준을 적용시켜 보기로 하자. 우리가 확인할 수 있는 한, '누르'의 후행 성분으로는 '볶다'만이 확인된다. 그러므로 첫 번째 기준으로 볼 때, '누르'는 영변화 파생부사이기보다는 용언 어간 자체일 가능성이 있다. 다음으로 두 번째 기준을 적용시켜 보자. '누르'가 '영변화 파생부사'라면, '부사 파생 접미사가 결합한 파생부사'나 '부사형 어미가 결합한 부사어'가 활발하게 쓰일 확률이 적다. 그런데 우리는 '누르-'에 부사형 어미 '-게'가 연결된 '누르게'의 예를 적지 않게 확인할 수 있다.[35]

> (57) 가. 예초ㅼㅣ 숩 반 량을 <u>누르게</u> 봇가 ㄱ론 굴을 술 서 홉애 ㅈ마 즙 내야
>   <구간 1:13ㄱ>
>
>   나. 썅나못 닙 큰 호 줌을 브레 <u>누르게</u> 뾔야 믈 호 되예 글혀<구간 1:
>   106>
>
>   다. 몰ㄱ 갓플 호 량을 브레 뾔야 <u>누르게</u> 뢀외야 디허 ㄱㄴ리 처<구간
>   2: 105ㄴ>
>
>   라. 패모롤 기울과 <u>누르게</u> 봇가 ㄱㄹ 밍ㄱ라<언태 45ㄴ>

---

35) 박성현(1989:22)에서는 중세국어에 나타나는 '-게 ㅎ다' 구성에서의 '-게'는 생략될 수 없는 요소로서 부사어가 아니라고 지적한 바 있다.

위의 예에서 알 수 있는 바와 같이 부사어 '누르게'는 여러 번 확인될 뿐만 아니라 피수식어도 다양하게 나타난다. 이는 '누르게'가 활발하게 쓰였음을 보여 준다. 그러므로 우리는 이러한 두 가지 기준을 근거로 '누르'를 영변화 파생부사로 보지 않고 형용사 어간으로 처리하고자 한다. 그렇다면, '누르볶다'는 구가 아니라 어간복합어가 될 것이다. '누르볶다'와 같은 어간복합어는 '누르게 볶다'와 같이 구로 표현해야 할 의미를 단어의 형태로 표현할 수 있게 해 준다.

다음으로 '어리迷惑ᄒ다/어리미혹ᄒ다'의 '어리'에 대해 살펴보기로 하자.

(58) 가. 우리둘히 <u>어리迷惑ᄒ야</u> 毒藥을 그르 머구니<월석 17:17ㄴ>

  나. 大平훈 나라히 <u>어리미혹ᄒ닐</u> 버히다 ᄒ며<남명 下:70ㄴ>

『우리말큰사전』과『표준국어대사전』에서는 '어리'를 '어리석게'라는 의미의 부사로 처리하여 '어리 미혹ᄒ다'를 통사적 구 구성으로 보았다. 그러나 허웅(1966ㄱ)에서는 '어리-'를 용언 어간으로 보고, '어리미혹ᄒ다'를 어간복합어로 보았다. 앞에서 본 영변화 파생부사와 용언 어간의 판별기준을 이용하여 '어리'가 어디에 속하는지 살펴보기로 하자. 먼저, '어리'의 분포를 살펴보면, '어리'는 후기 중세국어에서 후행성분으로 '미혹ᄒ다'만이 나타난다. 이는 그 분포가 상당히 제약되어 있다는 것을 보여 주는데 이로 미루어 우리는 '어리'가 영변화 파생부사이기보다는 용언의 어간일 가능성이 높다는 것을 알 수 있다.[36]

두 번째 기준으로 '어리'와 관련된 부사어의 존재를 살펴보기로 하겠다. 용언 어간 '어리-'와 관련된 부사어로 우리는 '어리여'를 확인할 수

---

36) '어리'를 영변화 파생부사로 보지 않고 용언 어간 '어리-'에 부사 파생 접미사 '-이'가 결합한 파생부사로 볼 수도 있으나 두 가지 가운데 무엇으로 보든, 용언 어간과 부사의 구별에 관심이 있는 우리에게 있어서는 달라지는 것이 없다.

있다.

(59) 가. 뎌는 깃거 슬히 아니 너겨 맛나도 시름 아니 ᄒ니 <u>어리여</u> 어드ᄫᆡ
　　　 ᄀ리요미라<월석 12:39ㄱ>

　　 나. 오직 <u>어리여</u> 아디 몯ᄒ닐 爲ᄒ샤 이럴ᄊᆡ 智慧롤 닷ᄀ샤 더르시니라
　　　 <금언 序:8ㄴ>

우리는 이 두 가지 기준으로 미루어 '어리'가 부사이기보다는 용언 어간일 가능성이 있다고 본다.

　　또한 '어리미혹ᄒ다'의 '어리'는 그 의미상으로도 부사보다는 용언 어간일 가능성이 높다. 먼저 '어리미혹ᄒ다'의 구성성분인 '어리다'와 '미혹ᄒ다'의 의미를 살펴보기로 하자.

(60) 愚는 <u>어릴</u> 씨라<훈언 2ㄱ>

(61) 내 實로 <u>미혹ᄒ야</u> 어딘 사ᄅ몰 몰라보아 夫人올 거슯지호이다 ᄒ시고
　　 <석상 11:33ㄱ>

'어리다'는 주지하는 바와 같이 15세기 국어에서 '어리석다'의 의미를 가진다. 그리고 '미혹ᄒ다'는 현대국어의 '미욱하다'에 해당하는 단어로, '하는 짓이나 됨됨이가 매우 어리석고 미련하다'의 의미를 가진다.[37] 그렇다면, '어리다'와 '미혹ᄒ다'는 유사한 의미를 가지는 단어라고 볼 수 있다. 그렇다면, '어리다'와 '미혹ᄒ다'가 결합한 '어리미혹ᄒ다'는 '어

---

37) 남풍현(1968:51)에 의하면, '미혹(迷惑)'은 中國系 借用 語辭로, 『석보상절』에서는 모두 정음으로 표기되고 『월인석보』에서는 모두 한자표기로 대체된다고 한다. 『두시언해』에서는 발견되지 않는 것으로 보아, 불교용어가 대중화된 어사로 보인다고 하였다. 그리고 '어리다'와 '미혹ᄒ다'의 sense의 유사성과 name의 근접은 '어리미혹ᄒ다'와 같은 복합어를 낳았다고 하였다.

리'가 '미혹ᄒ다'를 수식하는 관계라기보다는 두 단어가 의미상 대등하게 연결되는 것일 가능성이 많다. 실제 우리는 문헌 자료에서 두 단어를 대등한 구로 연결시킨 예들을 확인할 수 있다.

(62) 가. 나는 <u>어리고</u> <u>미혹ᄒ</u> 사ᄅ미라 더긧 법을 아디 몯ᄒ노니<번박 9ㄱ>
　　　나. <u>어리며</u> <u>미혹ᄒ</u> ᄠ디 어루 어엿브도다<금삼 4:22ㄱ>
　　　다. <u>어리여</u> <u>미혹ᄒ야</u> 邪曲ᄒ 보물 信ᄒᆯ쎄<석상 9:36ㄴ>

위 예에서 볼 때 '어리고 미혹ᄒ다' 또는 '어리며 미혹ᄒ다'는 선후행 성분이 서로 대등하게 연결된 것임을 알 수 있다. 그리고 '어리여 미혹ᄒ다'도 대등하게 연결된 것으로 보인다.[38] 그러므로 '어리미혹ᄒ다'의 의미상, '어리'가 '미혹ᄒ다'를 수식하는 '부사＋형용사' 구성을 이루고 있다고 보기보다는 서로 대등한 의미를 가지는 '용언 어간＋어간' 구조의 어간복합어라고 보는 것이 더 합당할 듯하다. 우리는 앞에서 어간복합어의 기능 가운데 구로 표현할 수 있는 의미를 단어의 형태로 표현하는 기능이 있다고 본 바 있다. '어리미혹ᄒ다/어리迷惑ᄒ다'도 이처럼 구로 표현해야 할 의미를 단어의 형태로 표현한 것이라 할 수 있다.[39] 또한 '어리迷惑ᄒ다'의 '어리迷惑'은 'ᄒ다' 없이 조사와 결합하여 명사처럼 쓰이기도 한다.

---

38) 이현희(1994:66~68)에서는 연결어미 '-아'의 성격에 대해 논하고 있는바, 그 의미를 '방법', '이유', '동시성', '대등성', '계기성'의 다섯 가지로 나누어 분석하고 있다. 이 가운데 '대등성'의 예를 보면, '歡樂은 깃거 즐길 씨라'(월석 9:55)가 이에 해당하는데, 이 문장은 '歡樂은 즐겨 깃글 씨라'로 다시 고쳐 쓸 수 있다고 보고 있다. 우리는 '어리여 미혹ᄒ다'의 '-어'가 바로 이러한 '대등성'의 의미를 가진다고 본다.

39) 고유어와 한자어의 결합이 어색한 듯하나, '익숙하다(익-＋熟하-)'와 같은 예에서 알 수 있듯이 이러한 결합이 불가능한 것은 아니다. 이러한 유형의 복합어에 대해서는 심재기(1994)를 참조할 수 있다.

(63) 가. 衆生이 <u>어리迷惑의</u> 아ᄃ기 ᄀ료믈 濟度코져 ᄒ시고<법화 2:83>

　　　 나. 衆生ᄋᆞᆯ 生老病死憂悲苦惱와 <u>어리迷惑의</u> 아득히 ᄀᆞ린 三毒 브레 濟度

　　　　　 호몰 爲ᄒᆞ야<월석 12:36ㄴ>

(63)의 '어리迷惑'에서 '迷惑'을 명사로 볼 수 있다면, '어리'를 부사로 보기는 어렵다. 만약 수식 구조로 나타낸다면 '*어린 迷惑'과 같이 관형 구성이 되었어야 할 것이다. 또 다른 해석 방법은 '어리'를 명사로 보아 '어리 迷惑'의 '어리'와 '迷惑'이 대등 구성으로 쓰였다고 보는 것이다. 그러나 우리가 확인할 수 있는 한, '어리'가 후행 성분 없이 단독으로 쓰이거나 '어리'에 조사가 붙은 예는 확인되지 않는다. 그러므로 '어리迷惑ᄒ다'는 '어리-'와 '迷惑ᄒ-'가 결합한 어간복합어로 보고 '어리迷惑'은 거기에서 'ᄒ다'가 분리되어 형성된 명사라고 보아야 할 것이다.

　　다음으로 '빗놀다'의 '빗'을 살펴보기로 하자.

(64) ᄀᆞ마니 부는 ᄇᆞᄅᆞ맨 져비 <u>빗ᄂᆞᄂᆞ다</u><두시 7:7ㄴ>

위 예문의 '빗ᄂᆞᄂᆞ다'에 대하여 이현희 외(1997ㄴ:74)에서는 '빗'을 '볐-[斜]'에서 영파생된 형태로 보아 '부사+동사'의 구조로 파악하는 방법과 '볐-'과 '놀-[飛]'이 결합한 복합동사 '빗놀-'의 활용형으로 보는 방법 두 가지가 가능하다고 하고, 이 두 가지 가능성 가운데 전자를 택하였는데, 이것은 지금까지 '빗'에 대해 설명한 일반적인 시각과 일치한다. 먼저, '빗'에 후행하는 성분을 확인하여 보도록 하자.

(65) 堂앤 單父의 거믄괴 <u>빗노햇도다</u><두시 21:35ㄱ>

(66) 寶劒ᄋᆞᆯ <u>빗자바</u> 偈言ᄋᆞᆯ 다시 니ᄅᆞ노라<금삼 5:47ㄱ>

(67) 서르 <u>빗흘러</u> 帳 ᄀᆞᄐᆞᆫ 두들게 디놋다<두시 7:39ㄴ>

'빗' 뒤에 후행하는 성분은 '눌다, 놓다, 잡다, 흐르다' 정도가 확인된다. 우리가 본 두 가지 기준 가운데 전자로 보면 '빗'은 용언 어간일 가능성과 영변화 파생부사일 가능성이 다 있다. 다음으로 용언 어간 '볈-'과 관련된 다른 부사를 찾아보면, '빗기'를 확인할 수 있다. 이 '빗기'는 용언 어간 '볈-'에 부사파생 접미사 '-이'가 결합하여 형성된 파생부사로, '빗기 건너다'(능엄 8:92ㄱ), '빗기 만나다'(법화 2:168ㄱ), '빗기 알다'(원각 上1-1:58ㄱ), '빗기 보다'(내훈 1:45ㄱ), '빗기 비취다'(두시 20:45ㄱ), '빗기 든니다'(두시 24:63ㄱ) 등 그 쓰임이 활발하게 나타난다.[40] '언어의 경제성'과 관련된 우리의 두 번째 기준을 적용시켜 볼 때, '빗기'의 존재로 미루어 '빗'은 영파생부사이기보다는 용언 어간일 가능성이 있다.

또한 현대국어에서 '빗-'이 [斜]의 의미를 가진 접두사로 쓰이는 것을 생각해 볼 때, '빗눌다'의 '빗-'은 더더욱 용언 어간일 가능성이 높다. 일반적으로 접사는 어간복합어의 한쪽 성분으로 쓰이던 용언 어간이 문법화를 겪는 과정에서 생기는 경우가 적지 않았다. 그런데 '빗눌다'의 '빗'이 부사라고 한다면, 현대국어의 접두사 '빗-'과의 관련성을 찾기가 쉽지 않기 때문이다. 이에 우리는 '빗눌다, 빗놓다, 빗잡다, 빗흐르다'의 '빗-'을 용언 어간 '볈-'으로 보고, 현대국어에서 형용사 '볈다'가 사어가 됨으로써 '빗-'이 접두사화하게 되었다고 보고자 한다.

한재영(1999)에서는 '걷니다/거러니다, 나가다/나아가다, 나오다/나아오다, 눌뮈다/ᄂ라뮈다, 돌보다/도라보다, 솟나다/소사나다, 엿보다/여ᅀᅥ보다, 옮둗니다/올마둗니다' 등과 같은 예들은 "진정한 복합동사"와는 어느 정도 거리가 있고, 각각 선행요소가 파생부사인가 아니면 부사형인가의 차이를 가질 뿐이라고 하였다. 그렇다면, 이 논의에서는 '걷, 나,

---

40) 이 외에도 '빗기'의 후행성분으로는 '니다(선종 下:72ㄱ), 맛나다(법화 2:168ㄱ), 버믈다(법화 2:167ㄴ), 잡다(두시 15:52ㄱ), 흐르다(두시 22:32ㄱ)' 등이 확인된다.

눌, 돌, 솟, 엿, 옮’ 등을 다 동사 어간에서 온 영변화 파생부사로 본 것
이라 할 수 있다. 그러나 우리는 ‘걷니다, 눌뮈다, 돌보다, 솟나다, 엿보
다, 옮돈니다’를 어간복합어로 보고 ‘거러니다, 느라뮈다, 도라보다, 소
사나다, 여ᅀᅥ보다, 올마돈니다’는 어미가 들어간 복합어로 보고자 한
다.[41] 그 근거는 앞에서 본 판별 기준을 적용시킬 때, ‘걷, 눌, 돌, 솟, 엿,
옮’ 뒤에 오는 피수식성분이 다양하게 확인되지 않고, 또한 각각 부사형
어미가 결합된 부사어들이 확인되기 때문에 이들을 영변화 파생부사로
보기 어렵기 때문이다. 그뿐 아니라, 이 예들은 의미상으로도 선행성분
과 후행성분이 수식-피수식 관계라고는 보기 어렵다.

2.4.3. 접사와 용언 어간

다음으로 살펴볼 것은 어간복합어일 가능성이 있는 단어 가운데 선
행 성분이 접두사인지 용언 어간인지 알기 어려운 예들이다. 이것은 실
질형태소의 문법화와 관련하여 생기는 현상이다. 어간복합어를 형성하
는 어기 중에는 어기 본래의 의미를 잃어버리는 문법화를 겪어 이차적
인 의미를 가지는 요소로 변하는 것들이 있다. ‘문법화’는 “원래 어휘적
의미를 가지고 있던 실사류가 문법적 의미를 가지는 허사류로 바뀌는
사적 변화”를 말하는데, 이에는 ‘접사화, 조사화, 어미화(선어말어미화,
어말어미화)’등이 포함된다(이현희, 1991ㄱ:62~66). 이 가운데 우리가
관심을 가지는 것은 ‘접사화’로 이는 원래 자립성을 가지고 쓰이던 용
언 어간이 그 본래의 어휘적 의미가 약화되어 의존형식인 접사로 쓰이
는 현상이다. 이렇게 접사화가 일어나는 경우, 우리는 그것이 용언 어간

---

41) 후술하겠지만, ‘나가다, 나오다’의 ‘나’는 동사 어간 자체가 아니라 ‘나+-아’의
　　축약형이므로 논의에서 제외하기로 한다.

인지 접사인지 판단이 쉽지 않은 예들을 접하게 된다.

접사와 용언 어간을 구분하는 기준으로 우리는 '접사의 생산성'과 '의미의 변화'를 들고자 한다. 먼저 '접사의 생산성'을 보면, 어간복합어의 구성성분이 되는 어간은 접사에 비해 그렇게 생산적으로 쓰이지 않는다. 그러나 파생접사는 상당히 생산적으로 쓰이며 새로운 어기에도 쉽게 결합할 수 있다. 둘째, '의미의 변화'는 용언 어간과 접사의 의미가 다르다는 데 기인하여 만든 기준이다. 즉 용언 어간은 원래의 의미를 그대로 가지고 있지만, 접사로 변한 뒤에는 의미가 변화하게 된다. 그래서 어떤 단어의 구성 성분이 어간인지 파생접사인지를 구별하는 것은 그 성분이 단독으로 쓰일 때와 동일한 의미인지 아닌지로 구분할 수 있다. 선행 성분에 용언 어간의 의미가 그대로 반영되어 있으면 복합어로 보고, 어간으로서의 의미가 사라지고 중심적인 의미가 되는 후행 어기에 단순히 강세적인 의미를 더한다거나 하면 접사화한 것으로 보아 파생어로 보기로 한다.

먼저 살펴볼 예는 후기 중세국어에서 확인되는 '맛보다'이다.

(68) 가. 곳 디는 時節에 쏘 너를 <u>맛보과라</u><두시 16;52ㄴ>

　　　 나. 여희엿다가 다시 서르 <u>밋보니</u><두시 22,22ㄴ>

후기 중세국어의 '맛보다[逢]'는 '만나다'의 의미로, 그 구성성분인 '맞-[迎]'과 '보-[見]'의 의미가 다 반영되어 있어서 어간복합어로 분류될 수 있다. 이제 현대국어의 '맛보다'를 살펴보기로 하자.

(69) 가. 그 여자는 나와 맞보고 앉았다.<표준, '맞보다' 항>

　　　 나. *그 여자는 나와 만나고 앉았다.

(69)는 현대국어의 '맞보다'로 후기 중세국어에 나타나는 '맛보다'와 형

태가 동일하다.[42] 그러나 이 '맞보다'는 '마주 대하여 보다'의 의미로서 '보다'의 의미가 중심이고, '맞-'이 '마주 대하여'의 의미를 더하는 접사인 것을 알 수 있다. 그러므로 중세국어의 '맛보다'는 어간복합어인 반면, 현대국어의 '맞보다'는 접사 '맞-'이 결합한 파생어로 처리할 수 있다.

다음으로 현대국어에서 나타나는 '늦-'의 예를 살펴보기로 하자. 현대국어에서는 '늦-'이 들어간 단어가 상당히 많이 확인된다.

(70) 늦공부, 늦바람, 늦더위 ; 늦익다, 늦자라다, 늦잡다

위에서 든 예들은 『표준국어대사전』에 등재된 '늦-'이 들어간 단어 가운데 일부이다. 그런데 이 단어들에서 선행 성분으로 쓰이는 '늦-'은 형용사 어간으로 처리되기도 하고, 접사로 처리되기도 한다. '늦-'을 접두사로 처리하는 이유는 현대국어에서 어간복합어가 생산성이 없다고 보는 기존의 견해와 관련이 있다. 현대국어에서 어간복합어가 생산성이 없다고 보는 일반적인 견해에 비추어 볼 때, 유독 용언 어간 '늦-'만이 단어 형성에 활발히 참여한다고 보기는 어려우므로 이를 합리적으로 설명하기 위한 노력으로 '늦-'을 접사로 처리하고 있는 듯하다. '늦-'을 접사로 처리함으로써 현대국어에서 용언 어간이 단어형성의 선행 성분으로 쓰이는 "예외적인" 생산성을 설명하고자 하는 것이다. 그러나 우리가 앞에서 살펴보았듯이 현대국어에서도 어간복합어는 형성되고 있으며 특히 복합명사에서 확인되는 새로운 어휘의 수는 그 이전 시기와는 비교할 수 없을 정도로 상당히 많다. 그러므로 굳이 '늦-'을 접사로 보지 않아도 그 생산성을 설명할 수 있는 것이다. 이제 '늦-'의 뜻풀이를 살펴보기로 하자. 접사 '늦-'에 대한 『표준국어대사전』의 뜻풀이를 보면 다음과 같다.

---

42) 다만 중세국어의 '맛보다'는 8종성법에 의해 '맛보다'로 표기되고 있다.

(71) 늦- [접사] ① ((일부 명사 앞에 붙어)) '늦은'의 뜻을 더하는 접두사.
　　　　　　　② ((몇몇 동사, 형용사 앞에 붙어)) '늦게'의 뜻을 더하는 접
　　　　　　　　두사.

이 뜻풀이에서 알 수 있듯이 "접사"로서의 '늦-'은 용언 어간인 '늦-'과 전혀 의미 차이가 없다. 그러나 실사인 용언 어간이 문법화를 겪어 접사로 변한 뒤에는 용언 어간으로 쓰일 때와는 다른 이차적인 의미를 가지게 되며 그 새로운 의미로는 단독으로 독립하여 쓰일 수 없다. 앞에서 본 '맞-'의 경우에도 '마주 대하여'라는 접사적 의미로는 단독으로 쓰이지 않고 접두사로만 쓰인다.

　접사로 기술된 '늦-'에는 용언으로서의 '늦-'의 의미가 그대로 살아 있으므로 접두사로 보기 어렵다. 또한 이러한 사실은 '늦-'이 접사와 결합한 예에서도 확인할 수 있다. 예를 들어 '늦둥이'를 보면, 여기에서의 '-둥이'는 '그러한 성질이 있거나 그와 긴밀한 관련이 있는 사람'의 뜻을 더하는 접미사[43]이다. 만약에 '늦둥이'의 '늦-'을 접사로 본다면, 이 단어는 접사와 접사가 결합한 단어로 처리되어야 할 것이다. 그래서 이 경우의 '늦-'은 접사가 아니라 용언 어간일 가능성이 많다. 그러므로 우리는 단어형성의 선행성분으로 쓰이는 '늦-'을 접사로 보지 않고 용언 어간으로 보기로 한다. 그렇다면, '늦-'이 들어간 단어들은 파생어가 아니라 복합어가 될 것이다.[44]

　여기에서 우리는 한 가지 흥미로운 사실을 확인할 수 있다. 앞에서 보았듯이 '늦-'은 용언 어간임에도 불구하고 현대국어에서 어간복합어

---

43) 뜻풀이에는 "일부 명사 뒤에 붙어"라고 되어 있으나 이는 잘못된 것으로 보인다. '검둥이, 이쁘둥이' 등이 그 사실을 보여 준다.

44) 『표준국어대사전』에서도 '복합어(complex word)' 항의 뜻풀이에서는 '합성어(compound word: 우리의 복합어 개념과 동일하다)'의 예로 '늦더위'를 들고 있어 혼란을 보여 준다.

가 생산성이 없다는 기존의 견해에 기대어 접사로 처리되어 왔다. '늦-' 이 들어간 복합어들은 이렇게 접사로 처리되어 왔기 때문에 어간복합어 가 없어졌다고 보는 현대의 문법의식 속에서도 잘못된 단어로 처리되지 않고, 오히려 그 생산성을 유지할 수 있었던 것으로 보인다.[45]

2.4.4. 어미 축약형과 용언 어간

다음 유형은 어간복합어일 가능성이 있는 단어 가운데 선행 성분이 어미가 결합한 것이 축약된 형태인지 아니면 용언 어간 자체인지 판단 이 어려운 경우이다. 여기에는 (가) 'V$_1$+V$_2$'형인지 'V$_1$+-어+V$_2$'인지의 구별이 힘든 예와 (나) 'V+N'형인지 'V+-ㄹ+N'인지의 구별이 힘든 예가 있다.

먼저 (가)를 살펴보기로 하자. 'V$_1$'이 모음으로 끝나는 경우가 이에 해당하는데, 예를 들어 '나가다'를 보면, '나'가 어간 자체인지, '나 -+-아'가 축약되어 '나'가 된 것인지 판단하기가 쉽지 않다.

후기 중세국어에서는 성조로 그것을 판단할 수가 있는데, 먼저 단일 어 어간 '나-'를 보면 성조가 평성, 상성, 거성이 다 가능하다. 그런데 여기에 어미 '-아'가 결합한 '나'를 보면, 거성으로 나타난다.[46] 그렇다 면, 우리는 '나가다, 나든니다, 나둗다, 나니다, 나들다' 등과 같은 복합 어에서 선행성분인 '나'가 거성으로 나타난다면 이것이 용언 어간이 어미와 유리된 형태가 아니라 어미가 결합한 형태일 가능성이 있다.[47]

---

45) 이와는 달리 '먹거리'라는 단어는 '먹-+거리'로 구성된 어간복합어임에도 불구 하고, 현대국어에 어간복합어가 생산성이 없다는 이유로 '먹을거리'로 순화된 바 있다.

46) '太子ㅣ 城 밧긔 나 老病死 보시고'(월석 21:196ㄱ), '門의 나 셴 머리롤 긁ᄂ니' (두시 11:52ㄴ) 등과 같은 예에서 '나-+-아'가 결합하여 축약된 '나'의 성조가 거 성임을 확인할 수 있다.

먼저, '나가-'를 보면, 그 성조가 '거거, 거평, 거상'으로 나타나 '나'가 언제나 거성으로 나타남을 알 수 있다. 그렇다면, '나가다'는 어간복합어가 아니라 어미가 결합한 복합어일 가능성이 많다. 다음으로 '나둗니-'를 보면, 성조가 '거평거'로 나타나 역시 '나'에 어미가 결합되어 있을 가능성이 있다. 또한 '나둗-'도 '거평'으로 '나'에 어미가 결합되어 있는 것으로 보인다. 그리고 '나니-'를 보면, 그 성조가 '거거'나 '평거'로 나타나 어미가 결합된 '나-+-아'와 용언 어간 자체인 '나-'가 같이 쓰이고 있음을 알 수 있다. 이 경우 우리는 '나니-'가 나타나는 예에서 성조를 확인하여, '나니-'가 평거로 나타난 예만 어간복합어로 처리해야 할 것이다.[48] 마지막으로 '나들-'을 보면, 성조가 '평거'로 나타나 다른 복합어와는 달리 '나'가 어미가 없는 어간 자체로서 어간복합어로 보인다. 실제로 '나가다, 나둗니다, 나둗다'는 의미상 'V₁'과 'V₂' 사이에 어미 '-어'가 개입될 수 있는 반면, '나들다'는 'V₁'과 'V₂' 사이에 의미상 '-고'가 개입될 수 있다는 점에서도 서로 차이를 보인다.

다음으로 '녀-'가 들어간 단어를 살펴보자. '녀다'의 '녀-' 역시 성조가 단일어로 쓰일 때는 '거성, 평성, 상성'이 다 나타난다. 그런데 '녀-'에 어미 '-어'가 결합하여 축약된 '녀'는 '거성'으로 나타난다.[49] 그리고 어간복합어인지 선행 어간에 어미가 개재되어 축약된 형태인지 알 수 없는 '녀가다, 녀둗니다'의 '녀'도 역시 거성으로 나타난다. 이 경우 우리는 '녀가다, 녀둗니다'의 '녀'가 '녀-+-어'가 결합하여 축약된 것으로 어간복합어가 아님을 알 수 있다.

---

47) 성조를 통하여 복합어의 선행 성분이 어간 자체인지 어미 축약형인지 구분할 수 있다는 사실은 이현희 선생님께서 말씀해 주신 것이다. 좋은 자료를 제공하여 주신 선생님께 이 자리를 빌려 감사를 드린다.

48) '나니다'는 '노니다, 우니다, 흐르니다' 등과의 관계를 고려한다면, 어간복합어로 쓰인 예가 더 많을 것이다.

49) '東녀그로 녀 月峽으로 ᄂᆞ려 가노니'(두시 19:33ㄱ)에서 '녀-+-어'가 결합하여 축약된 '녀'의 성조가 거성임을 알 수 있다.

이렇게 성조를 확인함으로써 우리는 'V₁+-어'가 단음절로 축약된 'V₁+-어+V₂' 복합어와 'V₁+V₂' 복합어를 구분할 수 있다. 그러나 성조로 그 복합어 여부를 판단할 수 없는 근대국어와 현대국어의 경우는 구별이 쉽지 않다. 현대국어에서는 장음 여부로 복합어를 판단할 가능성이 있다.[50] 예를 들어 '빼-'가 들어간 단어를 보도록 하자. '빼다'의 '빼-'는 단음이나 '빼-+-어'가 축약된 '빼'는 장음이다. 그런데 '빼내다, 빼돌리다'의 '빼'는 장음으로 표시되어 '빼-'에 어미 '-어'가 결합된 형태임을 알 수 있다. 반면 '빼앗다'는 '빼-'는 단음으로 표시되어 어간 자체일 가능성이 있음을 보여 준다. 이처럼 어간복합어일 가능성이 있는 단어의 선행성분이 원래 단음일 때는 장단음으로 판별이 가능하여 보인다. 그러나 원래 단어가 장음인 경우는 판단할 기준이 없다. 예를 들어, '(끈을) 매다'의 '매-'는 원래 장음으로 발음되는데, '매-+-어'의 축약형 역시 장음으로 발음된다. 이 경우, '매달다'의 '매-'는 어간복합어의 어간 '매-'이든 '매-'에 어미가 결합된 '매-+-어'의 축약형이든 둘 다 장음으로 발음되기 때문에 어느 것인지 판단이 거의 불가능하다. 이처럼 현대국어에서 장단음 여부로 어간복합어를 판단하기는 쉽지 않다. 이에 우리는 이렇게 두 가지 해석의 가능성이 있는 구성을 어간복합어의 목록에서 제외하고자 한다. 단, 이렇게 처리하는 것은 이 유형의 복합어에 어미가 개입되었는지 판별하는 것이 사실상 어렵기 때문이지, 우리가 이 유형의 복합어 전체에 다 어미가 개입되어 있다고 보는 것은 아님을 밝힌다. 이렇게 제외되는 복합동사의 예를 일부 들면 다음과 같다.

(72) 까뒤집다, 까먹다, 까뭉개다, 까바치다, 까발리다, 까밝히다, 까부수다, 까붙이다, 까올리다, 깨나다, 꿰뚫다, 꿰맞추다, 꿰매다, 꿰신다, 꿰입다, 꿰지르다, 꿰찌르다, 꿰차다, 나가다, 나떨어지다, 나서다, 나싸대다, 나엎어

---

50) 장단음의 판단은 『표준국어대사전』에 기대기로 한다.

지다, 나오다, 나오르다, 나자빠지다, 내가다, 내갈기다, 내걷다, 내걸다, 내곧다, 떼집다, 매달다, 바라다니다, 바라보다, 빼내다, 빼돌리다, 빼놓다, 빼닮다, 빼먹다, 빼물다, 빼앗다, 싸잡다, 싸쥐다, 싸지르다, 얼싸매다, 얼싸안다, 얼싸쥐다, 짜깁다, 짜내다, 차가다, 차오르다, 차올리다.

이렇게 판단이 어려운 유형은 복합명사에서도 나타나는데, 특히 'V+N' 구성에서 선행성분 'V'의 종성이 'ㄹ'로 끝나는 경우 이러한 문제가 생긴다. 예를 들어 '열쇠'를 보면, 이것이 '열-+쇠'인지, '열+-ㄹ+쇠'인지 판단이 쉽지 않다. 성조를 통해 이 문제를 해결할 수 있는지 살펴보자. '열-'은 단독형으로 쓰일 때는 상성이나 평성으로 나타난다. 그런데, 어미 'ㄹ'이 결합한 형태일 때는 상성으로 나타난다.[51] 그런데, '열쇠'의 성조는 '상거'로 '열-'에 'ㄹ'이 결합하였을 가능성이 있다. 그러므로 '열쇠'는 '열-+-ㄹ+쇠'의 구조인 복합어로 보아 어간복합어에서 제외시킨다. 그리고 어간복합명사의 경우도 성조를 확인할 수 없는 근대국어와 현대국어에서 'V₁'에 '-ㄹ'이 결합하여 축약된 'V+-ㄹ+N' 복합어인지 또는 어간 자체가 결합한 'V+N' 복합어인지 판단이 쉽지 않은 예들은 어간복합명사의 목록에서 제외시키기로 한다. 이렇게 제외되는 복합명사의 예를 일부 들면 다음과 같다

(73) 걸그림, 걸그물, 걸낫, 걸낭, 걸망, 걸망태, 걸쇠, 깔돌, 깔방석, 깔유리, 깔판, 끌그물, 끌낚시, 끌대, 날다람쥐, 날벌레, 날짐승, 들것, 들그물, 들돌¹, 들머리¹, 들머리판, 들보, 들손, 들쇠¹, 들쇠통, 들숨, 들장, 들장대, 들장지, 들재간, 들저울, 들창, 들채, 들턱, 들통², 들판², 떨새, 떨잠, 떨채³, 떨켜, 떨판, 밀걸레, 밀대¹, 밀문, 밀물¹, 밀장지, 밀차, 밀창문, 밀판, 밀펌프, 빨

---

51) '開 열 개 闢 열 벽'(훈몽 하:1ㄱ)에서 '열-+-ㄹ'이 결합하여 축약된 '열'의 성조가 상성임을 확인할 수 있다.

대, 빨병, 빨부리, 빨종이, 빨판, 빨펌프, 살판, 시들방귀, 시들병

그러나 현대국어에서 '깔개'의 '깔-'과 '깔판'의 '깔-'이 형태상 전혀 차이가 없음에도 불구하고 전자는 파생어로 '-개'가 접사이기 때문에 '깔-'이 동사 어간 자체라고 보고, 후자는 복합어로 '깔-'을 '깔-+-ㄹ'의 결합형으로 분석해야 하는 데 대해서는 한번쯤 재고해 볼 필요가 있다고 생각한다.

제3장 어간복합어의 시대별 검토

　3장에서는 각 시대별로 어간복합어의 실제 자료를 검토하기로 하겠다. 고대국어와 전기 중세국어는 훈민정음이 창제되기 이전의 자료이어서 차자표기로 된 자료가 중심이 되고 후기 중세국어 이후의 자료는 한글 자료가 중심이 된다. 후기 중세국어 이후의 자료에서 각 시대별 정리에 초점을 맞춘다면, '얽미다'와 같이 15세기부터 현대국어까지 용례가 확인되는 단어는 후기 중세국어, 근대국어, 현대국어의 목록에 다 각각 들어가야 할 것이다. 그러나 우리는 각 단어의 역사에 초점을 맞추어 후기 중세국어 이후의 복합어를 시대별 분포에 따라 여섯 가지 유형으로 나누어 검토하기로 하겠다. 즉 '(가) 후기 중세국어부터 현대국어까지 용례가 확인되는 어휘, (나) 후기 중세국어부터 근대국어까지 용례가 확인되는 어휘, (다) 후기 중세국어에서만 용례가 확인되는 어휘, (라) 근대국어부터 현대국어까지 용례가 확인되는 어휘, (마) 근대국어에서만 용례가 확인되는 어휘, (바) 현대국어에서만 용례가 확인되는 어휘'가 그것이다.[1]

---

1) 고대국어와 전기 중세국어의 어간복합어는 예가 많지 않을뿐더러 차자표기 자료이기 때문에 함께 다루지 않았다.

<표 1> 복합어의 시대별 분포 유형

후기 중세국어	근대국어	현대국어
(가)		
(나)		
(다)		
	(라)	
	(마)	
		(바)

먼저 3.3에서는 '후기 중세국어의 복합어'를 논하는바, 이 가운데 (가), (나), (다)를 대상으로 논의를 하게 될 것이다. (가) 유형의 경우 후기 중세국어, 근대국어, 현대국어에서 다 확인되는 어휘이나 이를 3.4와 3.5에서 중복하여 언급하지 않고 3.3에서만 언급할 것이다. 마찬가지로 (나) 유형도 3.4에서 언급하지 않고 3.3에서만 논의할 것이다. 각 단어의 통시적 기술은 그 단어가 처음 확인되는 시기에서 논하기로 하겠다. 우리는 이렇게 개별 어휘의 어휘사를 정리하는 것이 국어 어휘사의 기반이 된다고 믿는다. 이는 음운론이나 형태론, 통사론 등과는 달리 어휘론은 한 가지 규칙으로 말할 수 없는, 상당히 개별성을 가지는 단어를 대상으로 논의가 이루어지기 때문이다. 물론 어휘장이라는 이름으로 한 덩어리로 묶일 수 있는 유사한 의미 부류에 속하는 단어들도 있고, 단어들끼리 서로 영향을 주어 의미가 확장되거나 축소되는 예들도 없는 바 아니다. 그러나 이 단어들도 자세히 검토해 보면, 개별적인 어휘사를 가지고 있다.

우리가 일상생활에서 자주 쓰는 '덧셈, 뺄셈, 곱셈, 나눗셈'이라는 네 개의 단어를 한번 생각해 보자. 이 단어들은 동일한 시기에 만들어졌을 가능성이 많다. 이 단어들의 형성 방식을 보면, '덧셈'은 '더-+ㅅ+셈'의 구조로 '더하다'의 어근인 '더-'와 사이시옷, 명사 '셈'이 결합하여 만들어졌다(어근+ㅅ+명사). '뺄셈'은 '빼-+ㄹ+셈'의 구성으로 동사 어간,

관형사형 어미와 명사의 결합으로 이루어졌다(어간＋어미＋명사). '곱셈'은 '곱＋셈'으로 명사와 명사의 결합으로 이루어졌다(명사＋명사).[2] 마지막으로 '나눗셈'은 '나누－＋ㅅ＋셈'으로 동사 어간과 사이시옷, 명사의 결합으로 된 단어이다(어간＋ㅅ＋명사). 이 네 개의 단어는 동일한 어휘장에 속하는 단어이고 비슷한 시기에 형성되었을 가능성이 많음에도 불구하고 어휘 형성 방식이 제각각이다. 만약 '뺄셈'과 '나눗셈'을 동일한 단어 형성 방식으로 만든다면 '뺄셈, *나눌셈'이 되든지 아니면, '*뺏셈, 나눗셈'이 되었어야 할 것이다. 그러나 이 단어들은 서로 다른 방식으로 형성되었으며 이것이 어휘 형성의 일면을 보여 주고 있다.

우리는 이에 다소 산만하고 체계가 없어 보일지라도 어간복합어의 개별 어휘사를 정리해 보고자 한다. 지금까지 한 단어나 한 의미장에 속하는 단어들의 어휘사를 정리한 예들이 없지는 않았으나 어간복합어 전체를 대상으로 그 유형을 분류하고 그 각각의 어휘사를 검토한 예는 없었다. 앞에서도 말했지만 이는 어간복합어가 후기 중세국어 이후 소멸되었다고 보는 데 기인하는 바 크다. 이제 어간복합어가 현대국어에서도 생성된다고 보는 이상, 그 생성되는 단어와 소멸되는 단어 부류를 정리하고 사적 변화를 정리하는 것 또한 우리가 해야 할 일일 것이다.

3.1. 고대국어의 어간복합어

고대국어의 어간복합어는 차자표기 자료에서 확인할 수 있다. 차자표기는 크게 고유명사 표기, 향찰 표기, 이두 표기, 구결 표기가 있다. 口訣은 크게 釋讀口訣과 音讀口訣로 나누어지는데, 석독구결은 한문에 토

---

2) 물론 '곱다'가 후기 중세국어에서 존재했던 것을 생각하면 '곱－'이 동사 어간일 가능성도 없지는 않다.

를 달아 그 한문을 우리말로 새겨 읽는 방법의 구결이고, 음독구결은 한문을 원문의 순서대로 음독하면서 그 句讀에 해당되는 곳에 우리말의 토를 넣어 읽는 방법의 구결이다. 석독구결에서는 훈독이 나타나는 예가 적지 않기 때문에 우리가 관심을 가지는 어간복합어가 나타나기를 기대해 볼 수 있다. 그런데 남풍현(1999:109)에서는 "현재 음독될 구성소와 훈독될 구성소를 엄격하게 그 한계를 긋기는 어렵지만 두 자 이상으로 된 漢文成語는 반드시 음독된다. 따라서 훈독자는 한 글자로 이루어진 구성소에 있게 마련이다."라고 보고 있어 우리의 기대가 잘못된 것임을 말해 주고 있다. 구결은 그 특성상 한문의 讀法으로 만들어진 것이기 때문에 구결문에서 고유어 동사가 들어간 복합어를 확인하는 것은 쉽지 않은 일이다. 이에 우리는 구결을 제외하고, 고유명사 표기와 향찰, 이두에 나타나는 어간복합어를 찾아보기로 하겠다. 물론 차자표기 자료는 해석자의 견해에 따라 해독이 여러 가지로 나타나는 것이 사실이다. 그러나 우리는 이기문(1967:99)에서는 "현존 신라어 자료, 특히 향가와 이두는 중세한국어의 복잡하고 특이한 동사 활용체계가 이미 신라어에 있어 발달되어 있었음을 명백히 보여준다."라고 한 데 기대어, 선행 어간으로 보이는 용언 뒤에 어미로 보이는 문법 형태가 나타나지 않고 바로 후행 어기로 연결되면 어간복합어였을 가능성이 있는 것으로 보고자 한다.

3.1.1. 복합동사

고대국어에서 어간복합동사로 추정되는 예들은 먼저 향가에서 확인할 수 있다.[3]

---

3) 향가의 해독은 김완진(1980)과 김완진(2000)을 따르기로 한다.

  (1) ‘哭屋(울ᄆᆞᆯ-)’ : <u>哭屋</u>尸以憂音＜慕竹旨郞歌＞

김완진(2000:121)에서는 ‘怨歌’의 둘째 구 ‘屋支墮米’의 ‘屋’을 ‘ᄆᆞᆯ’로 훈독한 바와 같이, ‘慕竹旨郞歌’의 둘째 구 ‘哭屋’의 ‘屋’도 명사 ‘ᄆᆞᆯ’로서 동사 어간 ‘ᄆᆞᆯ-’를 나타낸 것으로 해석하였다. 그리하여 ‘哭屋’을 ‘울ᄆᆞᆯ-’라는 복합동사로 보고, ‘哭屋尸以憂音’을 ‘울ᄆᆞ롤 이 시름’으로 해독하였다.[4]

  (2) ‘陪立(뫼셔-)’ : <u>陪立</u>羅良＜兜率歌＞

‘陪立’은 흔히 ‘뫼셔’로 해독되던 것인데, 김완진(2000:135)에서는 이를 ‘뫼시-(어간)+-어(어미)’의 구조로 보지 않고, ‘뫼-’와 ‘셔-’가 결합한 복합동사라고 보았다. 이는 ‘陪立’의 ‘立’이 동사 ‘셔-(+어미 -어)’를 나타낸다고 본 결과이다.[5]

  (3) ‘涌出(솟나-)’ : <u>涌出</u>去良＜稱讚如來歌＞

‘涌出去良’의 ‘涌出’은 ‘솟나-’의 석독 표기로, ‘솟-’과 ‘나-’의 어간이 어미 없이 결합한 어간복합어다. ‘솟나다’는 중세국어에서도 확인되는 단어다.

  (4) ‘遊行(노니-)’ : <u>遊行</u>如可＜處容歌＞

---

4) ‘울ᄆᆞᆯ-’는 중세어 문헌의 ‘것ᄆᆞᆯ주그시니’의 ‘것ᄆᆞᆯ-’에 비견될 존재라고 보았다.

5) 김완진(2000:136)에서는 복합어 ‘뫼셔’의 오분석에서 중세어 ‘뫼시-’가 나온 것으로 추정하고 있다.

'遊行如可'의 '遊行'은 '노니-'의 석독 표기로, '놀-'과 '니-'의 어간이 어미 없이 결합한 어간복합어이다. 이 외에도 '제망매가' 첫째 구인 '生死路隱'의 '生死'가 '죽사리'로 읽힐 가능성이 있으나, 우리는 이를 한자어 '生死'로 본 김완진(1980:124)의 견해를 따라 논의에서 제외하기로 한다.

이상에서 본 바와 같이 예가 많지는 않으나 향가에서도 어간복합어가 확인됨을 알 수 있다. '祭亡妹歌'의 '浮良落尸(뻐러딜)'와 같은 예에서도 알 수 있듯이 당시에는 어간복합어뿐 아니라 어간 사이에 어미가 개재된 복합어도 존재하였다. 이것은 우리 국어에서 고대부터 어미가 개재된 복합어와 어간복합어가 공존하였으며 이 두 가지 유형 가운데 한 가지 유형이 다른 유형을 대치하는 관계가 아니었음을 보여 준다.

다음으로 吏讀의 예를 보기로 하자. 남풍현(2000:241~272)에서는 8세기 중엽에 나온 『新羅帳籍』의 이두를 분석하면서, '收坐', '追移', '亡廻'는 복합동사일 가능성이 있다고 보았다.

(5) '收坐(걷앉-)' : <u>收坐</u>內烟 合人四<신라 B-6>
(6) '追移(좇옮-)' : 他郡中 妻<u>追移</u><신라 A-11>
(7) '亡廻(없돌-)' : 孔<u>亡廻</u>一<신라 D-13>

이상에서 본 바와 같이 고대국어에서는 7개의 어간복합동사가 확인된다.

3.1.2. 복합형용사

고대국어 자료에서 어간복합형용사로 보이는 예를 확인하기란 쉽지 않다. '讚耆婆郎歌'의 '高支好(노포)'나 '願往生歌'의 '深史隱(깊시은)'과 같이 형용사가 단독으로 쓰인 예들은 나타나나 형용사가 복합어를 형성한 예는 거의 확인되지 않는다.

3.1.3. 복합명사

우리는 2.1.2에서 고대국어의 인명과 지명을 살펴보았는데 그 결과 인명의 '弗矩內, 異次頓' 등과 지명의 '推火郡', '居柒山郡' 등이 용언 어간이 어미와 유리되어 단어의 선행 성분으로 들어가 있는 고유명사임을 알게 되었다. 이를 다시 인용해 보자.

(8) 가. 赫居世王[蓋鄕言也 或作弗矩內王 言光明理世也]<유사 1>

　　나. 姓朴字厭髑[或作異次 或云伊處 方音之別也 譯云厭也 髑頓道覩獨等 皆

　　　　隨書者之便 乃助辭也 今譯上不譯下 古云厭髑 又厭覩等也]<유사 3>

　　다. 居柒夫[或云荒宗]<사기 44>

　　라. 密城郡 本推火郡 景德王改名 今因之<사기 34>

　　마. 密津縣 本推浦縣 景德王改名 今未詳<사기 34>

　　바. 東萊郡 本居柒山郡 景德王改名 今因之<사기 34>

이 예들에서 인명인 '弗矩內'의 '볼ㄱ-[明]', '異次頓'의 '잊-[厭→困]', '居柒夫'의 '거츨-[荒]'과 지명인 '推火郡'과 '推浦縣'의 '밀-[推]', '居柒山郡'의 '거츨-[荒]' 등이 고유명사 표기에 쓰이고 있다. 사실 이 단어들은 고유명사이기 때문에 복합어라고 보기 어려운 점이 없지는 않다. 그러나 용언 어간이 선행성분으로 들어가 있기 때문에 어간복합어의 예로 처리하였다. 이렇게 고유 명사에 용언 어간이 쓰인 예들은 전기 중세국어 이후 자료에서는 찾기가 쉽지 않은데 이는 신라 경덕왕 대(757년)에 지명을 중국식인 漢字 二字로 고친 것에 기인하는 것으로 보인다.

　현대국어의 지명에서도 용언 어간이 어미와 유리되어 선행 성분으로 쓰인 예를 확인할 수 있다. 강병륜(1990:118~119)에서는 충청북도의 지명에서 ‘설피고개(←살피고개)([[살피-]ᵥ+[고개]ɴ]ɴ), 울바우(鳴岩, [[울-]ᵥ+[바우]ɴ]ɴ), 들돌(擧石, [[들-]ᵥ+[돌]ɴ]ɴ)’ 등은 동사 어간과 명사가 결합한 예이고, ‘길골(吉谷, [[길-]ᴀ+[골]ɴ]ɴ), 둥글바위([[둥글-]ᴀ+[바위]ɴ]ɴ)’ 등은 형용사 어간과 명사가 결합한 예라고 제시하고 있다. 또한 ‘고개넘([[고개]ɴ+[넘-]ᵥ]ɴ), 물건너([[물]ɴ+[건너-]ᵥ]ɴ)’ 등은 용언 어간이 후행 성분으로 쓰인 예로 들고 있다. 이 지명 가운데 ‘울바우, 들돌, 길골’ 등은 어간에 어미가 개입하였을 가능성도 있으나, 우리는 이 예들을 통하여 용언 어간이 지명에서 쓰이는 방식이 후대에서도 이어지고 있음을 알 수 있다. 또한 인명에서 용언 어간이 쓰이는 방식은 인명을 한자로 짓게 되면서 많이 사라졌으나 한글 인명에서는 그 전통이 이어지고 있다. ‘강맑실’과 같은 인명에서 우리는 용언 어간이 어미와 유리되어 쓰이는 방식이 지금도 쓰이고 있음을 알 수 있다.

이상에서 살펴본 예들을 통하여 우리는 고대국어에서도 어간복합어가 쓰였음을 알 수 있었다. 이렇게 용언의 어간이 어미와 유리되어 복합어의 선행 요소로 쓰이는 방식이 이 시기에 존재하였던 것으로 미루어 보아 이러한 단어 형성 방식이 후기 중세국어에서 한자 단어 형성 방식의 차용으로 나타난 일시적인 현상이라고는 볼 수 없을 것이다.

3.2. 전기 중세국어의 어간복합어

3.2.1. 복합동사

전기 중세국어의 어간복합어는 차자표기 자료와 고려가요 자료에서 확인할 수 있다. 먼저 이두 자료를 보면, 이승재(1992:131)에서는 다음 단어들이 복합어일 가능성이 있다고 보았다.

(9) '聞見(듣보-)' : 已前 <u>聞見</u> 不得爲如乎<장전>

(10) '知想(알너기-)' : 他人 <u>知想</u> 不得<호적:둘째폭 20>

먼저 (9)는 14세기 후엽에 나온 『張戩所志』(1385)에 나오는 구절인데, 여기에서 '聞見'이 '듣보-'일 가능성이 있다고 하였다. 그 근거는 신라 시대의 자료인 『禪林院鍾』에 쓰인 '聞賜'(6행)가 '聞'이 일찍부터 훈독되었음을 보여 주고, '聞見'이 우리말 어순으로서 한문 어순인 '見聞'과 다르기 때문에 15세기의 복합동사 '듣보-'에 대응하는 단어라고 보았다. 또한 이승재(1992:129)에서는 '想只'가 15세기의 '너기-'에 대응하는 것이 확실하고, '知'가 '알-'로 읽히기 때문에 『高麗末 戶籍文書』(1390~1391)에 나오는 '知想'도 '알너기-'일 가능성이 있다고 보았다.[6]

 다음으로 검토할 자료는 고려가요이다. 고려가요는 주지하는 바와 같이 고려 시대의 시가 가운데 민요에 기원을 두면서 궁중의 연향에 사용할 목적으로 윤색하고 개작한 시가를 말한다. 고려가요는 조선시대에 와서야 한글로 기록되었기 때문에 고려시대의 언어, 즉 전기 중세국어의 언어로 볼 수 있을지 조금 의심스러운 것이 사실이다. 그러나 그렇다고 해서 고려가요를 후기 중세국어 자료로 처리하기에는 오히려 이질김이 디 크다고 할 수 있다. 『삼국유사』에 실린 '처용가'(신라 헌강왕대, 9세기)와 이에 해당하는 고려가요의 '처용가'(『악장가사』 소재, 15세기) 부분을 대조해 보면, 내용에서 별로 큰 차이가 확인되지 않는다는 것을 알 수 있다. 이 두 시가 사이에는 자그마치 6세기의 차이가 있으나 가사가 고정되어 불리는 가요의 특성상 큰 변화를 겪지 않은 것으로 보인다. 그러므로 『악장가사』, 『악학궤범』, 『시용향악보』에 실린 가요 가운데 고려 시대에 관련된 기록에서 그 존재가 확인되는 시가들은 이미

---

6) 박희숙(1985:194)에서 '지샹'으로 읽은 바 있는 『大明律直解』의 '知想只'도 복합동사인 '알너기-'로 보아야 한다고 하였다.

고려 시대에 불리고 있었다고 보아야 할 것이다.[7] 그뿐 아니라 오히려 '처용가'와 같이 고대국어로까지 그 연원이 올라갈 수 있는 가요도 없지는 않을 것이다. 그러나 그 경계가 분명하지 않으므로 우리는 이를 구별하지 않고 다 전기 중세국어의 언어로 처리하고자 한다. 우리는 이 고려가요에서 어간복합어로 보이는 예들을 적지 않게 찾아볼 수 있다.

  (11) 럼나다 : 네 가시 <u>럼난디</u> 몰라셔<악장, 西京別曲>

'럼나다'는 '넘-[過]'과 '나-[出]'가 결합하여 이루어진 복합어로 여기에서는 '본분을 넘어서다'의 의미를 가진다. 이 '넘나다'는 후기 중세국어와 근대국어에서도 확인된다.[8]

  (12) 나는 이제 시르미 기퍼 <u>넘난</u> 무슨미 업수니<월석 2:5ㄴ>
  (13) 노하 跳梁ㅎ면 싀어버이 輕侮ㅎ는 버르시 일고… 跳梁은 <u>넘나게</u> 방종ㅎ
      단 말이라<여사 25ㄱ>
  (14) 潛越 <u>넘나다</u><동해 下:57ㄴ>

위 예에서 (12)는 '흥겨워지다'의 의미이고, (13)과 (14)는 '본분을 넘어서다'의 의미를 가진다. 이 '넘나다'는 현대국어에서도 확인되는데,『표준국어대사전』을 보면, '넘나다'에 '분수에 넘치는 짓을 하다'라는 의미

---

7) 박병채(1974:20~21)에서는 『악장가사』, 『악학궤범』, 『시용향악보』의 가요 가운데 '動動, 井邑詞, 處容, 三眞勺(鄭瓜亭), 鄭石歌, 靑山別曲, 西京別曲, 思母曲, 雙花店, 履霜曲, 가시리(歸乎曲), 翰林別曲, 滿殿春, 維鳩曲, 儺禮歌, 相杵歌, 城隍飯, 內堂, 大王飯, 三城大王, 大國(一·二·三)'의 21편을 고려 이전의 국문가요로 보았는데, 비록 이들이 조선조에 들어 당시의 언어내용으로 윤색되었다고 하더라도 고려 이전의 가요 원형을 간직하는 귀중하고도 희한한 존재들이라고 하였다.
8) 앞에서도 언급하였지만, 각 단어의 개별 어휘사는 최초 출현형이 나타나는 시기의 논의에서 살펴보기로 하겠다.

가 있다. 이것이 바로 전기 중세국어부터 나타나는 '넘나다'와 동일한 의미이다. 이렇게 볼 때, '넘나다'는 이미 전기 중세국어 시대에 '넘-'과 '나'의 단순한 결합인 일차적 의미 외에 '본분을 넘어서다, 과욕하다'의 확장 의미를 가지고 있었고, 이 의미가 후기 중세국어와 근대국어를 거쳐 현대국어까지 이어짐을 알 수 있다.[9]

다음으로 확인되는 고려가요의 어간복합어는 '미나다'이다.

(15) 人讚福盛ᄒ샤 <u>미나거신</u> 투개<악장, 處容歌>

'미나다'는 '밀-[推]'과 '나-[出]'가 결합하여 이루어진 복합어로, '밀-'의 'ㄹ'이 후행 어간 '나'와의 결합에서 탈락하였다. '미나다'는 후기 중세국어 이후 자료에서는 용례가 확인되지 않는다.

그리고 '도셔다'도 확인된다.

(16) 가시ᄂ᠊ᆫ둣 <u>도셔</u> 오쇼셔<악장, 가시리>

'도셔다'는 '돌-[廻]'+'셔-[立]'가 결합하여 형성된 단어로 '돌-'의 'ㄹ'이 결합 과정에서 탈락하였다. 박병채(1974:311)에서는 '도셔 오쇼셔'의 '도셔'가 '돌-'과 '셔-'의 복합어간인데, 부사형 어미 '-어'를 생략하고 직접 부사형으로 사용된 것으로 보았다. 김완진(2000:312)에서는 '도셔'가 '돌-'과 '셔-'가 결합하여 이루어진 단어라고 보았다. 우리는 '도셔 오쇼셔'의 '도셔'가 '돌-'+'셔-'가 결합하여 형성된 어간 '도셔-'에 어미 '-어'가 결합하여 축약된 형태인 것으로 보고자 한다.

---

9) '넘나다'가 '넘-[過]'과 '나-[出]'의 단순한 합인 의미를 가지는 경우도 근대국어에서 확인된다. '古者애 上의 衣와 下의 裳이 上下를 分別ᄒ야 서르 侵노ᄒ야 <u>넘나</u>디 아니케 홈을 因緣ᄒ오미라'<가언 6:9ㄴ>가 그 예이다.

(17) 서린 석석사리 조븐 <u>곱도신</u> 길헤<악장, 履霜曲>

'곱돌다'는 '곱-[曲]'과 '돌-[回]'이 결합하여 이루어진 복합어로, 후기 중세국어 이후 자료에서는 확인되지 않는다. 김완진(2000:312)에서는 '곱도신'의 '도신'도 '도셔 오쇼셔(가시리)'의 '도셔'와 마찬가지로 '도셔-'에서 왔을 가능성이 있다고 보았다.

(18) <u>술읏븐뎌</u> 아으<악학, 鄭瓜亭>

김완진(2000:209)에서는 '술읏븐뎌'의 '브'를 형용사 형성 접미사로 보고, 그 앞에 나오는 '술읏-'은 동사 어간이어야 한다고 보았다. 그래서 '술읏'의 '읏'이 '긏'의 변이형이라고 추측하여, '술-[燒]'+'긏-[斷]'이 결합하여 이루어진 복합어이고, '술읏브다'는 '불타 끊어지는 듯하다'의 의미를 가진다고 보았다. 『표준국어대사전』에는 '술읏브다'를 '사르고 끊듯 하다'로 뜻풀이하였다. '술읏브다'는 파생어이지만, '술읏-'이 복합어이어서 여기에서 다루었다. '술읏브다'의 '술읏'은 2.1.2에서 보았듯이 후기 중세국어 자료에서 부사로도 확인된다. 예를 다시 들어 보기로 하겠다.

(19) 가. 고본 님 몯 보아 <u>술읏</u> 우니다니 오눐날애 넉시라 마로롓다<월석
        8:87ㄴ>
    나. 고분니 몯 보아 <u>술읏</u> 우니다니 님하 오눐나래 넉시라 마로리어다
        <월석 8:102ㄱ>

다음으로 살펴볼 고려가요의 어간복합어는 후행 어간이 '니-'인 복합어들이다.

(20) 가. 도라보실 니믈 적곰 <u>좃니노이다</u><악학, 動動>

　　　나. 괴시란디 우러곰 <u>좃니노이다</u><악장, 西京別曲>

(21) 자고 니러 <u>우니로라</u>/ 마자셔 <u>우니노라</u><악장, 靑山別曲>

(22) 가. 東京 볼근 ᄃᆞ래 새도록 <u>노니다가</u><악장, 處容歌>

　　　나. 先王 聖代예 <u>노니ᄋᆞ와지이다</u><악장, 鄭石歌>

　　　다. 坊廂애 ᄀᆞ드가리 <u>노니실</u> 大王아<시용, 大王飯>

　　　라. 섯디여 <u>노니져</u><시용, 大國>

위 예들에서 우리는 '좃니다', '우니다', '노니다'를 확인할 수 있다. 이 단어들은 각각 '좇-[從]+니-[行]', '울-[泣]+니-[行]', '놀-[遊]+니-[行]'가 결합하여 이루어진 복합어들로 '좇아 다니다', '울며 다니다', '놀며 다니다'의 의미를 가진다. '니-'는 그 의미가 '가다'와 유사한데, 활용에 제약이 있어 '須達이 護彌 지븨 니거늘'(석상 6:15ㄴ)에서와 같이 '거'와 연결되어 쓰인다.

3.2.2. 복합형용사

『향약구급방』은 고려의 高宗(재위 기간 1213~1259년) 때 大藏都監에서 간행한 우리나라 최고의 韓醫書로 13세기 국어의 모습을 보여 주고 있다. 현재 초간본은 전하지 않고 조선 태종 17년(1417)에 간행된 중간본이 남아 있는데 고려본의 복각본으로 보인다.[10] 그 구성은 상·중·

---

10) 남풍현(1981:22)을 보면, 이 책이 고려본의 복각임에 틀림없기는 하나 校正人의 영향이 어느 범위에서 어떻게 영향을 미쳤는가는 의문일 수밖에 없다고 하였다. 또한 이 책이 唯一本이어서 異本과의 對校가 불가능한 현재로서는 이 책의 藥名表記를 13세기의 표기로 볼 수밖에 없고 또 그것이 큰 오차는 없을 것으로 믿는다고 하였다.

하 세 권의 方文(本文)과 附錄(方中鄕藥目草部)으로 되어 있다. 이 책에
는 한자 차용 표기로 약명이 나와 있는데, 그 가운데 어간복합어로 보
이는 복합형용사와 복합명사가 몇 개 보인다.

(23) 齒齼 : 齒所叱史如<향약 下:2>

'齒齼'는 '이가 상하여 신 증세'를 말하는데, 이에 해당하는 차자표기
'齒所叱史如'는 '니 솟시다'를 표기한 것으로 보인다. 남풍현(1981:146)
에서는 '所叱史'의 '所叱'은 동사 '솟-(聳)', '史'는 형용사 '시-(酸)'를
표기한 것으로,[11] 결국 '솟시-'를 말하는 데 이는 어간과 어간의 연결체
라는 점에서 앞으로 생각해 볼 가치가 있는 것이라고 하였다.
　다음으로 고려가요에서 확인되는 어간복합형용사를 보기로 하자. 먼
저 살펴볼 단어는 '덦거츨다'이다.

(24) 긔 잔 디 ᄀ티 <u>덦거츠니</u> 업다<악장, 雙花店>

'덦거츨다'는 그 의미가 무엇인지 명확하지 않다. 그런데 우리는 후기
중세국어 자료에서 '덦거츨다'를 확인할 수 있다.

(25) ᄒᆞ다가 四趣惡種과 生死業因은 ᄒᆞᆫ갓 <u>덦거츠러</u> 藥草ㅣ 아니라(若四趣惡種
　　　生死業因 則徒爲蕪穢 非藥草矣)<법화 3:3ㄴ>

이 예에서 우리는 '덦거츨다'가 한문 원문의 '蕪穢'에 대당하는 단어로
'잡초가 우거지고 거칠다'의 의미인 것을 알 수 있다. 안병희(1960)에서
도 '덦거츨다'가 '(잡초 따위가) 뒤엉클어지다, 정돈되지 못하고 어수선

---

11) '史'는 'ᄉ→시'의 변이를 거친 것으로 보았다.

하다'의 의미라고 본 바 있다.[12] '덢거츨다'는 '덤쩌츨다'와 '덥쩌츨다'로
도 나타난다.

> (26) 가. 빗난 동산 안햇 고존 일퍼 도로 몬져 디고 더뒨 냇 ㄱ잇 소른 <u>덤쩌츠</u>
>   <u>러</u> 늣도록 퍼러호몰 머굼엇ᄂ니라<번소 6:28ㄱ>
>   나. 빗난 동산 가온딧 고존 일 픠욤애 도로 몬져 이울고 더뒨 냇ㄱ잇 솔
>   ᄋ <u>덤쩌츠러</u> 늣도록 프르몰 머굼엇ᄂ니라<소언 5:26ㄱ>
>   다. <u>덤쩌츨</u> 무 茂<백련 14ㄱ>
>   라. 뜰 ㄱ애 댓 가지는 누늘 디내여 <u>덥쩌츠럿꼬</u> 란간 앏픠 머귀나못 니
>   픈 ㄱ슐홀 ᄇ라며 뼈러디놋따<백련 14ㄱ>
>   마. 鬱 <u>덥쩌츨</u> 울<천자 석18ㄴ>

위 예 가운데 특히 (26다)의 '덤쩌츨-'과 (26라)의 '덥쩌츨-'은『백련초해』
의 동일한 면에 나오는 예로 한자 '茂'에 대당하는 단어이다. 여기에서
우리는 '덤쩌츨-'과 '덥쩌츨-'이 동일한 의미를 나타내는 단어임을 알
수 있다. 이 '덤쩌츨-'이 고려가요에 나오는 '덢거츨-'과 동일한 단어라
면,[13] 우리는 이 단어가 '덮-[蓋]'과 '거츨-[蕪]'의 복합으로 이루어진 단
어일 가능성이 있다고 본다. 이제 ㄱ 변화 과정을 정리하면, '덮-＋ㅅ＋
거츨- ＞ 덢거츨-/ 덥쩌츨- ＞ 덢거츨-'이 될 것이다. '덢거츨-'이 '덢
거츨-'로 표기되는 것처럼 복합어 선행 어간 종성의 'ㅂ'이 'ㅁ'으로 바
뀌는 예로는 현대국어의 '싱검털털하다(싱겁-＋털털하-), 어둠침침하다
(어둡-＋침침하-)'가 있다. '덢거츨다'는 현대국어의 '덩거칠다'로 이어

---

12) 박병채(1974:250)에서는 '덢거츨다'가 '거칠다, 지저분하다'의 의미로 '덞-[染]'과
    '거츨-[荒]'의 복합인 것으로 보고, '덞'이 'ㅁ' 종성이 우세함에 비추어 'ㄹ'이 탈
    락되고 사잇소리 'ㅅ'이 들어가 '덢'이 된 것으로 본 바 있다.
13) 복합어 내부에서 사이시옷이 선행 어간의 종성으로 표기되기도 하고 후행 어간
    의 초성으로 표기되기도 하는 예는 '값돌다 - 감쏠다'에서도 확인된다.

진다. 『표준국어대사전』의 '덩거칠다'를 보면 다음과 같이 뜻풀이되어
있다.

(27) 덩-거칠다 [형][1]① 풀이나 나무의 덩굴이 뒤엉켜 거칠다. ¶ 돌보는 사
람 없이 버려진 마당에는 잡초만 덩거칠게 자라 있다. ② 사람의 생김새
나 행동 따위가 매우 거칠다. ¶ 얼굴은 덩거칠게 생겼어도 성품은 색시같
이 곰살맞다. [2][북] 성미나 솜씨 따위가 세밀하지 못하고 거칠다. ¶ 그는
보기와는 달리 꼼꼼하고 치밀해서 일의 뒤끝이 덩거친 데 없이 깨끗하였
다. <선대>

현대국어의 '덩거칠다'는 근대국어 이전에서는 확인되지 않았던, '사람
의 생김새이나 행동 따위가 거칠다'라는 새로운 의미가 있음을 알 수
있다.

3.2.3. 복합명사

다음으로 볼 자료는 『계림유사』의 '孛采'이다.

(28) 扇曰 孛采 '부채'<계림 7ㄱ>

'孛采'는 '부채'를 말하는데, 이 단어는 동사 어간 '붗-'에 접사 '-애'가
붙어서 된 파생어로 보기도 하나, 이기문(1991:98)에서는 동사 어간 '붗
-'에 명사 '채[鞭]'가 결합하여 된 복합어라고 본 바 있다. 그렇다면 '부
채'는 어간복합어가 될 것이다. 동사 어간 '붗-'이 어간복합어 형성에
참여한 예로는 근대국어의 '붓돗(붗-＋돗)'도 있다.
　『향약구급방』에도 어간복합명사일 가능성이 있는 단어가 있다.

(29) 烏鷄 : <u>黑鷄</u><향약 上:14>

'黑鷄'는 '검돍'을 借字表記한 것으로 보이는데, '黑'을 의미하는 형용사 어간 '검-'이 어미와 유리되어 명사 '돍'과 결합하였음을 알 수 있다. 남풍현(1981:101)에서는 '黑鷄'는 음독과 훈독이 모두 가능하나, 음독한다고 하여도 한어로부터 차용한 단어가 아니고 고유어를 바탕으로 직역한 것이기 때문에 훈독한 어형이 당시의 단어인 것으로 추정할 수 있다고 보았다.

(30) 熨斗 : <u>多里甫伊</u><향약 上:8>, <u>多里甫里</u><향약 中:15>

'熨斗'는 '다리미'를 말하는데, '多里甫伊'는 '다리보이', '多里甫里'를 '다리보리'를 음차 표기한 것이다. 남풍현(1981:147)에서는 이것들이 '다리브리'를 표기한 것이라 보고, '다리-'는 동사어간 '다리-(熨)', '블'은 '火'의 뜻인 명사, '-이'는 접미사인 것으로 분석하였다. 그리고 이 단어가 중세국어의 '다리우리'로 연결된다고 보았다. 이 단어는 직접구성요소를 보면 파생어이나 우리는 동사 어간 '다리-'가 어미와 유리되어 '블'과 결합하는 현상에 주목하여 여기에서 살펴보았다.

  이상에서 우리는 고대국어와 전기 중세국어 자료에서 확인되는 어간복합어를 살펴보았다. 그 결과 고대국어에서 13개, 전기 중세국어에서 13개의 어간복합어를 확인하였다. 사실 고대국어와 전기 중세국어의 자료는 고려가요를 제외하고는 전부 차자표기로 기록되어 있어 실제로 그것을 어떻게 읽었는지 알기 어렵다. 그러나 우리는 어미의 형태가 나타나지 않는 용언 어간이 후행 어기와 결합한 예들을 중심으로 그것들이 어간복합어일 가능성이 있음을 살펴보았다. 한글이 창제된 이후 간행된 한글 문헌에서 어간복합어가 상당수 확인되는 것으로 미루어 보아 그 이전 시기에도 이 유형의 복합어가 있었을 가능성을 배제할 수는 없을 것이다. 고대국어와 전기 중세국어에서 어간복합어가 적지 않게 확인된다고 해서 이 시기에 나타나는 모든 복합어가 이러한 형성 방식으로 이루어진 것은 아니다. 고려가요의 '도라보다(動動), 들어디다(內堂)' 등과 같이 선행어간과 후행어간 사이에 어미가 개재되어 형성된 복합어도 나타나기 때문이다.

3.3. 후기 중세국어의 어간복합어

3.3.1. 복합동사

후기 중세국어에서 나타나는 어간복합어 가운데 가장 많은 예가 확인되는 것이 복합동사이다. 복합동사가 워낙 생산적으로 형성되다 보니, 이 구성이 복합어가 아니라 구일 가능성이 있다는 주장이 제기되기도 하였다. 그러나 우리가 2장에서 살펴본 바와 같이 어간복합어는 고유한 의미 기능을 가지고 있으며, 그 가운데는 구로 표현해야 할 의미 내용을 어미가 개재하지 않은 단어의 형태로 표현하는 것도 포함된다. 앞에서 본 '보숣피다'를 다시 살펴보기로 하자.

(31) 나그네 네 쉬라 내 문들 <u>보숣피고</u> 자리라<번노 상:26ㄱ>

(32) 버디 병ᄒ야 잇거든 네 <u>보숣피디</u> 아니ᄒ면 뎌 병ᄒ니<번노 하:47ㄴ>

'보숣피다'는 『번역노걸대』에서 처음 확인되는데, (31)은 '보숣피다'의 기본적인 의미로 '이리저리 보아서 살피다'의 의미이고, (32)는 확장된 의미로 '정성을 기울여 보호하여 돕다'의 의미이다. 또한 '보술피다'는 다음과 같은 의미로도 쓰인다.

(33) 衣服을 쟝만ᄒ며 祭祀에 <u>보술펴</u> 술와 촌믈과 대그룻과 나모그룻과 팀쳐
와 져술 드려 禮로 도와 버리기를 도올디니라<소언 1:7ㄱ>

(34) 됴셕의 분묘롤 <u>보술피되</u> 죵시예 폐티 아니ᄒ더라<동신孝 3:73ㄴ>

(35) 젼쳐의 뭇아들 홍이 병 드럿거눌 목강이 친히 약과 음식을 <u>보술펴</u> 은졍
이 더옥 깁흐니<오륜烈 13ㄱ>

위의 예들은 각각 16세기, 17세기, 18세기 자료에서 확인되는 것들인데,
이것들은 (31)의 '보ᄉᆞ피다'와 마찬가지로 그 논항이 사물로 나타나고
있다. 그런데 (31)에서처럼 '이리저리 보아 살피다'의 의미를 가지지만
그 대상이 '정성을 기울여야 하는' 대상과 관련되어 쓰인다. 여기에서
우리는 (33)~(35)의 '보술피다'가 (32)의 '보ᄉᆞ피다'와 有緣性이 있다고
본다. 또한 (31)과 (32)의 '보ᄉᆞ피다' 또한 서로 유연성이 없다고 할 만큼
다른 단어는 아니라고 본다. 어떤 대상을 '이러저리 보아 살필 때' '정
성을 기울여 보호하여 도울 수 있게' 되기 때문이다. 이에 우리는 (31)과
(32)의 의미를 다르다고 보지 않고 '기본의미'와 '확장의미'의 관계로 보
고자 한다. 즉 (31)과 같이 복합어의 구성 어기의 의미의 단순한 합인
의미를 '기본의미'라고 보고, (32)와 같이 기본 의미에서 발전되어 새롭
게 획득한 의미를 '확장의미'라고 보는 것이다. 주지하는 바와 같이 어
휘의 의미는 고정되어 있지 않고 언제든지 변화할 수 있다. 그러므로
(31)과 같이 어떤 복합어가 두 어기의 합에 불과한 의미만을 가지더라도
2.4에서 본 어간복합어의 조건을 충족시키면 복합어로 보고자 한다.

이제 후기 중세국어에서 나타나는 어간복합동사를 살펴보기로 하자.
먼저 그 목록을 유형별로 제시하면 다음과 같다. 목록은 후기 중세국어
의 어형을 기준으로 제시하기로 하겠다.[14] 가장 먼저 검토할 유형은 후

---

14) 3장의 서두에서 언급하였지만, 우리는 복합어를 시대별 분포에 따라 여섯 가지로
나누어 검토할 것이다. '(가) 후기 중세국어부터 현대국어까지 확인되는 어휘, (나)
후기 중세국어부터 근대국어까지 확인되는 어휘, (다) 후기 중세국어에서만 확인

기 중세국어부터 현대국어까지 용례가 확인되는 복합동사이다.

(가) 후기 중세국어부터 현대국어까지 확인되는 복합동사

값돌다(市, 감-+ㅅ+돌-),[15] 감믈다(閉, 감-+믈-), 건나다(渡, 건-+나-), 건니다(步, 건-+니-), 걸앉다(踞, 걸-+앉-), 겯디르다(梗, 겯-+디르-), ㄱ다듬다(劂, 굴-+다듬-), 나들다(出入, 나-+들-), 넘나다(潛越, 넘-+나-), 넘뼈다(溢, 넘-+뼈-), 넙놀다(넙-+놀-), 노니다(遊, 놀-+니-), 눅자치다(慰, 눅-+[잦-+히-]), ᄂ니다(飛, 놀-+니-), ᄂ솟다(湧, 놀-+솟-), 더위잡다(攀, 더위-+잡-), 도니다(廻, 돌-+니-), 도셔다(돌-+셔-), 돌보다(顧, 돌-+보-), 드나들다(出入, 들-+[나-+들-]),[16] 드놓다(低昻, 들-+놓-), 듣보다(見聞, 들-+보-), 돈니다(馳 돋-+니-), 뛰놀다(跳, 뛰-+놀-), 맞나다(遇, 맞-+나-), 므르녹다(爛漫, 므르-+녹-), 므르닉다(爛, 므르-+익-), 받들다(奉, 받-+들-), 벋드듸다(據, 벋-+드듸-), 보술피다(看顧, 보-+술피-), 뷔틀다(絞, 뷔-[搓]+틀-), 브르지지다(呼, 브르-+지지-), 븥둥기다(攀緣, 븥-+둥기-), 븓들다(扶, 븥-+들-), 븓안다(抱, 븥-+안-), 븓잡다(扶持, 븥-+잡-), 븓좇다(從, 븥-+좇-), 어르ᄆ지다(撫, 어르-+ᄆ지-), 얽미다(纆, 얽-+미-), 엿보다(窺, 엿-+보-), 오ᄅ느리다(上下, 오ᄅ-+느리-), 우니다(哭, 울-+니-), 우지지다(噪, 울-+지지-), 이받다(犒, 이-+받-), 잡쥐다(制, 잡-+쥐-), 쥐므르다(揉, 쥐-+므르-), 혜다히다(馳, 혜-+다히-), 혜

되는 어휘, (라) 근대국어부터 현대국어까지 확인되는 어휘, (마) 근대국어에서만 확인되는 어휘, (바) 현대국어에서만 확인되는 어휘'가 그것이다.

15) 괄호 속에 제시하는 한자는 각 단어의 용례를 언해 자료에서 찾아 그에 해당하는 한문 원문의 한자를 표시한 것이다. 한자의 의미가 고유어 단어의 의미와 정확하게 일치하는 것은 아니나 복합어의 의미를 이해하는 데 도움이 될 수 있으므로 제시하였다. 한자가 여러 개 확인될 때에는 대표적인 것 하나만 표시하고, '넙놀다'처럼 한문 원문이 없는 문헌에서만 용례가 확인되는 단어는 한자를 제시하지 않았다.

16) 어간복합어가 세 개 이상의 성분으로 구성되었을 때 직접구성요소를 중심으로 분석하고, 더 세부적인 분석은 '[ ]' 속에 제시하기로 하겠다.

젓다(揚, 혜-＋젓-), 후리쁠다(攬, 후리-＋쁠-), 횟두르다(휘-＋ㅅ＋두르-)

(가) 유형은 후기 중세국어와 근대국어를 거쳐 현대국어까지 그 용례가 확인되는 복합동사로 총 50개가 확인된다. 졸고(1992ㄴ)에서는 어간복합어가 상당히 구체적이고 세분화된 의미를 나타내어 어휘로서의 위치가 확고하지 못한 경향이 있어 Bauer(1983:45~50)가 말한 어휘화의 3단계, '임시 형성(nonce formation), 관습화(institutionalization), 어휘화(lexicalization)'에서 '임시 형성'에서 그치는 임시어가 많다고 보았는데, 이에 반해 (가) 유형의 복합어는 3단계 중 '어휘화'의 단계에까지 도달한 것으로 보인다.[17]

이제 위의 단어 가운데 특징적인 것 몇 가지를 살펴보도록 하자. '값돌다[帀]'는 '감-[纏]'과 '돌-[繞]'이 결합하여 이루어진 복합어이다. 이때 '감-'과 '돌-' 사이에 나타나는 'ㅅ'은 사이시옷으로 보인다. '값돌다'는 후기 중세국어와 근대국어에서는 '어떤 둘레를 여러 번 빙빙 돌다'와 '길이나 물굽이 따위가 모퉁이를 따라 돌다'의 의미로 쓰였으나 현대국어에서는 그 외에도 '어떤 기체나 기운이 가득 차서 떠돌다'와 '생각 따위가 눈앞이나 마음속에서 사라지지 않고 자꾸 아른거리다'와 같은 추상적인 의미에도 쓰이게 되어 '의미의 확장'이 일어났음을 보여 준다. '값돌다'는 '감쏠다'(월석 1:30ㄱ)로도 표기되는데, 이처럼 어간복합동사를 구성하는 어간과 어간 사이에 사이시옷이 개입한 것으로 보이는 예로 '횟두르다'도 있다. '횟두르다'는 '휘-[彎]'와 '두르-[圍]' 사이에 사이시옷이 개입한 것으로 보인다.[18]

---

17) 여기에서의 '어휘화'는 복합어인 상태로 사전에 등재되는 정도에까지 이르렀다는 것으로, 복합어라는 인식이 없어지고 단일어처럼 쓰이게 된다는 의미는 아님을 밝힌다.
18) 어간복합어의 내부에 나타나는 사이시옷의 문제에 대해서는 4.1.1에서 다루기로 한다.

‘감물다’는 ‘입을 꼭 다물다’의 의미인데 근대국어에서는 예가 확인되지 않으나 현대국어의 북한어에서 ‘감물다’가 ‘입술을 감아 들여서 꼭 물다’의 의미로 쓰이는 것을 확인할 수 있다. ‘넙놀다’는 ‘鸞鳳이며 種種 새둘히 모다 넙놀며’(월석 2:27ㄴ)에서 나타나는데, 근대국어나 현대국어의 ‘넘놀다’와 의미가 동일한 것으로 보아 ‘넙’은 ‘넘’의 오자일 가능성도 있는 듯하다. ‘후리쓸다’는 『표준국어대사전』에 ‘‘휩쓸다’의 잘못’으로 뜻풀이되어 있는데, 이 단어가 후기 중세국어의 ‘후리쁠다’와 관련이 있는 것으로 보아 (가) 유형에 포함시켰다.[19] ‘걸드르다, 븥둥기다, 잡쥐다, 후리쁠다’ 등과 같은 단어는 근대국어 자료에서 용례가 확인되지 않는데, 이는 우연적인 공백이라고 보아야 할 것이다. ‘노니다’는 향가와 고려가요에서, ‘든보다’는 이두에서, ‘넘나다’는 고려가요에서도 그 예가 확인된다. ‘눅자치다’(신합 下:43ㄴ)는 [눅-+[잦-+히-]]의 구조로 본다면 어간복합어의 예가 되겠으나, [[눅-+잦-]+히-]로 분석한다면 파생어가 될 가능성이 있다. 여기에서는 전자로 보아 어간복합어로 처리하였다. ‘도셔다’는 후기 중세국어 자료에서는 확인되지 않으나 고려가요에서 확인되므로 (가) 유형으로 처리하였다. ‘드나둘다’는 [들-+나들-]로 분석할 수 있는데, ‘나들-’의 ‘들-’이 ‘나’의 모음의 영향으로 ‘둘’이 된 것으로 보인다. ‘눅자치다, 벋디르다, 보술피다, 우지지다’ 등은 15세기 자료에서는 확인되지 않고 16세기 자료에서부터 확인된다.

다음으로 볼 유형은 후기 중세국어부터 근대국어까지 용례가 확인되는 (나) 유형의 어간복합동사이다. 이 어간복합동사들은 현대국어에서는 확인되지 않아 (가) 유형과는 차이가 있다.

---

19) 어떤 단어가 잘못된 단어라고 하는 것은 ‘표준어’를 규정할 때의 문제이고, 이 단어가 존재하느냐 아니냐는 다른 문제라고 생각한다.

(나) 후기 중세국어부터 근대국어까지 확인되는 복합동사

거두들다(褰, 거두-+들-), 걷곶다(걷-+곶-), 겻ᄆᆞᄅᆞ죽다(悶絶, [겨-+ᄆᆞᄅᆞ-]+죽-), 긁빗다(긁-+빗-), 긁싯다(긁-+싯-), ᄀᆞᆯ희집다(辨, ᄀᆞᆯ희-+집-), 나니다(去, 나-+니-), ᄂᆞᆯᄠᅱ다(踊, ᄂᆞᆯ-+ᄠᅱ-), ᄂᆞᆯ뮈다(飛動, ᄂᆞᆯ-+뮈-), 덥달다(熱, 덥-+달-), 둡덥다(蒙, 둡-+덮-), 딕먹다(啄, 딕-+먹-), 딕좃다(啄, 딕-+좃-), 맛보다(逢, 맞-+보-), 메밧다(偏袒, 메-+밧-), ᄆᆞ너흘다(咬, ᄆᆞᆯ-+너흘-), ᄆᆞ르걷다(退步, ᄆᆞ르-+걷-), ᄆᆞ르고으다(ᄆᆞ르-+고으-), ᄆᆞᆯ오다(裁縫, ᄆᆞᄅᆞ-+ᄌᆞ-), ᄆᆡᄊᆞ미다(結裹, ᄆᆡ-+ᄊᆞ-), ᄆᆡᄆᆞᆺ다(結束,ᄆᆡ-+ᄆᆞᆰ-), 베서흘다(剸, 베-+서흘-), 빗놓다(橫, 빗-+놓-), 설엊다(收拾, 설-+*것-), 섯돌다(回, 셔-+돌-), 섯버믈다(交涉, 셔-+버믈-), 슬믜다(厭, 슳-+믜-), 어긔으룾다(違, 어긔-+그룾-), 잡들다(扶持, 잡-+들-), 쥐주다(周, 쥐-+주-), 헐믓다(瘡, 헐-+믓-), 헤ᄠᅳ다(皇皇, 헤-+ᄠᅳ-), 흑ᄇᆞᄉᆞ다(瑣, 흑-+ᄇᆞᄉᆞ-)

후기 중세국어부터 근대국어까지 용례가 확인되는 단어는 모두 33개이다. 이 가운데 몇 가지를 살펴보면 다음과 같다. 먼저 '걷곶다'는 '(머리카락 따위를) 걷어 꽂다'의 의미로, 후기 중세국어에서만 확인되는 '(식물의 줄기 따위를) 꺾어 꽂다'의 의미를 가지는 '것곶다'와는 다른 단어이다. '겻ᄆᆞᄅᆞ죽다'는 '까무러치다'의 의미로 '죽는 것'과는 관련이 없으므로, '[겨-[折]+ᄆᆞᄅᆞ-[燥]]+죽-[死]'의 결합으로 보아 '꺾여 말라 죽은 것처럼 되다, 기절하다' 정도의 의미로 볼 수 있지 않을까 한다. 단독으로 쓰인 '*겻ᄆᆞᄅᆞ-'가 문증되지는 않으나, '겨-'과 'ᄆᆞᄅᆞ-'는 확인되므로 복합어로 처리하였다. 'ᄂᆞᆯᄠᅱ다'는 근대국어에 나오는 'ᄂᆞᆯᄯᅱ다'와 의미상 유연성이 있어 보이나, 후기 중세국어에 'ᄠᅱ다'가 존재하고, 'ᄂᆞᆯᄠᅱ다'를 'ᄂᆞᆯ-'과 'ᄠᅱ-'의 결합으로 보아도 의미가 달라지지 않으므로 서로 다른 단어로 처리하였다. 그래서 'ᄂᆞᆯᄠᅱ다'는 후기 중세국어부터 근대국어까지 확인되는 단어로, 'ᄂᆞᆯᄯᅱ다'는 근대국어부터 확인되어 현대국어

의 '날뛰다'로 연결되는 단어로 처리하였다.

'둡덥다'는 '두둔하며 덮다'의 의미로 '둡덭다(능엄 7:54ㄴ), 둡덛다(내훈 3:6ㄴ)'로도 나타나는데 '덛다[吃]'와는 의미상 有緣性이 없어 보인다. 오히려 '둪-+덮-'의 결합인 것으로 보는 것이 낫지 않을까 한다. '둪-'과 '덮-'은 의미가 유사한 단어인데, 이처럼 유사한 의미의 단어가 결합하여 복합동사가 된 예로는 '여위ᄆᆞᄅ다', '얽미다' 등이 있다. 근대국어에서는 '둡덥다'가 '둣덥다(경민 중:14ㄱ, 어내 3:6ㄱ)로 나타난다. 이는 근대국어에서 '둪다'가 세력이 약화된 것과 관련이 있는 것으로 보인다.

'메밧다[偏袒]'는 '공경의 뜻으로 한쪽 어깨를 벗어 메다'의 의미로 '메-[扛]'와 '밧-[脫]'이 결합하여 이루어진 어간복합동사이다.[20] '메밧다'는 확인되지 않으나, 후기 중세국어에서 '메밧다'(석상 9:29ㄱ), '메왓다'(두시11:40ㄱ), '메왯다'(내훈 1:45ㄱ)가, 근대국어에서 '메앗다'(어내 1:59ㄱ)가 나타난다. '미뭇다'(소언 6:69ㄴ)는 현대국어에서는 확인되지 않으나 명사 '매무시'에서 그 흔적을 찾을 수 있다.

'설엊다'(번노 상:43ㄱ)는 '설-'과 '*겆-'의 결합인 어간복합어로 보이는데, 단독으로 쓰인 '겆-'이 문증되지는 않으나 19세기부터 확인되는 명사 '설거지'(국한 177)([설-+*겆-]+-이)에 기대어 '*겆-'을 상정할 수 있다. '설엊다'는 근대국어에서는 '서릊다'로 나타난다. 이현희 외(1997ㄱ:116)에서는 '어긔으릇-'이 '어긔-(違)'와 '그릇-(誤)'이 결합된 동사 '*어긔그릇-'에서 'j' 뒤의 'ㄱ'이 약화됨으로써 만들어진 것이라고 보았다.

다음으로 살펴볼 단어는 후기 중세국어에서만 용례가 확인되는 (다)

---

20) 『두산세계대백과사전』(2002, 두산동아)의 '편단우견(偏袒右肩)' 항을 보면, '불교에서 오른쪽 어깨를 드러내는 모양새'로 "불상이나 승려가 가사를 입은 모습에는 양쪽 어깨를 모두 감싸는 방법과 오른쪽 어깨를 드러내는 방법이 있다. 이 가운데 앞의 것을 통견(通肩)이라고 하고 뒤의 것을 편단우견이라 부른다. 편단(偏袒)이란 말 자체가 한쪽 팔을 드러낸다는 뜻이며, 이 형식에는 비구가 존자(尊者)를 공경한다는 뜻이 담겨 있다."라고 되어 있다. '메밧다'는 이러한 의미를 가지는 동사이다.

유형의 단어이다.[21]

(다) 후기 중세국어에서만 확인되는 복합동사

거느리치다(濟, 거느리-+치-), 거두불다(卷, 거두-+불-), 거두잡다(攝, 거두-+잡-), 거두쥐다(褰, 거두-+쥐-), 거두쁠다(抄, 거두-+쁠-), 거둘다(繫, 걸-+둘-), 거르뛰다(超, 거르-+뛰-), 것곶다(겻-+곶-), 것긇다(겻-+긇-), 것듣다(겻-+듣-), 것비치다(겻-+비치-), 고초드듸다(跂, 고초-+드듸-), 그우니다(輪轉, 그울-+니-), 글탏다(焦, 긇-+*닳-), 긁쥐다(抓, 긁-+쥐-), 그치누르다(止, 그치-+누르-), 긏누르다(截斷, 긏-+누르-), 긏버히다(截, 긏-+버히-), 깁누비다(補綴, 깁-+누비-), 깁보타다(補, 깁-+보타-), フ리둪다(陰, フ리-+둪-), フ리쓰다(抄, フ리-+쓰-), 굴이막다(隔障, フ리-+막-), 굴희나다(굴희-+나-), 너르듣다(爛漫, 너르-+듣-), 넘걷다(踚, 넘-+걷-), 넘드듸다(躍, 넘-+드듸-), 누르볶다(누르-+볶-), 눅놀다(玩, 눅-+놀-), 닐뮈다(動, 닐-+뮈-), 눌옻다(騫飛, 눌-+붗-), 눌우치다(飛揚, 눌-+부치-), 더브살다(더블-+살다-), 덮닙다(襲, 덮-+닙-), 덥수기다(歛, 덥-+수기-), 도돌다(遁逃, 돌-+돌-), 두위구우리다(展轉, 드위-+구우리-), 두위눕다(反覆, 드위-+눕-), 두위드듸다(蹉跌, 드위-+드듸-), 두위틀다(反張, 드위-+틀-), 두의걷다(捲, 드위-+걷-), 드위부치다(翻, 드위-+부치-), 돋건니다(趨, 돋-+[건-+니-]), 돋닐다(奔騰, 돋-+닐-), 돌이니다(驅馳, 돌이-+니-), 메지다(擔負, 메-+지-), 모도디니다(攝, 모도-+디니-), 모도잡다(摠, 모도-+잡-), 모도흐르다(合, 모도-+흐르-), 묻갊다(營葬, 묻-+갊-), 묻져주다(訊問, 묻-+져주-), 물쁘다(鬱, 물-+쁘-), 뭇샇다(積, 뭇-+샇-), 므르글히다(爛, 므르-+글히-), 므르쿨다(爛硏, 므르-+쿨-), 므르듣다(爛熳, 므르-+듣-), 므르딯다(擣爛, 므르-+딯-), 므르둗

<hr>

다(辟易, 므르-+듣-), 므르십다(爛嚼, 므르-+십-), 밀힐후다(推激, 밀-+힐후-), 밀혀다(밀-+혀-), ᄆᆞ르서흘다(宰, ᄆᆞ르-+서흘-), 몰갔다(淸, 몱-+앉-), 몱안초다(澄淸, 몱-+[앉-+호-]), 믹얽다(結, 믹-+얽-), 보비호다(薰陶, 보-+비호-), 봄노솟다(踊躍, 봄놀-+솟-), 봇닳다(煩煎, 봄-+*닳-), 봇닭다(煎炒, 봄-+닭-), 뷔듣니다(玲珊, 뷔듣-+니-), 브스ᄀᆞᆯ다(硏碎, 브스-+ᄀᆞᆯ-), 브스딯다(搗碎, 브스-+딯-), 브스왜다(敗亡, 브스-+배-), 빌먹다(빌-+먹-), 빌뿌다(假, 빌-+뿌-), 빗거스리다(刷, 빗-+거스리-), 빗놀다(斜, 빗-+놀-), 빗잡다(橫按, 빗-+잡-), 빗흐르다(交橫, 빗-+흐르-), ᄇᆞ르좇다(馳遂, ᄇᆞ르-+좇-), 붋ᄯᅳ듸다(履, 붋-+ᄯᅳ듸-), 쓰설다(灑掃, 쁠-+설-), ᄢᅦ들다(扶持, ᄢᅦ-+들-), ᄠᅱ놀다(跳, ᄠᅱ-+놀-), 석배다(朽, 석-+배-), 섯겯다(叉, 섞-+겯-), 섯ᄀᆞᆯ이다(錯磨, 섞-+ᄀᆞᆯ이-), 섯느리다(섞-+느리-), 섯닐다(交作, 섞-+닐-), 섯듛다(섯-+듛-), 섯듣다(亂墮, 섞-+듣-), 섯ᄃᆞ니다(交馳, 섞-+ᄃᆞ니-), 섯ᄃᆞᆮ다(交橫馳走, 섞-+ᄃᆞᆮ-), 섯몯다(交會, 섞-+몯-), 섯믜다(交, 섞-+믜-), 섯및다(섞-+및-), 섯박다(交, 섞-+박-), 섯배다(交喪, 섞-+배-), 섯알ᄑᆞ다(攪痛, 섞-+알ᄑᆞ-), 섯얽다(交絡, 섞-+얽-), 섯흘리다(交墮, 섞-+흘리-), 솟긇다(솟-+긇-), 솟나다(騰, 솟-+나-), 시븟다(洗, 싯-+븟-), 십두드리다(嚼, 십-+두드리-), 시자리다(酸澁, 시-+자리-), 쏩들다(쏩-+들-), 썔먹다(吟哦, 썔-+먹-), 업둘다(覆懸, 엎-+둘-), 여위ᄆᆞ르다(枯渴, 여위-+ᄆᆞ르-), 여위시들다(여위-+시들-), 옭ᄃᆞ니다(飄轉, 옭-+ᄃᆞ니-), 외ᄑᆞ다(刻, 외-+ᄑᆞ-), 우기누르다(壓, 우기-+누르-), 우르적시다(啾啾, 우르-+적시-), 이싯다(淘汰, 일-+싯-), 이우시들다(憔悴, 이울-+시들-), 잡가티다(被囚執, 잡-+가티-), 잡긊이다(鉤索, 잡-+[긊-+이-]), 잡달호다(操, 잡-+달호-), 저투리다(恐懼, 젛-+두리-), 좇드듸다(循, 좇-+드듸-), 좇븥다(좇-+븥-), 죽배다(喪亡, 죽-+배-), 죽살다(死生, 죽-+살-), 줏믜다(綴, 줏-+믜-), 쥐치다(賑, 쥐-+치-), 즈르드듸다(즈르-+드듸-), 지즐먹다(壓之, 지즐-+먹-), 지즐앉다(藉, 지즐-+앉-), 추들다(掫, 추-+들-), ᄑᆞᄂᆞ외다(都盡賣了, 폴-+ᄂᆞ외-), 헤듣다(撇捩, 헤

-+둗-), 헤므르다(헤-+므르-), 헤부치다(闌, 헤-+부치-), 헤불다(破, 헤
-+불-), 헤츠다(撤烈, 헤-+츠-), 헤퍼디다(蕩, 헤-+퍼디-), 횟도니다(輪
回, [回+ㅅ+돌-]+니-), 흐르니다(흐르-+니-), ㅎ놀이다(弄, ㅎ-+놀이-),
ㅎ저즐다(作爲, ㅎ-+저즐-)

후기 중세국어 자료에서만 나타나는 복합동사로 우리는 142개의 어휘
를 확인할 수 있었다. 이 가운데 '거두뿔다, 거돌다, 것긇다, 긁쥐다, 넘
걷다, 넘드듸다, 보비호다, 십두드리다, 외푸다, 저투리다, 줏미다, 쥐치
다, 푸ᄂ외다' 등은 16세기 자료에서만 확인할 수 있었다.

　위의 어휘 가운데 몇 개를 살펴보기로 하겠다. 먼저, '글닳다[焦]'는
'긇-[沸]'과 '*닳-[煎]'의 어간이 결합하여 이루어진 복합어로 보인다.
후기 중세국어에서는 '액체 등이 졸아들다'의 의미를 가지는 '닳-'은 확
인되지 않고 사동사인 '달히-'만이 확인된다. 이와 유사한 단어로 '봇닳
다[煩煎]'가 있는데, 이 단어는 '봇-[炒]'과 '*닳-[煎]'의 결합으로 된 단
어로 보인다. '액체 등이 졸아들다'의 의미를 가진 '닳-'은 현대국어에
와서야 확인된다. '덮닙다[襲], 덮-+닙-)'(내훈 1:45ㄱ)는 '옷을 덮어
입다' 정도의 의미이다. 어간복합어의 선행 성분으로 '덮-'이 쓰인 예는
적지 않게 확인되는데, 현대국어의 '덮두들기다, 덮싸다, 덮쌓다, 덮그
물, 덮깃, 덮밥' 등이 그 예이다.

　'두위드듸다'는 '드위-+드듸-'의 결합으로 보았다. '드위-[飜]'는 '뒤
집다'의 의미를 가지는데, '드위잊다, 두위잊다', '드위힐후다, 두위힐후
다, 두의힐후다', '드위혀다, 두위혀다, 두의혀다'와 같은 파생어의 공존
을 통하여 '드위-'와 '두위-', '두의-'가 동일한 단어임을 알 수 있다.
이렇게 여러 가지 표기가 확인되는 단어로는 명사 '그위, 구위, 구의
[官]'와 '그위실, 구위실, 구의실, 그우실[官]' 등이 있다. '묽안초다'는
[묽-+[앉-+호-]]로 분석된다면 어간복합어이나 [[묽-+앉-]+호-]로
분석된다면 파생어이다. 여기에서는 전자로 보아 어간복합어로 처리하

였다.

'ᄆᆞᆯ서흘다[宰]'는 '마르고 썰다'라는 기본 의미에서 나온 '관할하다'라는 확장의미까지 확인된다. 'ᄆᆞᆯ서흘다'는 'ᄆᆞᆯ써흘다'로도 나타난다. '브스굴다[硏碎]', '브스딯다[搗碎]', '브스왜다[敗亡]'의 선행 어간인 '브스-'는 'ᄇᆞᆺ-[碎]'와 모음교체 관계에 있는 어간으로 보이는데 단독형은 확인되지 않으나 파생어 '브스티다'를 통하여 용언 어간으로 쓰였음을 확인할 수 있다. '브스왜다[敗亡]'는 일반적으로 파생어로 처리되어 왔으나 '브스-'와 '배-[亡]'의 결합인 복합동사로 보아 여기에서 다루었다.[22] '뛰놀다[跳]'(금삼 5:11ㄱ)는 '뛰놀다[跳]'(두시 16:62ㄱ)와 의미가 유사하나 전자는 '뛰-[跳]'와 '놀-[遊]'의 결합으로, 후자는 '뛰-[躍]'과 '놀-[遊]'의 결합으로 된 복합동사로 보았다. '뛰놀다'는 15세기 국어에서만 확인되지만, '뛰놀다'는 현대국어에서도 나타난다.

'슬탏다[毀戚]'는 '슳-'과 '＊닳-'의 결합으로 된 어간복합어일 가능성이 없지 않으나, '애달프게 슬퍼하다'의 의미로 '닳-'과 유연성이 없어 목록에서 제외하였다. '씌츠다[帶]'는 『표준국어사전』에 '띠고 차다'로 뜻풀이되어 있어 '씌-'와 '츠-'의 결합으로 된 어간복합어인 것으로 보고 있으나, 명사 '씌'와 '츠다'의 결합으로 된 복합동사로 보인다. 우리가 이렇게 보는 근거는 성조 때문인데, 동사 '씌-'의 성조가 평성, 명사 '씌'의 성조가 거성인데, '씌츠다'의 '씌'가 거성이기 때문이다. '어르ᄆᆞ르다[撫]'는 '后ㅣ 그제 ᄆᆞᅀᆞᆷ자장 어르몰아 기르샤'(내훈 2:39ㄴ)에서 확인할 수 있는데, '어루ᄆᆞ지다'와 의미상 관련이 있는 듯하나 'ᄆᆞ르다'가 어디에서 온 것인지 불분명하여 제외하였다. '사니다'는 '니-'가 진행의 뜻만을 가져 복합동사가 아닌 것으로 보았다.

이밖에 박진호(2000)에서는 '봄놀다'를 '＊봄-(＊봄-)'과 '놀-'이 결합하여 된 복합동사로, '봄뇌다'를 '＊봄-(＊봄-)'과 '＊뇌-'가 결합하여 된 복합

---

22) 이러한 분석은 이병기(1997:61)에 기댄 것이다.

동사로, '븗괴다'를 '*븗-'과 '괴-'가 결합하여 된 복합동사로 본 바 있다.

이상에서 살펴본 복합동사를 정리하면, 후기 중세국어에서는 225개의 복합동사가 확인되는데, 이 가운데 현대국어까지 쓰임이 확인되는 동사가 50개, 근대국어까지 쓰임이 확인되는 복합동사가 33개, 후기 중세국어에서만 확인되는 복합동사가 142개이다. 현대국어까지 쓰이면서 '어휘화'가 이루어진 단어는 대부분 그 의미가 확장되어 새로운 의미를 획득하였거나 아니면 그 구성 어기 가운데 하나가 사어화하여 분석이 불가능해진 경우가 많았다. 반면 후기 중세국어에서만 확인되는 복합어는 구로 표현할 수 있는 의미를 단어 형식으로 표현한 복합어가 많았으며 확장 의미를 획득한 경우가 많지 않았다.

3.3.2. 복합형용사

이제 후기 중세국어에서 나타나는 어간복합형용사를 살펴보기로 하자. 위에서 본 복합동사에 비해 복합형용사는 예가 그리 많지 않다. 이를 어간복합동사의 경우와 마찬가지로 '(가) 후기 중세국어부터 현대국어까지 확인되는 어휘, (나) 후기 중세국어부터 근대국어까지 확인되는 어휘, (다) 후기 중세국어에서만 용례가 확인되는 어휘'로 나누어 검토하기로 하겠다.

(가) 후기 중세국어부터 현대국어까지 확인되는 복합형용사

    감프르다(감-＋프르-), 검븕다(殷紅, 검-＋븕-), 검프르다(暗靑, 검-＋프르-), 굳세다(强硬, 굳-＋세-), 놉놋갑다(高下, 놉-＋놋갑-), 덦거츨다(蕪穢, ²덦-＋거츨-), 설우르다(설-＋부르-), 싀서늘ᄒ다(酸寒, 싀-＋[서늘-＋ᄒ-])

후기 중세국어부터 현대국어까지 쓰임이 확인되는 어간복합형용사는 8

개에 불과하다. 현대국어까지 이어지는 어간복합동사가 50개인 데 비하면, 6분의 1 수준에 불과하다. 먼저 '놉놋갑다'는 '놉놋-+-갑-'의 파생어로 보아야 할지, '놉-+놋갑-'의 복합어로 보아야 할지 문제가 된다. 우리는 이를 '놉-+놋갑-'으로 분석하여 복합어로 보았는데 그 이유는 15세기 국어에서 '놋갑-'은 적지 않게 확인되는 반면 '놋-'이 단독으로 쓰인 예는 16세기 후반에 가서야 확인되기 때문이다. 또한 '놉-'과 대조되는 단어로 '놋갑-'이 나오는 것도 그 증거가 된다.

(1) 가. 大千이 훈 짜히로디 山川谿谷의 노프며 놋가봄 이쇼미 훈 眞實ㅅ 境
　　　 界예 三界옛 여러 趣ㅣ 달옴 이쇼몰 가줄비시니라<월석 13:45ㄱ>
　　 나. 쉰여듧차힌 소리 놉도 놋갑도 아니ᄒᆞ샤<월석 2:58ㄴ>

'놉놋갑-'이 아닌 '놉놋-'은 17세기에 가서야 확인된다. '높낮-'은『표준국어대사전』에는 등재되어 있지 않으나『조선말대사전』에서는 확인되므로 현대국어어에서 존재하는 단어로 처리하였다. '덦거츨다'는 고려가요부터 나오는 단어인데 이에 대한 논의는 3.2.2에서 하였다. '싁서늘ᄒᆞ다'는 '싁-'와 '서늘ᄒᆞ-'가 결합된 복합어인데, 이처럼 용언 어간과 '어근+ᄒᆞ-'형의 용언이 결합한 예도 하나의 유형으로 존재하는데 재미있는 사실은 이러한 결합이 생길 경우 항상 '어근+ᄒᆞ-'형이 후행 성분으로만 온다는 것이다. 즉 언제나 '[어간+[어근+ᄒᆞ]]'의 결합방식을 보인다. 뒤에서 볼 '덥듯하다'나 '어리미혹ᄒᆞ다'뿐만 아니라 현대국어에서 나타나는 '둥글넓적하다, 푸르싱싱하다, 희말쑥하다' 등도 다 이러한 구성방식을 취한다. 이것은 아마도 '싁서늘ᄒᆞ-' 대신 '*서늘ᄒᆞ싁-'가 된다면 'ᄒᆞ-'가 두 성분 사이의 결합을 약화시키기 때문이 아닌가 한다. 또한 '어근+ᄒᆞ'형이 두 개 결합하여 복합어를 만들 때도 선행 성분에 결합하는 'ᄒᆞ'는 탈락하게 된다. '서느서늘ᄒᆞ다, 섭섭호겻ᄒᆞ다' 등이 그 예인데 이 역시 '어기 간의 긴밀성'을 위한 것이 아닌가 한다.

다음으로 후기 중세국어부터 근대국어까지 확인되는 어간복합형용사인 (나) 유형을 보기로 하자. (나) 유형은 (가)와는 달리 현대국어에서 용례가 확인되지 않는다.

(나) 후기 중세국어부터 근대국어까지 확인되는 복합형용사
　　덥듯ᄒ다(溫熱, 덥-+[듯-+ᄒ-]), 됴쿳다(둏-+궂-), 뜯알프다(뜯-+알프-),
　　얽머흘다(坎坷, 얽-+머흘-),

후기 중세국어부터 근대국어까지 용례가 확인되는 복합형용사는 4개에 불과하다. 먼저 '덥듯ᄒ다'(금삼 4:18ㄱ)는 '덥'과 '듯ᄒ-'가 결합하여 된 어간복합어로 보이는데, '듯ᄒ-'가 단독으로 '듯ᄒ-'로 표기된 예는 확인되지 않으나, '듯듯다'(구간 2:29ㄴ)의 존재로 보아 '듯ᄒ-'가 '듯ᄒ-'로 표기된 것이라고 볼 수 있다 하겠다. '됴쿳다'(석상 9:36ㄴ)는 파생명사 '됴쿠지'(동신 孝:5ㄴ)도 형성한다.
　다음으로 후기 중세국어에서만 확인되는 (다) 유형의 어간복합형용사를 살펴보기로 하겠다.

(다) 후기 중세국어에서만 확인되는 복합형용사
　　검어듭다(黑, 검-+어듭-), 굳ᄇᆞᆯ다(慳, 굳-+ᄇᆞᆯ-), 깁수위다(玄, 깊-+수위-), 누리비리다(臊, 누리-+비리-), 븓질긔다(靳, 븓-+질긔-), 비리누리다(腥臊, 비리-+누리-), 어리미혹ᄒ다(愚癡, 어리-+[미혹+ᄒ-]), 어위크다(闊, 어위-+크-), 질긔굳다(毅, 질긔-+굳-), 흑덕다(瑣細, 흑-+덕-)

후기 중세국어에서만 확인되는 복합형용사는 10개이다. 이는 후기 중세국어에서만 확인되는 복합동사가 142개인 데 비하면 상당히 적은 양이다. '검어듭다(월석 14:17ㄴ), 굳ᄇᆞᆯ다(구간 1:7ㄴ), 어위크다(두시 19:9ㄱ), 흑덕다(두시 22:18ㄴ)' 등은 '검다'와 '어듭다', '굳다'와 'ᄇᆞᆯ다',

‘어위다’와 ‘크다’, ‘훅다’와 ‘덕다’라는 유의어가 결합하여 된 어간복합형용사로, 형용사 하나가 단독으로 쓰였을 때보다 그 의미가 더 강화되는 듯하다. 그러나 이에서 의미가 더 확장되거나 변하지 못하여 소멸한 것으로 보인다. 후기 중세국어에서만 쓰이고 사어가 된 형용사에 유독 유의어의 결합으로 된 어간복합어가 많은 것은 이러한 사실을 반영하는 것이 아닌가 한다. ‘어리미혹ᄒ다’는 선행성분 ‘어리’를 용언 어간이 아닌 부사로 보는 견해도 있으나 우리가 2.4.2에서 검토한 바와 같이 “선행 성분이 영변화 파생부사라면, 그 부사의 수식을 받는 후행 성분이 다양하게 확인되어야 한다.”라는 기준과 “선행 성분이 영변화 파생부사라면, 동시대에 같은 어간에 부사 파생 접미사가 결합한 파생부사가 생산적으로 쓰이지 않아야 한다.”라는 두 가지 기준을 적용시켰을 때 ‘어리’는 용언 어간으로 처리된다.

이상에서 본 바와 같이 후기 중세국어의 어간복합형용사는 총 22개가 확인되는데 이 가운데 현대국어까지 나타나는 단어가 8개, 근대국어까지 용례가 확인되는 단어가 4개이고, 후기 중세국어에서만 쓰임이 확인되는 단어가 10개이다.

3.3.3. 복합명사

다음으로 후기 중세국어에서 확인되는 어간복합명사를 살펴보기로 하겠다. 어간복합명사도 앞에서와 마찬가지로 (가), (나), (다) 유형으로 나누어 검토하기로 하겠다.

(가) 후기 중세국어부터 현대국어까지 확인되는 복합명사
　　두디쥐(鼢, 두디-＋쥐), 부채(扇, 붗-＋채), 붉쥐(蝙蝠, 붉-＋쥐), 뭇돌(礪, 뭋-＋돌), 쓰믈(泔, 쓰-＋믈)

(나) 후기 중세국어부터 근대국어까지 확인되는 복합명사

비븨활(鑽弓, 비븨-＋활)

(다) 후기 중세국어에서만 확인되는 복합명사

늦왜ᄌ(晩倭子, 늦-＋왜ᄌ)

후기 중세국어에서 확인되는 어간복합명사는 7개 정도인데, 이 가운데 먼저 (가) 유형은 후기 중세국어부터 현대국어까지 용례가 확인되는 복합어로 '두디쥐, 부채, 붉쥐, 뿟돌, 쓰믈'이 있다. '부채'는 3.2.3에서 본 바와 같이 『계림유사』에서부터 확인되는 단어이다. '두디쥐'의 '두디-', '뿟돌'의 '뿟-'은 현대국어에서 확인되지 않아 현대국어에서는 '두더지'와 '숫돌'은 복합어라는 어원 의식이 많이 약화되었다. '붉쥐'도 '박쥐'로 변하여 '붉-'과 유연성이 없어졌다.[23]

후기 중세국어부터 근대국어까지 쓰이던 '비븨활'은 '비비송곳 따위를 돌리는 데 쓰는 활'의 의미이다. '비븨-'는 2.1.1의 예 (7)에서 본 바와 같이 동사 '비븨다'와 영변화 파생명사 '비븨'가 같이 존재하던 단어이다. 그러므로 '비븨활'은 '동사 어간+명사'일 가능성뿐만 아니라 '명사+명사'일 가능성도 있다.[24]

후기 중세국어에 쓰이던 '늣왜ᄌ'는 '倭子 … 晩倭子 늣왜ᄌ'(금양 곡품)에서 확인되는데, '왜ᄌ'가 한글표기로 단독으로 쓰인 데는 확인되지 않으나, '晩倭子'로 미루어 '늣-＋왜ᄌ'의 구조임을 짐작할 수 있다. '늣-'은 현대국어에서 어간복합어의 형성에 아주 활발하게 참여하는 동사인데 후기 중세국어와 근대국어 사이의 문헌에서는 '늣왜ᄌ'만이 확인된다.

후기 중세국어의 어간복합명사는 총 7개가 확인되는바, 이 가운데 현

---

23) 이 문제에 대해서는 4장에서 다시 살펴볼 것이다.
24) 용언 어간 '비븨-'와 명사 '비븨'의 성조가 '평거'로 동일하여 성조로는 이 둘을 변별할 수 없다.

대국어까지 쓰이는 명사가 5개이고, 근대국어까지 용례가 확인되는 단
어가 1개, 후기 중세국어에서만 쓰이던 단어가 1개이다.

　이상에서 우리는 후기 중세국어에 나타나는 어간복합어를 유형별로
살펴보았다.[25] 그 결과 총 254개의 복합어를 확인할 수 있었으며 그 가
운데 복합동사는 225개, 복합형용사는 22개, 복합명사는 7개였다.

<표 2> 후기 중세국어의 어간복합어

후기 중세국어의 어간복합어 (254개)	동사	형용사	명사
	225개 (88.6%)	22개 (8.7%)	7개 (2.7%)

일반적으로 15세기의 복합동사를 대상으로 어간복합어가 생산성을 잃
었다고 보는 견해가 적지 않았으나 앞에서 본 바와 같이 그것은 15세기
에 존재하였던 어간복합동사의 개별 어휘사라고 볼 수 있다. 어간복합
동사 가운데 사라진 것이 유난히 많은 것은 그 의미 특성과 관련이 있
는 것으로 보인다. 앞에서 논한 바와 같이 어간복합어는 구로 표현할
수 있는 의미를 단어의 형태인 복합어로 표현하고 있는 것이 많다. 그
렇기 때문에 그 의미에서 파생되는 확장의미를 획득하지 못하여 고유의
의미 영역을 확보하지 못하는 경우가 적지 않았다. 그래서 굳이 복합어
로 존재하여야 할 필요가 없는 예들이 많았던 듯하다. 이는 역으로 말
하면, 구로 표현할 의미를 복합어의 형태로 만들어 써 본 뒤 별로 필요
를 느끼지 못하여 바로 쓰지 않게 된 임시어가 많았다는 의미도 될 것
이다.

　물론 이러한 의미 특성은 후기 중세국어에서 용언 어간이 쉽게 유리
될 수 있었던 성격과도 관련이 있을 듯하다. 그렇다고 하여 이 복합어

---

25) 위의 유형 외에도 '므르니기'와 같은 부사도 확인되나 이것은 '[므르-+닉-]+-
　이' 구조의 파생부사이므로 여기에서 다루지 않았다.

들을 전부 구라고 본다는 것도 무리가 따른다. 후기 중세국어의 어간복합어와 전혀 차이가 없는, 구를 단어의 형태로 표현했다고 보아도 될 정도의 의미를 나타내는 복합어가 근대국어나 현대국어에서도 여전히 나타나기 때문이다. 그렇다면 현대국어에서도 '덮두들기다, 어루달래다, 찌삶다'와 같은 어간복합어가 구라고 보아야 하겠으나 이것은 우리의 문법의식상 불가능하여 보인다. 후기 중세국어에서나 현대국어에서나 동일한 형성규칙에 의해 생성된 단어들을 한쪽은 구로 한쪽은 복합어로 보아야 하나 그렇게 다르게 설명해야 할 근거를 찾기 어렵다. 그래서 우리는 어느 경우에나 어간이 어미와 유리되어 형성된 구성을 구가 아닌 복합어, 즉 단어라고 보고자 한다. 또한 의미상 그 구성요소의 단순한 합인 의미를 가지는 단어들도 역시 어간복합어의 의미특성상 그런 예들이 적지 않다고 보아 복합어로 처리하기로 한다. 유독 후기 중세국어에서 확인되는 어간복합동사가 현대국어의 것보다 상대적으로 많은 것은 이 당시에 어간이 더 쉽게 유리될 수 있었기 때문이라고 보아야 할 것이다. 예를 들어 '저투리다'는 '젛-[恐]'과 '두리-[懼]'가 결합한 복합어로 유의어의 결합을 통하여 의미를 더 강조한 것으로 보이나 새로운 의미를 획득하지 못하여 더 이상 쓰이지 않게 된 것으로 보인다.

3.4. 근대국어의 어간복합어

3.4.1. 복합동사

우리는 앞에서 후기 중세국어부터 현대국어까지의 어간복합어를 그 시대별 분포에 따라 '(가) 후기 중세국어부터 현대국어까지 확인되는 어휘, (나) 후기 중세국어부터 근대국어까지 확인되는 어휘, (다) 후기 중세국어에서만 확인되는 어휘, (라) 근대국어부터 현대국어까지 확인되는 어휘, (마) 근대국어에서만 확인되는 어휘, (바) 현대국어에서만 확인되는 어휘'의 여섯 가지 유형으로 나누었다. 그리고 3.3에서 후기 중세국어에 존재하였던 (가), (나), (다) 유형의 단어에 대해 살펴보았다. 다음으로 근대국어를 보면, 이 여섯 가지 유형 가운데 (가), (나), (라), (마)가 논의의 대상이 된다. 이 가운데 (가), (나)에 대해서는 이미 3.3에서 논하였으므로 여기에서는 간단히 그 목록만 제시하고, 구체적 논의는 (라)와 (마)를 대상으로 진행하기로 하겠다.[26]

(가) 후기 중세국어부터 현대국어까지 확인되는 복합동사

값돌다, 감물다, 건나다, 건니다, 걸앉다, 겯디르다, ᄀ다듬다, 나들다, 넘나다, 넘ᄧᅵ다, 넙놀다, 노니다, 눅자치다, ᄂ니다, ᄂ솟다, 더위잡다, 도니다, 도셔다, 돌보다, 드나둘다, 드놓다, 듣보다, ᄃ니다, 뛰놀다, 맞나다, 므르녹다, 므르닉다, 받들다, 벋드듸다, 보술피다, 뷔틀다, 브르지지다, 븓둥기다, 븥들다, 븥안다, 븥잡다, 븥좇다, 어르ᄆ지다, 얽미다, 엿보다, 오ᄅ느리다, 우니다, 우지지다, 이받다, 잡쥐다, 쥐므르다, 헤다히다, 헤젓다, 후리뜰다, 횟두르다

(나) 후기 중세국어부터 근대국어까지 확인되는 복합동사

거두들다, 건곳다, 것ᄆᆞᆯ죽다, 긁빗다, 긁싯다, 굴희집다, 나니다, 눌쁘다, 눌뮈다, 덥달다, 둡덥다, 딕먹다, 딕좃다, 맛보다, 메밧다, 므너흘다, 므르걷다, 므르고으다, 몰ᄋ다, 미쑤미다, 미뭇다, 베서흘다, 빗놓다, 설엊다, 섯돌다, 섯버믈다, 슬믜다, 어긔으릋다, 잡들다, 쥐주다, 헐믓다, 헤쁘다, 훅ᄇᆞᆺ다

---

26) (가) 유형과 (나) 유형의 단어들에 대한 분석은 3.3과 중복되므로 여기에서는 하지 않겠다.

근대국어 자료에서 확인되는 어간복합동사 가운데 후기 중세국어부터 쓰임이 확인되는 단어가 (가)와 (나)의 83개인데, 이 가운데 (가)의 50개는 현대국어까지 확인되는 단어이고, (나)의 33개는 현대국어 자료에서는 확인되지 않는 단어이다.

　이제 근대국어 자료부터 확인되는 어간복합어를, 근대국어부터 현대국어까지 용례가 확인되는 단어인 (라) 유형과 근대국어에서만 용례가 확인되는 단어인 (마) 유형으로 나누어 살펴보기로 하겠다.

　(라) 근대국어부터 현대국어까지 확인되는 복합동사

　　　굶주리다(飢餓, 굶-＋주리-), 굽닐다(굽-＋닐-), 감샐다(감-＋샐-), 깔보다(凌視, 깔-＋보-), 넘나들다(넘-＋[나-＋들-]), 눌씌다(눌-＋뛰-), 덥누로다(덮-＋누르-), 드더지다(들-＋던지-), 붓동히다(붙-＋동이-), 쓰다듬다(撫, 쓸-＋다듬-), 솝쓰다(솟-＋쓰-), 싀새오다(싀-＋새오-), 싯가시다(滌濯, 싯-＋가시-), 씨얹다(澆, 씨-＋얹-), 어르더듬다(摸, 어르-＋더듬-), 얽동히다(얽-＋동이-), 업눌으다(强壓住, 엎-＋누르-), 여닷다(열-＋닫-), 엿듣다(窺聽, 엿-＋듣-), 일씌오다(醒提, 일-＋[씌-＋오-]), 잡죄다(約束, 잡-＋죄-), 헐쓷다(헐-＋뜯-), 헐벗다(窮, 헐-＋벗-), 휘감다(휘-＋감-), 휘돌다(휘-＋돌-), 훗뉯다(흩-＋눕-), 훗쓸히다(흩-＋쓰리-), 희번득이다(희-＋번득이-)

(라) 유형에 속하는 복합동사로 28개가 확인된다. 이 가운데 '넘나들다'는 복합어 '나들-'이 다시 '넘-'과 결합하여 형성된 복합어로 보았다. 물론 '넘나-＋들-'로 분석할 가능성도 없는 것은 아니다. '여닷다'는 '알히 두 窓을 밍ㄱ라 여닷게 ᄒ라'(가언 圖19ㄱ)에서 확인할 수 있으며 '여닷다'에서 온 파생명사 '여다지'(청구 553)도 나타난다. '잡죄다'는 '혹 씐 ᄣㆍ예 잡죄다가도 취훈 후 방일ᄒᆞ여 과로 공을 쓱그면 날마다 허ᄹㅗ이 지내니'(경신 31ㄱ)와 '約束 잡죄다'(몽해 補:29ㄴ)에서 확인되는 예인데, '잡-'과 '죄-'가 결합하여 된 복합어이다. '잡죄다'는 현대국어

에서 '늦잡죄다, 설잡죄다'와 같이 또 다른 어간복합어를 형성하기도 한다. '휘돌다'는 '휘-'와 '돌-'이 결합하여 된 복합어로 '휘어서 돌다'의 의미를 가진다. 이와 유사한 의미를 가지는 단어로는 '횟돌다'가 있는데, 이는 한자 '回'와 사이시옷이 들어간, '回+ㅅ+돌-' 구조의 복합어로 어간인 '휘-'가 들어간 '휘돌다'와는 차이가 있다.

또한 2.2.3에서 본 바와 같이 '헐벗다'는 18세기 자료에서 처음 확인되는 복합어이다. 그리고 '훗눌리다'도 나타나는데, '[흘-+눌-]+-리-'의 구조로 보면 파생어이고, '흘-+[눌-+리-]'의 구조로 보면 복합어이다. 의미상 후자일 가능성이 있는 듯하나 '훗눌다'가 존재하므로 파생어로 보아 목록에서는 제외하였다.

(마) 근대국어에서만 확인되는 복합동사

감삼다(감-+삼-), 거두추다(撩, 거두-+추-), 고초앉다(고초-+앉-), 굽지지다(煮, 굽-+지지-), ᄀᆞ리얼다(ᄀᆞ리-+얼-), 눕닐다(起臥, 눕-+닐-), 닛다히다(닛-+다히-), 덥두드리다(撲, 덮-+두드리-), 도지다(돌-+지-), 둘보다(周, 두르-+보-), 디낳다(落胎, 디-+낳-), 막미다(死絶, 막-+미-), 무루좃다(退後, 므르-+좃-), 므르슬다(므르-+슬-), 밀몬지다(揉, 밀-+몬지-), 벗듯다(벗-+듯-), 뷔걷다(跟蹡, 뷔-+걷-), 뷔트다(扭捏, 뷔-+트-), 붓디킈다(膠守, 붙-+디킈-), 뽀지지다(螫, 뽀-+지지-), 쓰서럿다(洒掃, 쓸-+서럿(설엇)-), 섯불다(셤-+불-), 싯빗기다(洗刷, 싯-+[빗-+기-]), 썩지르다(折磨, 썩-+지르-), 쮜쎄다(쮜-+쎄-), 쮜닐다(뛰-+닐-), 쏩내다(攘, 쏩-+내-), 쏘덥다(幪盖, 쏘-+덮-), 안니다(안-+니-), 알슳다(痛楚, 앓-+슳-), 어리믜다(어리-+믜-), 어리미치다(어리-+미치-), 어울ᄐᆞ다(疊騎, 어울-+ᄐᆞ-), 우기쥐다(우기-+쥐-), 웨지지다(叫喚, 웨-+지지-), 옭잡다(옭-+잡-), 져기드듸다(企, 져기-+드듸-), 졋붓다(抵-, 졎+붙-), 줏모호다(挭, 줏-+뫼호-), 쥐빗다(쥐-+빗-), 쥐잡다(搾, 쥐-+잡-), 쥐집다(捻, 쥐-+집-), 즈르잡다(扼, 즈르-+잡-), 즈르쥐다(搕, 즈르-+쥐-), 지즐ᄐᆞ다

(지즐-+트-), 직좃다(啄, 직-+좃-), 혜적시다(即當, 혜-+적시-), 홀그으
다(후리-+그스-), 휘넣다(夾牙, 휘-+넣-), 휘듣다(彎轉, 휘-+듣-), 흐리
눅다(흐리-+눅-), 흐치다(흩-+*치-), 훗걷다(흩-+걷-), 훗더디다(흩-+더
디-), 훗듯다(흩-+듣-), 훗믜다(흩-+믜-), 훗부르다(흩-+부르-), 훗부치
다(흩-+부치-)

근대국어에서만 쓰임이 확인되는 어간복합동사는 60개이다. 이 가운데
몇 개를 살펴보기로 하겠다. '져기드듸다'는 '발끝으로 땅을 디디다' 정
도의 의미를 가지는 복합어로, 후기 중세국어의 '고초드듸다'와 유의어
관계에 있다. '도지다'는 '(달이) 돌아서 지다'의 의미이다. '둘보다[周]'
<정속 일:47ㄴ>는 '두르-+보-'에서 '두르-'가 '둘-'로 음운 축약된
것인데, 근대국어에서만 확인된다. 현대국어에서는 이 의미를 어미가
개재된 복합어인 '둘러보다'가 나타낸다. '디낳다'는 '半産 即落胎也 열
둘안해 디나흔 증이라'(언태 31ㄴ)라는 예에서 확인할 수 있는데, '디-
[落]'와 '낳-[産]'이 결합하여 된 어간복합어이다.

'막믜다[死経]'는 '活経 살오믜다 死経 막믜다'(역해 下:46ㄱ)라는 예
에서 확인할 수 있는데, '살오믜다'와 반의어 관계에 있는 단어인 것으
로 비루어 '막-[防]'과 '믜-[縛]'의 결합으로 이루어진 복합어기 이년가
한다. '막ᄌᆞ모다[死鎖]'는 '活鎖 살오ᄌᆞ모다 死鎖 막ᄌᆞ모다'(역해 下:46ㄱ)
라는 예에서 확인할 수 있는데, '살오ᄌᆞ모다'와 반의어 관계에 있는 단
어로서 '막-[防]'과 'ᄌᆞ모-[鎖]'의 결합으로 이루어진 복합어일 가능성
이 있다. 그리고 '쮜닐다'(예성 눅1:41)는 '뛰-[跳]'와 '닐-[起]'의 결합
으로 된 복합어다. '흐치다'는 '흩-'과 '*치-'의 결합인 듯한데, '치-'가
단독으로 쓰인 예가 확인되지 않으나 '츠-'와 '치이-'가 나타나므로 복
합어로 처리하였다. '읆잡다'는 '너희 무리 나라흘 농낙ᄒᆞ는 말과 나라
흘 읆잡는 죄롤 가히 흔 붓으(로)뼈 쓰지 못홀지니'(명의 2:13ㄴ)에서 확
인할 수 있다. '읊잡다'의 오각일 가능성이 있으나 다른 예가 확인되지

않으므로 그냥 '읽잡다'로 표기하였다.

'밀묻지다, 쓰덥다, 줏모호다' 등은 그 의미가 어간복합어를 구성하는 두 어간의 의미의 단순한 합인 단어로 각각 '밀며 만지다', '싸고 덮다', '주워 모으다' 정도의 의미를 가지는데, 만약 후기 중세국어에서 나타나는 어간복합어가 구성 어기의 의미의 단순한 합인 의미를 나타내기 때문에 구라고 가정한다면, 이 단어들도 구라고 보아야 할 것이고, 그렇다면, 용언 어간의 유리성이 근대국어에서도 나타난다고 보아야 할 것이다. 그러나 우리는 이처럼 두 어간 의미의 단순한 합인 의미를 가지는 예들도 어간복합어로 본다.

이외에 '거두줄굴다[卷]'(마경 上:47ㄴ)도 어간복합어일 가능성이 있는 듯하나, '*줄굴-'이 단독으로 쓰인 예가 확인되지 않아 목록에서 제외하였다.[27] '니믜츠다'(송강-관, 사미인곡)도 '여미어 차다'의 의미로 어간복합어일 가능성이 있는 듯하나 '*니믜-'가 확인되지 않아 제외하였다. '훔썰다'는 '皓齒丹脣으로 훔썰며 감썰며'(청구 538)와 같은 예에서 확인되는데, 의미상 '훔치-＋썰-'의 결합일 가능성도 있으나 명확하지 않아 제외하였다.

근대국어 자료에서 확인되는 어간복합동사는 총 169개인데, 이 가운데 후기 중세국어부터 쓰이던 것이 83개이고, 근대국어에서 처음 확인되는 것이 86개이다. 이 86개 가운데 근대국어에서만 용례가 확인되는 것이 58개이고 이후 현대국어에서도 쓰임이 확인되는 것이 28개이다.

3.4.2. 복합형용사

후기 중세국어의 경우와 마찬가지로 근대국어에서도 복합동사에 비

---

27) '*줄굴다'는 '주굴위다'와 관련이 있는 듯하나 분명하지 않다.

해 복합형용사는 아주 적은 수의 단어만이 나타난다. 복합동사의 경우와 마찬가지로 (가) 유형과 (나) 유형은 목록만 제시하기로 하겠다.[28]

> (가) 후기 중세국어부터 현대국어까지 확인되는 복합형용사
>
> 감포르다, 검븕다, 검프르다, 굳세다, 놉눗갑다, 덮거츨다, 설우르다, 싁서늘ㅎ다

> (나) 후기 중세국어부터 근대국어까지 확인되는 복합형용사
>
> 덥듯ㅎ다, 됴쿶다, 뿓알프다, 얽머흘다

다음으로 근대국어에서 처음 확인되는 어간복합형용사를 (라)와 (마) 유형으로 나누어 검토하기로 하겠다.

> (라) 근대국어와 현대국어에서 확인되는 복합형용사
>
> 쁠알히다(刺疼, *쓰리-+알히-), 얕밉다(얕-+밉-), 줏밉다(줏-+밉-)

'쁠알히다[刺疼]'(박언 下:6ㄴ)는 '쓸알히다'(동해 下:6ㄴ)로도 나타나는데, '쓸알히다'는 '쓰리-'와 '알히-'의 결합으로 보인다. 그러므로, '쁠알히다'의 '쁠-'도 *쓰리-'에서 온 것일 가능성이 있다. '얕밉다'는 의미상 '밉다'보다 정도가 조금 덜하게 미운 상태를 나타내므로, '얕-'과 '밉-'의 결합으로 된 어간복합어로 처리하였다. '줏밉다'도 의미상 '밉다'보다 정도가 더한 상태를 말하는데, 우리는 이 단어를 '줏-[頻]'과 '밉-'이 결합하여 된 어간복합어로 보았다. 이 세 개의 복합어는 각각 현대국어의 '쓰라리다, 얕밉다, 잔밉다'로 이어진다.

---

28) (가) 유형과 (나) 유형의 단어들에 대한 분석은 3.3에 있다.

(마) 근대국어에서만 확인되는 복합형용사

　　감붉다(殷紅, 감-＋붉-), 알살픠다(앓-＋설픠-), 흑ㅂㅅㅅㅎ다(零碎, 흑
　　-＋[ㅂㅅㅅ＋ㅎ-]), 희조츨ㅎ다(白淨, 희-＋[조츨＋ㅎ-])

'감붉다'는 '內府엣 감블근 碼磝盤을'(두시 중16:38ㄴ)에서 확인할 수 있는데, 이 구절은 두시언해 초간본에서는 '內府엣 검블근 碼磝盤을'(두시 16:38ㄴ)으로 언해되었다. '감붉다'는 이 예 외에는 확인되지 않는다. '알살픠다'는 의미상 '앓-'과 '설픠-'의 결합인 것으로 보인다. '흑ㅂㅅㅅㅎ다[零碎]'(어록-개 8ㄴ)는 '흑-'과 'ㅂㅅㅅㅎ-'의 결합인 단어이고, '희조츨ㅎ다[白淨]'(방언 申:18ㄴ)는 '희-'와 '조츨ㅎ-'의 결합인 단어로, '[어간+[어근+ㅎ]]'의 결합 유형을 보여 준다.

　　정리하면, 근대국어에서는 총 19개의 어간복합형용사가 확인되는데 이 가운데 후기 중세국어부터 쓰이던 것이 12개이고 그 12개 가운데 현대국어까지 쓰임이 확인되는 것이 8개, 근대국어까지 쓰임이 확인되는 것이 4개이다. 그리고 근대국어 자료에서 처음 확인되는 단어가 7개인데, 그 가운데 근대국어에서만 확인되는 것이 4개, 현대국어에까지 쓰임이 이어지는 것이 3개이다.

3.4.3. 복합명사

다음으로 근대국어의 복합명사를 살펴보기로 하겠다.

(가) 후기 중세국어부터 현대국어까지 확인되는 복합명사

　　두디쥐, 부채, 붉쥐, 붓돌, 쓰믈

(나) 후기 중세국어부터 근대국어까지 확인되는 복합명사

　　비븨활

(라) 근대국어부터 현대국어까지 확인되는 복합명사

　　검금(黑礬, 검-＋금), 검버섯(검-＋버섯), 곳감(柿餠, 곳-＋감), 널다듬이
(넓-＋다듬이), 넙가래(枕, 넙-＋가래), 붓돗(붗-＋돍), 붉나모(붉-＋나모),
쌔짓(飄翎, 쌔-＋짓), 졉낫(졉-＋낫), 후릿그믈(후리-＋ㅅ＋그믈)

(라) 유형에는 10개의 복합명사가 확인된다. '검금'(방언 戌:19ㄴ)과 '검
버섯'(국한 20)은 선행성분이 형용사 어간 '검-'인 복합명사인데, 선행
성분이 색채어의 어간인 복합어는 현대국어에서는 상당히 많은 단어가
확인된다. '곳감'(역해 上:54ㄴ)은 동사 어간 '곳-'과 '감'의 결합일 가능
성도 있고, 명사 '곳'과 '감'의 결합일 가능성도 있다. 여기에서는 전자
로 보아 어간복합명사로 처리하였다. '넙가래'(물보 下:9ㄱ)는 '넙-'과
'가래'의 결합인 어간복합어인데 현대국어에서는 '넉가래'가 되었다.
'붓돗'(역해 下:8ㄴ)은 '붗-'과 '돍'이 결합한 복합어로 '타작마당에서
곡식에 섞인 티끌이나 쭉정이, 검부러기 따위를 날려 없애려고 바람을
일으키는 데 쓰는 돗자리'인데, '붗-'이 복합어의 선행성분으로 쓰인 예
는 '부채'에서도 확인된다.[29] 현대국어에서는 '부뚜'로 변하였다. '졉낫'
(해동 143)은 동사 어간 '졉-'과 '낫'의 결합으로 보이는데, '졉-'이 어
간복합어의 선행 성분으로 쓰인 예는 현대국어에서 상당수 나타난다.
'후릿그믈'(한청 10:24ㄱ)은 '후리-'와 '그믈' 사이에 사이시옷이 들어가
서 형성된 단어인 듯하다. 이외에 '논호막이'라는 단어도 있는데, [[논호
-＋막-]+-이]의 구조인 파생어로 보아 목록에서 제외하였다.

---

29) 3.2.3의 (28) 예문 참조

(마) 근대국어에서만 확인되는 복합명사

　　거르션(渡船, 거르-＋션), 거츨게(蠷蟱, 거츨-＋게), 검새(鷟, 검-＋새), 넙
　　창(洞腸, 넙-＋창), 덥치그물(덮치-＋그물), 듯겁ᄂᆞ믈(天名精, 둗겁-＋ᄂᆞ믈),
　　졉교의(折疊椅, 졉-＋교의), 폴버히옷(半臂, [폴＋버히-]＋옷), 흘긔눈(흘긔
　　-＋눈)

(마) 유형에는 9개의 예가 확인된다. '거르션'은 고유어 '거르-'와 한자
어 '船'이 결합하여 된 어간복합어이다. '폴버히옷'은 [[폴＋버히-]＋옷]
의 구성으로 추측되며 의미는 현대국어의 '반소매옷'에 해당한다.

　근대국어에서 확인되는 어간복합명사는 총 25개인데, 이 가운데 5개
는 현대국어에서도 쓰이는 단어이고, 1개는 근대국어까지 쓰인 단어이
다. 그리고 나머지 19개는 근대국어 자료에서 처음 확인되는 단어인데,
이 가운데 근대국어에서만 쓰인 복합명사가 9개이고, 현대국어에까지
쓰임이 이어지는 복합명사가 10개이다.

　이상에서 우리는 근대국어 자료에서 확인되는 복합어를 살펴보았다.
근대국어에서는 총 213개의 어간복합어가 확인되는데, 그 가운데 복합
동사가 169개, 복합형용사가 19개, 복합명사가 25개이다.

<표 3> 근대국어의 어간복합어

근대국어의 어간복합어 (213개)	동사	형용사	명사
	169개 (79.4%)	19개 (8.9%)	25개 (11.7%)

근대국어 어간복합어의 유형별 분포를 보면, 후기 중세국어와 비교할
때, 복합명사의 비중이 2.7%에서 11.7%로 눈에 띄게 커졌음을 알 수 있
다. 이러한 증가세는 현대국어에서는 더욱 두드러진다.

<표 4> 근대국어 어간복합어의 신조어

근대국어의 어간복합어	후기 중세국어부터 존재한 단어	근대국어에서 처음 확인되는 단어
복합동사(169개)	83개	86개
복합형용사(19개)	12개	7개
복합명사(25개)	6개	19개
합계(213개)	101개	112개

위의 표는 근대국어의 어간복합어 가운데 후기 중세국어부터 확인되는 단어와 근대국어에서 처음 확인되는 신조어를 분류한 것이다. 여기에서 보면 213개의 어간복합어 가운데 후기 중세국어 자료부터 확인되는 단어가 101개인 반면, 근대국어 자료에서 처음 확인되는 단어가 112개에 달한다. 이는 후기 중세국어에서뿐만 아니라 근대국어에서도 역시 어간복합어가 형성되고 있음을 보여 준다. 물론 후기 중세국어부터 존재하던 단어가 자료의 제약으로 인해 근대국어에서 처음 확인되는 경우도 없지는 않을 것이나 그러한 단어를 확인할 수 있는 방법이 현재로서는 없다. 또한 그런 단어가 있다 하더라도 근대국어에서 어간복합어가 생성된다는 사실에는 변함이 없을 것이다.

3.5. 현대국어의 어간복합어

현대국어에 나타나는 어간복합어는 『표준국어대사전』에 등재된 단어를 대상으로 그 뜻풀이를 확인하여 어간복합어로 분류될 수 있는 단어들을 정리하였다.[30] 그동안 현대국어에서는 어간복합어가 생산성이 없

---

30) 2.2.3에서 본 바와 같이 '덮씌우다, 짜주머니, 덮면' 등과 같은 신조어도 있으나 여기에서는 사전에 등재된 예를 대상으로 검토하였다.

다고 보았기 때문에 사전 뜻풀이에서 이를 다르게 해석한 경우가 적지 않게 확인된다. 먼저 사전에서 준말로 처리한 경우를 보기로 하겠다. 먼저 '꿇앉다'를 보면, "'꿇어앉다'의 준말'로 처리되어 있는데, '(물에) 개어'가 '(물에) 개'로 축약되는 것과는 달리 '꿇어'가 '꿇'로 축약되는 경우는 없다. 그러므로 우리는 '꿇앉다'는 'V_1+V_2'의 어간복합어'로, '꿇어앉다'는 'V_1+어$+V_2$'의 어미가 개재된 복합어로 처리하고자 한다. 또한 '낮보다'는 "'낮추보다'의 준말'로 처리되어 있는데, '낮추'가 줄어서 '낮'이 되기는 어렵다. 우리는 '낮보다'는 'V_1+V_2'의 어간복합어로, '낮추보다'는 부사 '낮추'와 동사 '보다'가 결합한 'Ad+V'의 복합어로 처리하고자 한다.

사전 표제어 가운데 전문어와 방언은 함께 살피되 북한어는 제외하였다. 북한어의 경우, 『표준국어대사전』에서 표제어로 인정하지 않은 어간복합어가 상당수 확인되는데, 이를 함께 처리할 경우 혼동이 생길 수 있기 때문이다. 참고로 말하면 북한어에서는 남한어보다 어간복합어가 더 광범위하게 쓰이고 있다. 남한에서 어간복합어의 형성방식이 현대국어에서 생산성이 없다고 본 반면 북한어에서는 그 생산성을 인정하고 있기 때문에 생긴 차이가 아닌가 한다.

그리고 동의어가 있는 단어의 경우는 『표준국어대사전』의 표제어에 매긴 어깨번호를 표시하여 구분하였다. 사전의 뜻풀이와 용례는 따로 제시하지 않았다.

3.5.1. 복합동사

현대국어에서 확인할 수 있는 어간복합동사는 앞에서 본 여섯 가지 유형 가운데, '(가) 후기 중세국어부터 현대국어까지 용례가 확인되는 어휘, (라) 근대국어부터 현대국어까지 용례가 확인되는 어휘, (바) 현대

국어에서만 용례가 확인되는 어휘'가 이에 해당한다. (가) 유형은 3.3.1
에서, (라) 유형은 3.4.1에서 논하였으므로 (가)와 (라)는 단어 목록만 제
시하기로 하겠다. 목록은 현대국어 어형으로 제시하기로 한다.

　(가´) 후기 중세국어부터 현대국어까지 확인되는 복합동사(현대국어의 어형)
　　　감돌다, 감물다, 건너다, 거닐다, 걸앉다[1], 겯지르다, 가다듬다, 나들다,
　　　넘나다[1], 넘치다, 넘놀다, 노닐다, 눅잦히다, 나닐다, 날솟다, 더위잡다, 도
　　　닐다, 도서다[1], 돌보다, 드나들다, 들놓다, 듣보다, 다니다, 뛰놀다, 만나다,
　　　무르녹다, 무르익다, 받들다, 벋디디다, 보살피다, 비틀다, 부르짖다, 붙당
　　　기다, 붙들다, 붙안다, 어루만지다, 얽매다, 엿보다, 오르내리다, 우닐다,
　　　우짖다, 이받다, 잡쥐다, 주무르다, 헤대다, 헤젓다, 후리쓸다, 휘두르다

'감물다'는 『표준국어대사전』에 북한어로 되어 있기는 하나 북한에서
새로 만든 단어가 아니라 후기 중세국어부터 존재하던 단어이므로 (가)
유형으로 처리하였다. '날솟다'는 후기 중세국어의 'ㄴ솟다'에서 온 단
어인데, 후기 중세국어에서 '놀-'의 'ㄹ'이 탈락을 겪은 것과 달리 현대
국어에서 '날솟다'는 '날-'은 'ㄹ'탈락'을 겪지 않았다. '들놓다'도 마찬
가지 경우인데, 사전에 '드놓다'는 "'들놓다'의 잘못'으로 처리되어 있
다. '둗니다'는 '다니다'로 어형이 바뀌어 현대국어에서는 복합어라는
인식이 없어졌으나 어원상 복합어가 확실하므로 여기에서 다루었다. 이
에 대해서는 4.1.2에서 다시 논하기로 한다.

　(라´) 근대국어부터 현대국어까지 확인되는 복합동사(현대국어의 어형)
　　　굶주리다, 굼닐다, 감빨다, 깔보다, 넘나들다, 날뛰다, 덮누르다, 드던지
　　　다, 붙동이다, 쓰다듬다, 숨뜨다, 시새우다, 씻가시다, 끼얹다, 어루더듬
　　　다, 얽동이다, 엎누르다, 여닫다, 엿듣다, 일깨우다, 잡쥐다, 헐뜯다, 헐벗
　　　다, 휘감다, 휘돌다, 흩날다, 흩뿌리다, 회번덕이다

(가´)와 (라´)는 우리가 3.3.1과 3.4.1에서 본 단어들을 현대국어의 어형으로 다시 정리한 것이다. 이제 현대국어에서 처음 확인되는 어간복합동사를 보기로 하자.

(바) 현대국어에서만 확인되는 복합동사

갈닦다(갈-+닦-), 갈바래다(갈-+바래-), 갈부수다(갈-+부수-), 감뛰다(감-+뛰-), 감빨다(감-+빨-), 감싸다(감-+싸-), 감씹다(감-+씹-), 갖추쓰다(갖추-+쓰-), 건몰다(건-+몰-), 건잡다(건-+잡-), 걷지르다(걷-+지르-), 걸채이다(걸-+[차-+이-]), 검기울다(검-+기울-), 고르잡다(고르-+잡-), 곧들다(곧-+들-), 곧차다(곧-+차-), 곯마르다(곯-+마르-), 곱꺾다(곱-+꺾-), 굽죄다(굽-+죄-), 굽질리다(굽-+질리-), 깔뜨다(깔-+뜨-), 꼬집다(꼬-+집-), 꿇앉다(꿇-+앉-), 끄집다[1](끌-+집), 낮보다(낮-+보-), 낮잡다(낮-+잡-), 넘내리다(넘-+내리-), 넘노닐다(넘-+노닐-), 넘늘어지다(넘-+[늘-+-어+지-]), 넘보다(넘-+보-), 높뛰다(높-+뛰-), 눅늘어지다(눅-+[늘-+-어+지-]), 늦들다(늦-+들-), 늦뿌리다(늦-+뿌리-), 늦심다(늦-+심-), 늦익다(늦-+익-), 늦자라다(늦-+자라-), 늦잡다(늦-+잡-), 늦잡죄다(늦-+[잡-+죄-]), 늦치르다(늦-+치르-), 달뜨다(달[1]-+뜨[1]-), 덮두들기다(덮-+두들기-), 덮싸다(덮-+싸-), 덮싸쥐다(덮-+[싸-+쥐-]), 덮쌓다(덮-+쌓-), 돋보다(돋-+보-), 드날리다[1](들-+날리-), 드다루다(들-+다루-), 들앉다(들-+앉-), 들엎드리다(들-+엎드리-), 들엎디다(들-+[엎-+디-]), 들오다(들-+오-), 무뜯다(물-+뜯-), 무르끓다(무르-+끓-), 묵삭다(묵-+삭-), 묵새기다(묵-+새기-), 미당기다(밀-+당기-), 밀막다(밀-+막-), 밀맡기다(밀-+[맡-+기-]), 밀몰다(밀-+몰-), 밉보다(밉-+보-), 바르집다(바르-+집-), 받내다(받-+내-), 번나가다(번-+[나-+가-]), 번나다(번-+나-), 번놀다(번-+놀-), 번놓다(번-+놓-), 번딛다(번-+딛-), 번서다(번-+서-), 벗가다(벗-+가-), 벗나가다(벗-+[나-+가-]), 붙견디다(붙-+견디-), 붙동이다(붙-+동이-), 붙따르다(붙-+따르-), 붙매이다

(붙-+[매-+이-]), 붙박다(붙-+박-), 붙움키다(붙-+움키-), 붙죄다(붙-+
죄-), 빌붙다(빌-+붙-), 빨다리다(빨-+다리-), 뻗디디다(뻗-+디디-), 뻗
딛다(뻗-+딛-), 뻗서다(뻗-+서-), 살죽다(살-+죽-), 섞갈리다(섞-+[가르
-+이-]), 섞바꾸다(섞-+바꾸-), 섞사귀다(섞-+사귀-), 설굳다(설-+굳-),
설굽다(설-+굽-), 설깨다(설-+깨-), 설다루다(설-+다루-), 설데치다(설
-+데치-), 설되다(설-+되-), 설듣다(설-+듣-), 설마르다(설-+마르-), 설
맞다(설-+맞-), 설보다[1](설-+보-), 설삶다(설-+삶-), 설익다(설-+익-),
설자다(설-+자-), 설잡다(설-+잡-), 설잡죄다(설-+[잡-+죄-]), 설차다
(설-+차-), 설취하다(설-+취하-), 솟보다(솟-+보-), 씻부시다(씻-+부시
-), 얕보다(얕-+보-), 얕잡다(얕-+잡-), 어녹다(얼-+녹-), 어루꾀다(어루
-+꾀-), 어루달래다(어루-+달래-), 어리비치다(어리-+비치-), 얼녹다(얼
-+녹-), 얼마르다(얼-+마르-), 얼부풀다(얼-+부풀-), 얼붙다(얼-+붙-),
얽섞이다(얽-+[섞-+이-]), 엎누르다(엎-+누르-), 엎쓸다(엎-+쓸-), 엿
살피다(*엿-+살피-), 옥갈다(옥-+갈-), 옥깨물다(옥-+깨물-), 옥다물다
(옥-+다물-), 옥물다(옥-+물-), 옥붙다(옥-+붙-), 옥죄다(옥-+죄-), 옭
걸다(옭-+걸-), 옭매다(옭-+매-), 잔갈다(잘-+갈-), 잔널다(잘-+널-),
잔다듬다(잘-+다듬-), 잡매다(잡-+매-), 잦다듬다(잦-+다듬-), 잦쥐다
(잦-+쥐-), 접개다(접-+개-), 쥐빚다(쥐-+빚-), 지르감다(지르-+감-),
지르끼다(지르-+끼-), 지르누르다(지르-+누르-), 지르되다(지르-+되-),
지르디디다(지르-+디디-), 지르물다(지르-+물-), 지르밟다(지르-+밟-),
지르보다(지르-+보-), 지르신다(지르-+신-), 지지누르다(지지-+누르-),
찌삶다(찌-+삶-), 휘감치다(휘-+[감-+치-]), 휘늘어지다(휘-+[늘-+어
-+지-), 휘더듬다(휘-+더듬-), 휘덮다(휘-+덮-), 휘둘러보다(휘-+[둘-
(←두르-)+어-+보-]), 휘말다(휘-+말-), 휘몰다(휘-+몰-), 휘젓다(휘-+
젓-), 흘리띄우다(흘리-+[뜨-+이-+우-]), 흘리젓다(흘리-+젓-), 흩던지
다(흩-+던지-)

현대국어의 어간복합동사는 총 236개가 확인되는데 그 가운데 후기 중세국어부터 존재하던 단어가 50개, 근대국어부터 존재하던 단어가 28개, 현대국어에서 새로이 확인되는 단어가 158개이다.[31] 우리는 후기 중세국어의 복합어와 관련된 논의에서 'V₁+V₂' 구성이 그 구성 어기 의미의 단순한 합일 경우, 복합어가 아니라 구일 가능성이 있다는 논의를 살펴보았는데, 그 근거는 후기 중세국어에 존재하던 '용언 어간의 자립적인 유리성'에서 기댄 것이었다. 그러나 우리는 현대국어에서도 그러한 예들을 확인할 수 있는바, '빨다리다, 찌삶다, 높뛰다' 등이 그 예이다. 만약 이 단어들을 복합어로 인정하지 않는다면 현대국어에서도 용언 어간의 자립적인 유리성이 존재한다고 보아야 할 것이다. 그러므로 이 단어들은 어간복합어로 보아야 한다.

'감뛰다'는 '둘레나 언저리를 빙빙 돌며 뛰다'의 의미인데, 이처럼 '감-'이 어간복합어의 선행성분으로 쓰인 예로는 '감돌다, 감싸다, 감치다²' 등이 있다. '걸채이다'는 ['걸-+[차-+이-]'의 결합으로 피동사가 어간복합어의 구성 성분으로 쓰인 예이다. '검기울다'는 '검은 구름이 퍼져서 해가 가려지고 날이 차차 어두워지다'의 의미로 형용사 어간과 동사 어간이 결합하여 동사를 만든 예이다. 이처럼 형용사 어간과 동사 어간이 결합하여 된 어간복합동사로 '고르잡다, 곧듣다, 곧차다, 낮보다, 낮잡다, 높뛰다' 등이 있다.

다음으로 '곧듣다'는『표준국어대사전』에 '곧이듣다'의 동의어로 처리되어 있는데, '곧이듣다'는 '곧-+이'가 결합하여 된 부사 '곧이'와 동사 '듣-'이 결합하여 된 복합어이다. 이에 반해 '곧듣다'는 형용사 어간 '곧-'과 동사 어간 '듣-'이 결합하여 된 어간복합어다. '꼬집다'는 단일어인 것으로 처리되어 있으나 그 의미상 동사 어간 '꼬-'와 '집-'이 결

---

31) 이 가운데에는 물론 근대국어 이전부터 쓰이던 단어가 있을 수도 있으나 현존하는 근대국어 이전의 문헌에서 그 용례가 확인되지 않는 한, 그것을 확인할 수 있는 방법이 없다.

합하여 된 어간복합어이다. '끄집다'는 사전에 '끌-'과 '집-'이 결합하여 된 어간복합어로 처리되어 있다. '늦심다, 늦익다, 늦자라다, 늦잡다, 늦치르다' 등의 단어에서 '늦-'은 용언 어간으로서의 의미가 그대로 살아 있어 접두사로 처리하지 않고 어간복합어로 보았다. '늦잡도리다'라는 단어도 있는데, '잡도리다'가 '잡도리하다'에서 온 것으로 보이나 분명하지 않아 목록에서 제외하였다. '들오다'는 '들어오다'의 준말로 처리되어 있으나, '들-'과 '오-'가 결합하여 된 어간복합어로 보았다. 이렇게 동작과 관련된 복합어로는 '도서다[1]'이 있다.

'살죽다'는 '살고 죽고 하다'의 의미로 후기 중세국어에 있었던 '죽살다'와 유사한 의미의 단어이다. '죽살다'는 현대국어에서 사어가 되었는데,[32] 이와 유의어인 '살죽다'가 존재한다는 것은 흥미로운 일이다. 섞갈리다'는 '섞-'과 '가르-'의 피동사인 '갈리-'가 결합한 복합어이다. '설굳다'는 '설게 굳다'의 의미로 '설-'에 용언 어간의 의미가 그대로 있어 접두사로 처리하지 않고 어간복합어로 보았다.

'엿살피다'는 후기 중세국어나 근대국어에서는 확인되지 않던 단어이다. 이 단어는 현대국어 이전 시기에 존재했으나 문헌에서 확인되지 않는 것일 가능성과 '엿보다, 엿듣다'에 유추되어 현대국어에서 새로 형성된 단어일 가능성이 있다. 전자로 보면 어간복합어라고 할 수 있으나 문헌에서 확인되지 않기 때문에 그 이전 시기에 존재하였다고 볼 수 있는 근거가 없다. 후자로 보면 '엿-'이 동사 어간에서 접사로 문법화하고 있다고 볼 수 있으나 '엿-'이 선행성분으로 들어간 단어가 이 하나에 불과하여 단정하기 어렵다. 만약 접사화가 되었다면 더 많은 파생어의 예가 확인되어야 할 것이기 때문이다. 여기에서는 어간복합어로 처리하였다.

'어루달래다'는 '어루더듬다'의 제주 방언이고, '엎쓸다'는 '휩쓸다'의

---

32) 현대국어에서는 '[죽-＋살-]＋-이]'의 구조인 파생명사 '죽살이'만 확인된다.

경남 방언이다. '옥물다'는 '악물다'의 잘못으로 처리되어 있으나, '옥
-+물-'이 결합한 어간복합어이므로 목록에 포함시켰다. '잗갈다, 잗널
다, 잗다듬다'의 선행 성분인 '잗-'은 형용사 어간 '잘-'에서 온 것이
다.[33] '찌삶다'는 '찌고 삶고 하다'의 의미로, 근대국어의 '굽지지다'와
마찬가지로 비슷한 의미의 어간이 대등하게 결합한 경우이다.

다음으로 우리가 위에서 본 어간복합어에 접사가 연결되어 파생어가
된 예들을 잠깐 살펴보기로 하겠다. 먼저 파생명사로는 '갈닦이, 걷몰이.
곱꺾이, 붙박이, 여닫이, 휘몰이' 등이 있다. 그리고 강세동사로는 '여닫
치다'가 있다. 그리고 사동사로는 '설익히다, 어눅이다' 그리고 피동사
로는 '감빨리다, 걷잡히다, 곱꺾이다, 낮보이다, 넘보이다, 덮쌓이다, 돋
보이다(돋뵈다), 밉보이다, 벋놓이다, 붙딸리다, 붙박이다, 섞바뀌다, 설
굳히다, 설삶기다, 설잡히다, 엎눌리다, 엎쓸리다, 여닫히다, 옥갈리다,
옭매이다' 등이 사전에 등재되어 있다. 그런데 이 예들이 다 파생어라고
보기는 어렵다. 예를 들어 '넘보이다'를 보면, '넘-+[보-+이-]'와 '[넘
-+보-]+이-'가 둘 다 가능한데, 전자로 보면 복합어가 되고, 후자로
보면 파생어가 된다. '넘보이다'의 경우『표준국어대사전』에서도 이 두
가지 의미를 구분하여 뜻풀이하고 있는바, '① 어떤 경계의 너머에 있
는 것이 보이다. ② '넘보다②'의 피동사'라고 하고 있다. ①은 '넘-+
[보-+이-]'로 분석한 것으로 어간복합어이고, ②는 '[넘-+보-]+이-'
로 분석한 것으로 파생어이다. 특히 이렇게 단어의 후행성분이 '보이다'
인 경우는 의미상 $[[V_1+V_2]+이-]$ 구성의 파생어일 가능성과 $[V_1+[V_2+
이-]]$ 구성의 어간복합어일 가능성이 다 있다. 다시 말해서 '낮보다, 넘
보다, 돋보다, 밉보다' 등의 피동사인 '낮보이다, 넘보이다, 돋보이다, 밉
보이다' 등은 의미상 각각 용언 어간 '낮-, 넘-, 돋-, 밉-'이 '보다'의

---

33) 파생어 '잗다랗다'도 '잘다랗다'에서 온 것인데, '잘-'이 왜 '잗-'으로 변하였는지
는 알 수 없다.

피동사 '보이다'와 결합한 어간복합어일 가능성도 있다는 것이다. 특히 '돋보이다'와 '밉보이다'는 의미나 쓰임의 빈도로 보아 그러한 가능성이 더 많다. 이 외에 '붙매이다'라는 단어를 보면, 피동사만이 확인되어 '붙-+매이-'의 결합으로 보았는데, 북한어에는 '붙매다'가 표제어로 등재되어 있다. 만약 '붙매다'가 등재된다면 이 단어 역시 두 가지 해석 가능성이 있을 것이다.

3.5.2. 복합형용사

다음으로 현대국어에서 확인되는 어간복합형용사를 보기로 하자. 여기에서도 복합동사와 마찬가지로 (가)와 (라) 유형은 현대국어의 어형을 제시하기로 하겠다.

(가′) 후기 중세국어부터 현대국어까지 확인되는 복합형용사(현대국어의 어형)
  감파르다, 검붉다, 검푸르다, 굳세다, 높낮다, 덩거칠다, 설부르다, 시서늘하다

'높낮다'는 『표준국어대사전』에 북한어로 처리되어 있으나 '높낮은 봉우리, 높낮은 서열'과 같은 실제 예가 확인되어 남한에서도 쓰이는 단어임을 알 수 있다.[34]

(라′) 근대국어와 현대국어에서 확인되는 복합형용사(현대국어의 어형)
  쓰라리다, 얄밉다, 잔밉다

---

34) 인터넷 검색 엔진 '야후'로 검색하였을 때 10개 이상의 용례가 확인된다.

(가′)와 (라′)의 단어들에 대한 분석은 3.3.2와 3.4.2에서 이루어졌으므로 여기에서는 목록만 제시하기로 한다.

다음으로 현대국어에서만 확인되는 복합형용사인 (바) 유형을 보기로 하겠다. 앞에서도 그러하였지만, 여기에서도 한쪽 어간이 공시적으로나 통시적으로 단독으로 쓰인 예가 확인되지 않으면 목록에서 제외하였다. 예를 들어 '감파르잡잡하다'의 경우, '감-'과 '파르잡잡하-'의 결합으로 보이나 '파르잡잡하다'가 확인되지 않으므로 제외하였다. 반면 '감파르족족하다'는 '파르족족하다'가 공시적으로 확인되므로 어간복합형용사로 처리하였다. 그리고 앞에서 본 바와 같이 어간복합형용사에는 '[어간+[어근+하-]]'의 구조를 가지는 복합어가 많다. 예를 들어 '고리타분하다, 널펀펀하다, 맵싸하다'와 같은 단어는 '[고리-+타분-]+하-, [넓-+펀펀]+하-, [맵-+싸-]+하-'의 구조로 보지 않고, '고리-+[타분-+하-], 넓-+[펀펀-+하-], 맵-+[싸-+하-]'의 구조로 보았는데, 이는 '고리타분-, 널펀펀-, 맵싸-'라는 새로운 어근을 설정하는 것보다 각각 단독형으로 쓰이는 어간과 '어근+하-'형이 의미상 대등한 관계를 가지면서 결합한 것으로 보는 것이 더 낫다고 판단하였기 때문이다.

(바) 현대국어에서만 확인되는 복합형용사

    감노랗다(감-+노랗-), 감노르다(감-+노르-), 감파랗다(감-+파랗-), 감파르족족하다(감-+[파르족족-+하-]), 감푸르다(감-+푸르-), 검누렇다(검-+누렇-), 검누르다(검-+누르-), 검묽다(검-+묽-), 검불그스름하다(검-+[붉-+으스름하-]), 검붉다(검-+붉-), 검뿌옇다(검-+뿌옇-), 검퍼렇다(검-+퍼렇-), 검푸르다(검-+푸르-), 검푸르죽죽하다(검-+[푸르죽죽-+하-]), 고리삭다(고리-+삭-), 곧바르다(곧-+바르-), 고리타분하다(고리-+[타분-+하-]), 고리탑탑하다(고리-+[탑탑-+하-]), 구리터분하다(구리-+[터분-+하-]), 구리텁텁하다(구리-+[텁텁-+하-]), 길동그랗다(길-+동그랗-), 길동글다(길-+동글-), 길둥그렇다(길-+둥그렇-), 길둥글다(길

-+둥글-), 낡삭다(낡-+삭-), 널펀펀하다(넓-+[펀펀-+하-]), 넓둥글다(넓-+둥글-), 넓삐죽하다(넓-+[삐죽+하-]), 높나직하다(높-+[나직-+하-]), 높푸르다(높-+푸르-), 누르뻑뻑하다(누르-+[뻑뻑-+하-]), 누르칙칙하다(누르-+[칙칙-+하-]), 누르퉁퉁하다(누르-+[퉁퉁+하-]), 느리터분하다(느리-+[터분-+하-]), 달보드레하다(달-+[보드레-+하-]), 돋나다(돋-+나-), 동글갸름하다(동글-+[갸름-+하-]), 동글납대대하다(동글-+[납대대-+하-]), 동글납작하다(동글-+[납작-+하-]), 동글반반하다(동글-+[반반-+하-]), 둥글납작하다(둥글-+[납작²-+하-]), 둥글넓데데하다(둥글-+[넓데데-+하-]), 둥글넓적하다(둥글-+[넓적-+하-]), 둥글번번하다(둥글-+[번번-+하-]), 둥글삐죽하다(둥글-+[삐죽+하-]), 맵싸하다(맵-+[싸-+하-]), 맵짜다(맵-+짜-), 맵차다(맵-+차-), 붉누르다(붉-+누르-), 설미지근하다(설-+[미지근-+하-]), 시들마르다(시들-+마르-), 싱검털털하다(싱겁-+[털털-+하-]), 얕푸르다(얕-+푸르-), 어두침침하다(어둡-+[침침-+하-]), 어두캄캄하다(어둡-+[캄캄-+하-]), 어두컴컴하다(어둡-+[컴컴-+하-]), 어둠침침하다(어둡-+[침침-+하-]), 엷붉다(엷-+붉-), 엷파랗다(엷-+파랗-), 엷푸르다(엷-+푸르-), 올곧다(옳-+곧-), 올바르다(옳-+바르-), 재빠르다(재⁵-+빠르-), 잦바듬하다(잦²-+바듬하-), 젖버듬하다(솟²-+버듬하-), 짙붉다(짙-+붉-), 짙푸르다(짙 +푸르-), 코리타분하다(코리-+[타분-+하-]), 코리탑탑하다(코리-+[탑탑-+하-]), 쿠리터분하다(쿠리-+[터분-+하-]), 쿠리텁텁하다(쿠리-+[텁텁-+하-]), 크넓다(크-+넓-), 푸르누렇다(푸르-+누렇-), 푸르싱싱하다(푸르-+[싱싱-+하-]), 흐리터분하다(흐리-+[터분-+하-]), 희넓적하다(희-+[넓적-+하-]), 희누르스레하다(희-+누르스레하-), 희누르스름하다(희-+[누르-+스름하-]), 희말쑥하다(희-+[말쑥-+하-]), 희맑다(희-+맑-), 희멀겋다(희-+멀겋-), 희멀끔하다(희-+[멀끔-+하-]), 희멀쑥하다(희-+[멀쑥-+하-]), 희묽다(희-+묽-), 희번드르르하다(희-+[번드르르-+하-]), 희번지르르하다(희-+[번지르르-+하-]), 희부옇다(희-+부옇-), 희불그레하다(희-+[붉

-+으레하-]), 희붉다(희-+붉-), 희뿌옇다(희-+뿌옇-)

현대국어에서 어간복합형용사는 총 101개가 확인되는데, 이 가운데 후기 중세국어부터 쓰이던 것이 8개, 근대국어부터 확인되는 것이 3개인 반면, 현대국어에서 처음 확인되는 것이 90개이다. 후기 중세국어 이후 생산성이 없어졌다고 보았던 어간복합어가 형용사의 경우는 오히려 그 수가 늘어났음을 알 수 있다. 복합형용사의 의미는 주로 두 구성 성분의 의미의 단순한 합인 경우가 많은데, '높푸르다, 낡삭다, 맵짜다, 시들마르다, 푸르싱싱하다' 등이 그 예이다. 이처럼 두 구성 성분 의미의 단순한 합인 의미를 나타내는 어간복합어는 후기 중세국어에서 구로 의심되었던 예들이다. 만약 후기 중세국어에서 이러한 구성의 복합어가 구라면 현대국어에서 나타나는 이 예들도 역시 구로 처리되어야 할 것이다. 그러나 현대국어의 이 예들이 구가 아니듯 후기 중세국어에서 나타나는 예들도 구로 보기는 어려울 것이다. 또한 '엷붉다, 엷파랗다, 엷푸르다'와 같은 예의 경우, 후기 중세국어에서라면 의미상 '엷'이 후행 성분을 수식하기 때문에 '엷다'에서 온 영변화 파생부사라고 기술되었을 만한 예이다. 그러나 이는 용언 어간으로 보아야 하며 어간복합어의 선행성분으로 처리되어야 한다. 지금까지 후기 중세국어에서 영변화 파생부사로 처리되어 온 예들도 혹시 용언 어간이 아닌지 검토할 필요가 있을 것이다.

그러므로 우리는 후기 중세국어부터 현대국어까지 확인되는 'V₁+V₂'형 구성을 후기 중세국어에서는 구나 통사적 복합어로, 현대국어에서는 어간복합어로 처리하지 않고 후기 중세국어나 근대국어나 현대국어나 동일하게 어간복합어로 처리하고자 한다. 위의 예들에서 알 수 있듯이 시대적 차이는 있으나 어간복합어의 구성원리에 있어서는 차이가 간취되지 않기 때문이다.

'누르뻑뻑하다, 누르퉁퉁하다'는 색채어가, 색채어가 아닌 형용사의 선행성분으로 쓰인 예이다. '돋나다'는 '인품이 두드러지게 뛰어나다'의 의미인데, 동사 어간과 동사 어간이 만나 형용사가 된 예이다. '검불그스름하다'는 '검-+[붉-+으스름하-]'와 '[검-+붉-]+으스름하-'의 두 가지 가능성이 있으나 여기에서는 전자로 보아 복합어로 처리하였다. '희불그레하다'도 '희-+[붉-+으레하-]'로 보면 복합어이고, '[희-+붉-]+으레하-'로 보면 파생어이나 여기에서는 전자로 보아 어간복합어로 처리하였다. '올곧다'와 '올바르다'의 '올'은 '실이나 줄의 가닥'을 의미하는 명사 '올'일 가능성도 있으나 의미상 형용사 어간 '옳-'로 보는 것도 가능하여 어간복합어로 처리하였다.[35]

3.5.3. 복합명사

(가´) 후기 중세국어부터 현대국어까지 확인되는 복합명사(현대국어의 어형)

두더지, 부채, 박쥐, 숫돌, 뜨물

(라´) 근대국어부터 현대국어까지 확인되는 복합명사

정금, 검버섯, 곳간, 넙다듬이, 넉가래, 부뚜, 붉나무, 빼깃, 접낫, 후릿그물

'정금'은 근대국어의 '검금'에서 온 말인데, 복합어라는 의식이 약화된 예이다. '넉가래', '부뚜'도 마찬가지로 '넙가래', '붓돗'에서 온 단어이나 복합어 의식이 약화되었다. 이 예들에 대해서는 4.1.1에서 다른 예들과 함께 검토하기로 하겠다.

이제 현대국어에서 처음 확인되는 어간복합명사를 살펴보기로 하자. 앞에서 검토한 바와 같이 후기 중세국어에서는 어간복합명사가 7개, 근

---

35) 물론, 용언 어간 '옳-'이라면, '올콘다, 올파르다'가 될 가능성도 있다.

대국어에서는 25개 확인되는데 이는 후기 중세국어에 비해 근대국어에서 'V+N'형 복합어의 형성이 더 많이 일어났음을 보여 준다. 이러한 증가세는 현대국어에서도 마찬가지이다.

(바) 현대국어에서만 확인되는 복합명사

감밭(감-+밭), 감파랑(감-+파랑), 건너편(건너-+便), 건넛방(건너-+ㅅ+방), 건넛마을(건너-+ㅅ+마을), 건넛산(건너-+ㅅ+산), 건넛집(건너-+ㅅ+집), 검노랑(검-+노랑), 검노린재(검-+노린재), 검독수리(검-독수리), 검물벼룩(검-+[물+벼룩]), 검물잠자리(검-+[물+잠자리]), 검보라색(검-+보라색), 검자주색(검-+紫朱色), 검자줏빛(검-+자줏빛), 검팽나무(검-+[팽+나무]), 곧뿌림(곧-+뿌림), 검회색(검-+灰色), 곧창자(곧-+창자), 곱구슬(곱⁴-[曲]+구슬), 곱상(곱²-[麗]+相), 곱자(곱⁴-[曲]+자), 굳기름(굳-+기름), 굳돌(굳-+돌), 굳비늘(굳-+비늘), 굳뼈(굳-+뼈), 굽가락지(굽-+가락지), 굽성(굽-+性), 깎낫(깎-+낫), 꺾괄호(꺾-+括弧), 꺾쇠(꺾-+쇠), 꺾자(꺾-+字), 꺾창(꺾-+槍), 나눗셈(나누-+ㅅ+셈), 나눗수(나누-+ㅅ+數), 넓미역(넓-+미역), 노느몫(노느-+몫), 높다락(높-+), 높바람(높-+바람), 높샌구름(높-+[쌔-+ㄴ+구름), 높하늬바람(높-+[하늬+바람]), 늙바탕(늙-+바탕), 늙판(늙-+판), 늦가을(늦-+가을), 늦갈이(늦-+갈이), 늦감자(늦-+감자), 늦거름(늦-+거름), 늦거리(늦-+거리⁴), 늦겨울(늦-+겨울), 늦공부(늦-+공부), 늦과일(늦-+과일), 늦김치(늦-+김치), 늦닭(늦-+닭), 늦더위(늦-+더위), 늦동지(늦-+冬至), 늦모(늦-+모), 늦물¹(늦-+物), 늦물²(늦-+물¹[水]), 늦바람(늦-+바람), 늦밤(늦-+밤²[栗]), 늦밭갈이(늦-+[밭+[갈-+-이]]), 늦배(늦-+배¹[腹]), 늦벼(늦-+벼), 늦보리(늦-+보리), 늦복(늦-+福), 늦복숭아(늦-+복숭아), 늦봄(늦-+봄), 늦부지런(늦-+부지런), 늦새끼(늦-+새끼), 늦서리(늦-+서리), 늦여름(늦-+여름), 늦잎(늦-+잎), 늦자식(늦-+자식), 늦작물(늦-+작물), 늦잠(늦-+잠), 늦장(늦-+場), 늦장가(늦-+장가), 늦장마(늦-+장마), 늦재주(늦-+재주), 늦저녁(늦-+저녁), 늦점심(늦-+점심), 늦철(늦-+철[1]), 늦체(늦-+滯), 늦콩(늦-+콩), 늦팥(늦-+팥), 늦풀(늦-+풀[2][草]), 늦하늬(늦-+하늬), 늦하늬바람(늦-+[하늬+바람]), 늦호박(늦-+호박), 늦휴가(늦-+休暇), 다듬가위(다듬-+가위), 다듬대(다듬-+대), 다듬면(다듬-+面), 다듬몸돌(다듬-+몸돌), 다듬재단(다듬-+裁斷), 더듬감각(더듬-+感覺), 덮그물(덮-+그물), 덮깃(덮-+깃), 덮밥(덮-+밥), 돋새김(돋-+새김), 동글붓(동글-+붓), 되두부(되[4]-+두부), 되비지(되[4]-+비지), 두텁떡(두텁-+떡), 둥글돔(둥글-+돔), 둥글먼지벌레(둥글-+[먼지+벌레]), 둥글목람가뢰(둥글-+목람가뢰), 둥글무늬바퀴([둥글-+무늬]+바퀴), 맺씨(맺-+씨), 몰표(몰-+표), 묵나물(묵-+나물), 묵뫼(묵-+뫼), 묵무덤(묵-+무덤), 묵밭(묵-+밭), 묵솜(묵-+솜), 밉상(밉-+相), 밉성(밉-+性), 받대접(받-+待接), 받돌(받-+돌), 받줄(받-+줄), 밟다듬이(밟-+[다듬-+-이]), 벋다리(벋-+다리), 붉가시나무(붉-+[가시+나무]), 붉돔(붉-+돔), 붉벤자리(붉-+벤자리), 붉오동(붉-+오동), 붙장(붙-+欌), 붙접(붙-+접), 섞흐름(섞-+[흐르-+ㅁ]), 시들방귀(시들-+방귀), 시들병(시들-+病), 어울무덤(어울-+무덤), 얼망(얽-+網), 얽매그물([얽-+매-]+그물), 옥까뀌(옥-+까뀌), 옥낫(옥-+낫), 옥니(옥-+니), 옥다리(옥-+다리), 옥생각(옥-+생각), 옥셈(옥-+셈), 옥자귀(옥-+자귀), 옥자새(옥-+자새), 옥장사(옥-+장사), 옭마디(옭-+마디), 옭매듭(옭-+매듭), 잔주름(잘-+주름), 잔징(잘-+징), 접관(접-+冠), 접낫(접-+낫), 접문(접-+문), 접부채(접-+부채), 접요(접-+요), 접자(접-+자), 접장(접-+張), 접창(접-+窓), 접칼(접-+칼), 접초롱(접-+초롱), 접톱(접-+톱), 죽상(죽-+相), 째못(째-+못), 쪼개접(쪼개-+接), 튀밥(튀-+밥), 후리장(후리-+場), 후리채(후리-+채), 후릿가래질(후리-+ㅅ+[가래+질]), 후릿고삐(후리-+ㅅ+고삐), 후릿줄(후리-+ㅅ+줄), 희갈색(희-+[갈+색]), 희누른색(희-+[누르-+ㄴ+색])

현대국어의 어간복합명사는 총 184개가 확인되는데 이 가운데 후기 중세국어부터 쓰이던 단어가 5개, 근대국어부터 쓰이던 단어가 10개이고, 나머지 169개는 현대국어에서 처음 확인되는 단어이다.

복합명사의 경우는 후행 명사가 한자어인 경우가 적지 않게 나타난다. 예를 들면, '건너편, 곱상, 밉상' 등이 그 예이다. 근대국어 이전 어간복합어에서는 후행성분이 한자어인 경우가 그리 많지 않았는데, 현대국어에서는 상당한 수의 단어가 확인된다. 이 사실에서도 우리는 어간복합명사가 이전 시대보다 다양하게 형성된다는 것을 확인할 수 있다. 그리고 선행 어간과 후행 명사 사이에 사이시옷이 개재된 경우도 적지 않게 나타난다. 예를 들어 '건넛방'은 '건너-＋ㅅ＋방'의 구성으로 단순히 '건너편에 있는 방'의 의미를 가진다. 이 경우, '건너-'는 단순히 '건너편'의 의미를 가져, '안방에서 대청을 건너 맞은편에 있는 방'의 의미를 가진 '건넌방'의 '건너-'와는 차이가 있다. '건너편, 건넛방, 건넛마을, 건넛산, 건넛집'의 '건너-'는 동사 어간일 가능성과 명사 '건너'일 가능성이 다 있으나 여기에서는 전자로 보았다. '건넛방, 건넛마을, 건넛산, 건넛집'은 중간에 사이시옷이 있어 '건너'를 명사로 볼 수도 있을 듯하나 '나눗셈'의 형성 원리를 고려한다면 어간 뒤에 사이시옷이 오는 것이 불가능한 것이 아님을 알 수 있다.

'늦물[1]'은 '제철보다 늦게 열린 과일이나 늦게 잡힌 고기'의 의미이고, '늦물[2]'는 '제철보다 늦게 지는 홍수'의 의미이다. '늦-' 류는 어간복합어 가운데 가장 많은 예가 확인되는데, 앞에서 보았듯이 이는 '늦-'을 접사라고 보아 어법에 맞다고 보았기 때문일 가능성도 있다.

'다듬대'는 '홍두깨'의 함경 방언함경이다. '되두부'는 '콩을 불려 갈아서 호박이나 호박순을 넣고 끓인 음식'을 말하는데 '되비지'와는 동의어로 되어 있다. '되두부'와 '되비지'라는 이름은 콩을 되게 갈아 만들었기 때문에 붙여진 이름이므로 선행성분 '되-'는 '반죽이나 밥 따위가 물기가 적어 빡빡하다'라는 의미를 나타내는 용언 어간이라고 볼 수 있다.[36]

'묵다'의 어간이 어간복합어의 선행 성분으로 사용되던 예는 후기 중세국어에서는 거의 확인되지 않았는데 현대국어에서는 다양하게 확인된다. '묵삭다. 묵새기다'와 같은 동사나 '묵나물, 묵뫼, 묵밭, 묵솜' 등과 같은 명사가 그 예이다. 그리고 '붙접'은 '가까이 하거나 붙따라 기대는 일'의 의미를 가지는데, 여기에서의 '접'은 의미상, '접(接)하다'의 어근인 '접'으로 보인다. 그렇다면, '붙접'은 복합어의 후행 성분이 어근인 특이한 예가 된다.

'접관, 접낫, 접부채, 접요, 접자, 접칼, 접초롱, 접톱' 등의 단어에서 선행 성분인 '접-'은 동사 어간 '접-'으로 보인다. 그런데 이 '접다'의 '접-'은 한자 '摺'과 관련이 있는 듯하다. 『표준국어대사전』에 보면, '접등(摺燈), 접지(摺紙), 접의자(摺倚子), 접책(摺冊), 접침(摺枕), 접침상(摺寢牀)' 등과 같은 한자어도 나오는데, 여기에서의 '접(摺)'은 '접다'의 '접-'과 의미가 유사하다. 또한, '접자, 접칼'의 동의어로 '접척(摺尺), 접도(摺刀)'도 나오는데, 전자는 동사 어간 '접-'에서 온 것이고, 후자는 한자 '摺'에서 온 것으로 되어 있다. 이로 미루어 국어의 '접다'는 한자 '摺'과 의미상 유연성이 있는 듯하다. 김완진(1970)과 심재기(1982:50~54)에서는 우리가 고유어로 알고 있는 단어 가운데 중국으로부터 들어온 차용어인 단어를 밝히고 있는바, 동사 가운데 '적다[記], 스다[書], 녀믜다[祈]'와 '겼다[折], 딕다[點], 닿다[達], 재다[積], 디다[落]' 등이 차용어일 가능성이 있다고 하였다. 이런 관점으로 본다면, '접다'도 고대국어 시기에 국어에 들어온 차용어일 가능성이 있다. 만약 '접다'가 한자 '摺'에서 차용된 단어라고 하더라도 고유어화한 이상, '접관, 접낫, 접부채' 등을 어간복합어로 보는 데는 무리가 없을 것이다.

또한 '곱상, 밉상, 죽상' 등은 전부 사람의 관상과 관련된 단어이다. '죽상'은 '죽을상'으로도 나온다.

---

36) 『이정섭의 맛있는 우리음식』(1999, 서울문화사)을 보면, '되비지찌개'는 콩을 되직하게 갈아 만들었다 하여 붙여진 이름으로, 평안도나 황해도 지방에서 즐겨 먹던 음식이라고 되어 있다.

‘끌탕’은 ‘속을 태우는 걱정’의 의미로 의미상 ‘끓-’과 관련이 있는 듯하다. 더욱이 표제어 ‘끓을탕’이 ‘‘끌탕’의 잘못’으로 뜻풀이되어 있어 그러한 가능성을 더욱 높여 준다. 그러나 ‘*탕’의 의미를 알 수 없어 목록에서 제외하였다. 이러한 예로는 ‘골탕’도 있는데, ‘곯-’과 의미상 유연성이 있는 듯하나 역시 ‘*탕’의 의미를 알 수 없어 목록에서 제외하였다. 그리고 민속 용어로 ‘이굳히산적’(이를 튼튼하게 한다고 하여 음력 정월 대보름에 먹는 산적)도 나타나는데, ‘굳히-’가 어간이 유리되어 복합어 형성에 참여한 것은 맞으나 ‘이굳히-’를 복합어로 볼 수 없기 때문에 목록에서 제외하였다.

어간복합명사의 선행성분으로는 동사 어간과 형용사 어간이 골고루 나타나고 있다. 먼저 선행성분이 동사 어간인 예로는 ‘감발, 건너편, 꺾쇠, 벋다리’ 등이 있고, 형용사 어간인 예로는 ‘곱상, 밉상, 높바람, 늙바탕, 늦가을’ 등이 있다.

‘꺾꽂이, 나들이, 빼닫이, 여닫이, 붙박이’ 등의 단어는 선행 성분이 용언의 어간이기는 하나, ‘[[꺾-+꽂-]+-이], [[나-+들-]+-이], [[빼-+닫-]+-이], [[여-+닫-]+-이], [[붙-+박-]+-이]’로 분석되어 파생어가 되므로 여기에서 논하지 않았다.[37] 이익섭(1965:126)에서는 “‘빼닫이’는 우선 의미상으로 ‘닫이’인데 ‘빼는 닫이’가 아니다. ‘빼고 닫는 그 무엇’이기 때문에 ‘빼닫-’과 ‘-이’로 분석될 것이 기대된다. 이 기대는 ‘빼닫-’이 ‘먹이, 놀이’ 등의 ‘먹-, 놀-’과 같은 단일 형태소에 의해서 대치될 수 있으며, ‘빼닫-’은 또 ‘여닫-, 뛰놀-, 검푸르-’와 같은 복합어

---

37) 송철의(1990:93)에서는 ‘꺾꽂이, 나들이, 빼닫이, 여닫이, 미닫이, 붙박이, 설거지, 휘묻이’ 등의 예를 들면서 “현대국어에서 비통사적 복합동사의 형성은 거의 생산력이 없는 것으로 여겨지고, 따라서 비통사적 복합동사의 목록은 극히 한정될 수밖에 없는데, 비통사적 복합동사 어간을 어기로 하는 이러한 ‘-이’ 명사 파생의 생산성은 무어라 단정을 내리기가 어렵다.”라고 한 바 있다. 그러나 어간복합어가 현대국어에서도 생산성을 가진다고 본다면, ‘꺾꽂이’형 단어의 생산성을 설명하기가 어렵지는 않을 것이다.

로 지원될 수 있으므로 가히 충족되는 것이다. 따라서 이들은 파생어가 된다. 이 類에 속하는 파생어로는 '미닫-이, 꺾꽂-이, 붙박-이, 받걷-이, 죽살-이' 등이 있다."라고 한 바 있다.

이에 덧붙여 우리는 공시적으로 존재하는 'V_1+V_2+-이'형 명사의 분석을 위해 통시적인 사실을 도입하고자 한다. 즉 공시적으로 분석이 어렵다 하더라도 통시적으로 'V_1+V_2' 동사가 쓰였다는 것을 확인할 수 있다면, [[V_1+V_2]+-이]로 분석이 가능하다고 보는 것이다. '꺾꽂이'의 경우, 현대국어에서는 '꺾꽂다'를 확인할 수 없지만, 후기 중세국어에서 '것곶다'(훈몽 下:3ㄱ)가 확인된다. 이로 미루어 '꺾꽂다'는 [[꺾-+꽂-]+-이]로 분석될 수 있다. 또한 '죽살이'와 '높낮이'는 '죽살다'(두시 8:67ㄴ)와 '놉늦다'(가언 1:44ㄱ)로 미루어 [[죽-+살-]+-이]와 [[높-+낮-]+-이]로 분석할 수 있다.[38] 그리고 '이바지'나 '설거지'는 어형이 변화하여 단일어처럼 표기되었으나 각각 '이받다'(용가 91)와 '설엊다' (월석 23:74ㄴ)[39]가 통시적으로 확인되므로 [[이-+받-]+-이]와 [[설-+*겆-]+-이]로 직접구성요소 분석(IC 분석)을 할 수 있다. '매무시'도 후기 중세국어의 '미뭇다'에서 어원을 찾을 수 있다. 또한 '붙박이'는 현대국어에서 '붙박다'가 확인되므로 [[붙-+박-]+-이]로 분석할 수 있다.

그런데 이외 달리 'V_1+V_2+-이'의 'V_1+V_2'가 복합어로 확인되지 않는 경우는 분석이 쉽지 않다. 이러한 'V_1+V_2+-이'형 명사는 직접구성요소 분석을 할 때 두 가지 가능성이 생기게 된다. '[V_1]+[V_2+-이]'로 보면 어간복합어가 되고, '[V_1+V_2]+-이'로 보면 파생어가 되는 것이다. 예를 들어 '늦깎이'를 보면, '늦-+[깎-+-이]'로 보면 어간복합어가 되고, '[늦-+깎-]+-이'로 보면 파생어가 된다. 그런데 '*늦깎다'가 존재하지 않아 [[늦-+깎-]+-이]로 보기도 어렵고, '*깎이'도 존재하지 않아

---

38) '죽사리'와 '놉늧지'는 후기 중세국어부터 쓰이던 단어이다. '놉늧지' 이전에는 '놉늧가이'가 쓰였다.

39) '설겆-'은 문증되지 않고, ㄱ이 약화된 '설엊-'만이 확인된다.

[늦-+[깎-+-이]]로 보기도 쉽지 않다.[40] 어느 경우로 보든 잠재어를 설정하여야 할 것이다.

다음은 현대국어에서 확인되는 'V₁+V₂+-이' 형 단어 가운데 'V₁+V₂'가 단어로 확인되지 않는 것들이다.

갈문이, 감잡이, 늦갈이, 늦깎이, 늦맺이, 돋찍기, 미닫이, 받걷이, 붙살이, 빨붙이, 휘문이

이 단어들도 '[V₁]+[V₂+-이]'로 보면 어간복합어가 되고, '[V₁+V₂]+-이'로 보면 파생어가 되는데 어느 쪽으로 보든 잠재어를 설정하여야 할 것이다. '미닫이'의 경우는 의미상 '[밀-+닫-]+이'로 분석될 가능성이 있다. 그리고 그 이외의 단어들도 어간복합어의 존재를 생각한다면, '[V₁+V₂]+-이'로 분석될 가능성이 있다.

그리고 'V+N+-이' 구조의 '뻗팔이'라는 단어도 있는데 [[뻗-+팔]+-이]로 본다면 파생어가 되고, [뻗-+[팔+-이]]로 본다면 복합어가 된다. 어느 쪽으로 분석하든 잠재어를 상정하여야 할 것이다.

이 외에 복합명사에서도 이러한 분석이 문제되는 경우가 있다. '섞박지'가 그 예인데, 이 단어는 '배추와 무·오이를 절여 넓적하게 썬 다음, 여러 가지 고명에 젓국을 쳐서 한데 버무려 담은 뒤 조기젓 국물을 약간 부어서 익힌 김치'라고 뜻풀이되어 있어, 그 어원을 '(재료를) 섞어 박은 김치' 정도로 볼 수 있다. 그렇다면 '섞-+박-+지'[41]가 결합하여 된 것으로 의미상 [[섞-+박-]+지]로 분석하여야 될 듯하나, '*섞박다'가 존재하지 않기 때문에 그렇게 보기도 어려우며 그렇다고 [[섞-+[박-+지]]로 보기는 더더욱 어렵다. 이 단어에서는 '*섞박-'이 잠재어로

---

40) 고영근(1989:504~505)에서는 [N+[V-이]] 구성에서 자립성이 없는 'V-이'를 '준접미사'로 분류한 바 있다.

41) '지'는 '김치의 방언'으로 자립성이 있는 단어이다.

형성되었을 가능성이 있다고 보아야 할 듯하다.

　이제 지금까지 본 현대국어의 어간복합어를 표로 나타내 보기로 하겠다.

<표 5> 현대국어의 어간복합어

현대국어의 어간복합어 (521개)	동사	형용사	명사
	236개 (45.3%)	101개 (19.4%)	184개 (35.3%)

이 표를 통해 우리는 이전 시대에 비해 현대국어에서 어간복합형용사와 어간복합명사의 비중이 현저하게 높아졌다는 것을 알 수 있다.

　또한 근대국어 이전 시기부터 존재하던 복합어와 현대국어에서 새로 확인된 복합어의 수를 비교해 보면 다음과 같다.

<표 6> 현대국어 어간복합어의 신조어

현대국어의 어간복합어	후기 중세국어부터 존재한 단어	근대국어부터 존재한 단어	현대국어에서 처음 확인되는 단어
복합동사(236개)	50개	28개	158개
복합형용사(101개)	8개	3개	90개
복합명사(184개)	5개	10개	169개
합 계(521개)	63개	41개	417개

이 표를 보면, 현대국어에서 확인되는 어간복합어 521개 가운데 현대국어에서 처음 확인되는 신조어가 417개로 전체의 80%에 달한다. 이는 현대국어에서도 어간복합어가 생성된다는 우리의 생각이 잘못된 것이 아님을 보여 준다.

　다음으로 지금까지 살펴본 어간복합어의 시대별 분포를 더 세분화하여 표로 나타내면 다음과 같다.

<표 7> 어간복합동사의 시대별 분포

어간복합동사	후기 중세국어	근대국어	현대국어
(가) 후기 중세~현대	50		
(나) 후기 중세~근대	33		
(다) 후기 중세만	142		
(라) 근대~현대		28	
(마) 근대만		58	
(바) 현대만			158
합 계	225	169	236

<표 8> 어간복합형용사의 시대별 분포

어간복합형용사	후기 중세국어	근대국어	현대국어
(가) 후기 중세~현대	8		
(나) 후기 중세~근대	4		
(다) 후기 중세만	10		
(라) 근대~현대		3	
(마) 근대만		4	
(바) 현대만			90
합 계	22	19	101

<표 9> 어간복합명사의 시대별 분포

어간복합명사	후기 중세국어	근대국어	현대국어
(가) 후기 중세~현대	5		
(나) 후기 중세~근대	1		
(다) 후기 중세만	1		
(라) 근대~현대		10	
(마) 근대만		9	
(바) 현대만			169
합 계	7	25	184

위 표에서 보면, 어간복합형용사와 어간복합명사의 경우 현대국어에서

이전 시기에 비해 상당히 많은 단어가 확인된다는 것을 알 수 있다. 물론 현대국어로 오면서 자료의 수가 늘고 특히 현대국어에서는 이전 시대와 비교할 수 없을 만큼 어휘의 수가 늘어났으므로 이에 비례하여 어간복합어의 수도 상대적으로 늘어났다고 할 수도 있을 것이다. 그러나 우리는 각 시대별 어간복합어의 유형별 백분율을 비교해 볼 때 현대국어로 올수록 전체 어간복합어 가운데 어간복합명사와 어간복합형용사의 비중이 늘어난 데 주목하고자 한다. 앞의 각 절에서 본 표를 같이 보기로 하겠다.

<표 10> 각 시기 복합어의 유형별 백분율

후기 중세국어의 어간복합어	동사	형용사	명사
	88.6%	8.7%	2.7%
근대국어의 어간복합어	동사	형용사	명사
	79.4%	8.9%	11.7%
현대국어의 어간복합어	동사	형용사	명사
	45.3%	19.4%	35.3%

이 표에서 보면 먼저, 동사의 경우는 후기 중세국어에서 근대국어를 거쳐 현대국어로 오면서 오히려 비중이 줄고 있음을 알 수 있다. 즉 후기 중세국어에서는 전체 어간복합어 가운데 동사가 88.6%를 차지하였으나, 근대국어에서는 전체 어간복합어 가운데 79.4%를 차지하였고, 현대국어에 오면 그 비중은 45.3%로 줄어든다. 다음으로 어간복합형용사를 보면, 후기 중세국어에서는 전체 어간복합어 가운데 8.7%로 비중이 전체의 10분의 1에도 미치지 못하였으며, 근대국어에서도 8.9%로 이와 마찬가지이다. 그러나 현대국어에서는 전체 어간복합어의 19.4%를 차지하면서 이전 시대에 비해 2배에 가까운 증가세를 보이고 있다.

　다음으로 어간복합명사를 보면, 후기 중세국어에서는 전체의 2.7%로 극히 비중이 작았다. 그러나 근대국어에서는 전체 어간복합어의 11.7%

를 차지하여 후기 중세국어에 비해 4배에 가까운 증가세를 보인다. 그리고 현대국어에서는 전체 어간복합어의 35.3%를 차지하고 있으며 근대국어에 비해서는 3배에 가까운 증가세를, 후기 중세국어에 비해서는 13배에 가까운 증가세를 보인다.

기존 논의에서는 어간복합어가 어미가 없기 때문에 의미가 불명료하여 어미가 개재되게 되었다거나 또는 어미 체계가 제대로 발달하지 않은 상태에서 어간복합어가 쓰였으나 이후 어미 체계의 발달과 더불어 사라지게 되었다거나 또는 어간복합어가 우리 고유의 단어결합방식이 아닌 한자어 단어 형성 방식의 일시적 차용이었다고 보는 등 어간복합어가 중세 이후 생산성을 잃은 것으로 보고 그 원인 규명에 치중하였다. 그러나 우리가 실제 자료를 살펴본 결과, 이것은 15세기와 16세기에 존재하였던 어간복합동사에 한정하여 말할 때에만 성립할 수 있는 논의이고, 실제로 어간복합형용사나 어간복합명사의 경우는 중세국어 이후 근대국어와 현대국어에서 더욱 활발하게 생성되고 있음을 알 수 있다. 그러므로 어간복합어는 사라진 것이 아니라 오히려 주로 복합동사에만 쓰이던 것이 복합형용사와 복합명사로 영역의 확장이 일어났다고 할 수 있다. 현대국어에서 어간복합어가 생산성이 없다고 보아 '먹거리'를 '먹을거리'로 순화하는 등 사용이 제한적이었던 것을 고려한다면, 실제로 어간복합어의 생성 가능성은 우리가 생각하는 것 이상일 수 있다.[42] 단어의 생성은 인위적이나 그 단어가 사회성을 획득하는 것은 언중에 의해서이다. 동일한 단어 형성 원리로 생성된 '넘보라살'과 '먹거리' 가운데 '넘보라살'이 사회성을 획득하지 못하고, '먹거리'가 사회성을 획득한 것은 단어 형성 원리의 문제가 아니라 언중에 의해 널리 쓰이느냐 아니냐의 문제인 것이다.

---

42) '덮밥'이 생성된 뒤 '덮라면'과 '덮면'이 만들어지는 것에서도 이러한 사실을 확인할 수 있다.

제4장 어간복합어의 통시적 변화

이제 어간복합어가 통시적으로 변화를 겪은 예들을 살펴보기로 하겠다. 앞에서도 언급한 바 있지만, 복합어는 생성된 이후, 다른 부류의 단어와 마찬가지로 각각 생성, 성장, 소멸의 과정을 겪게 된다. 물론 그 가운데에는 '나들다, 받들다, 잡쥐다' 등과 같이 후기 중세국어나 현대국어에서나 형태상의 변화나 의미상의 변화 없이 그대로 쓰이는 예들도 있고, '오릭느리다, 뛰놀다, 븓들다' 등과 같이 의미의 변화 없이 시대적 변화에 따라 표기만 달라진 예들도 있다. 그러나 이러한 변화는 복합어뿐만 아니라 모든 어휘에 공통되는 통시적 변화이므로 따로 언급하지 않기로 한다. 여기에서는 어간복합어 가운데 특징적인 통시적 변화를 보이는 예들을 언급하기로 한다. 그 변화는 크게 '어원 의식의 약화'와 '의미의 변화'로 나누어 볼 수 있는데, 각 유형별로 몇 가지 대표적인 예를 들기로 하겠다.

4.1. 어원 의식의 약화

어간복합어는 용언 어간이 어미와 유리되어 후행 어기와 결합함으로써 형성된다. 그런데 이렇게 형성된 복합어가 통시적으로 변화를 겪으면서 복합어라는 인식이 약화되기도 하고 경우에 따라서는 단일어처럼 인식되기도 한다. 여기에서는 이러한 변화를 보이는 유형을 두 가지로 나누어 살펴보기로 하겠다. 첫째는 복합어를 구성하는 두 개의 어기, 또는 그 가운데 하나의 어기가 통시적으로 어형이 변화되어 더 이상 두 개의 자립적인 어기로 나눌 수 없게 되는 경우이다. 현대국어의 ‘두더지, 박쥐, 주무르다’ 등이 그 예이다. 둘째는 두 개의 어기 가운데 하나가 사어가 되어 현대국어에서 두 개의 자립적인 어기로 나눌 수 없게 된 경우이다. 이에 속하는 단어로는 ‘숫돌, 넘치다, 엿보다’ 등이 있다.

4.1.1. 어형의 변화

[1] 여기에서는 통시적으로 어형의 변화가 생긴 예들을 언급하기로 하겠다. 이 어형 변화는 복합어를 구성하는 어기가 단독으로 쓰일 때에는 생기지 않고 복합어인 상태일 때에만 일어나게 된다. 이 단어들은 어원적으로 복합어이고 그 구성 어기들이 현대국어에서도 각각 존재하나 복합어인 상태로 어형 변화를 겪어 현대국어에서 두 개의 자립적인 어기로 나누기 어렵게 된 경우이다.

① 두더지
현대국어의 ‘두더지’는 후기 중세국어의 ‘두디쥐[鼢]’에서 온 단어이다.

(1) 가. 鼢 <u>두디쥐</u> 분<훈몽 上:10ㄴ>
　　 나. 鼴鼠 <u>두디쥐</u><동의 1:58ㄴ>

(1가)는 후기 중세국어에서 ‘두디쥐’가 쓰인 예이고, (1나)는 근대국어에서 ‘두디쥐’가 쓰인 예이다. ‘두디쥐’는 동사 어간 ‘두디-’와 ‘쥐’가 결합하여 된 복합어인데, 먼저 ‘두디다’와 관련하여 다음과 같은 예들을

확인할 수 있다.

  (2) 一猪子ㅣ 와 座롤 <u>두디거눌</u><선가 上:18ㄴ>

  (3) 여흘목으로 돈니며 ᄂᆞ리 <u>두뎌</u> 먹고 치두뎌 먹ᄂᆞ 되강오리<청구 574>

  (4) 가. 猪拱地 짜 <u>뒤지다</u><동해 下:39ㄴ>

     나. 搜獸 즘싱 <u>뒤지다</u><방언 亥:8ㄱ>

(2)는 '두디다'가 쓰인 예이고, (3)은 여기에 구개음화가 반영된 표기인 '두지다'가 나타난 예이다. (4)는 더 후대형인 '뒤지다'로 나타난 예이다. 여기에서 알 수 있듯이 동사 '두디다'는 '두지다'를 거쳐 '뒤지다'가 되었다. 그런데 어간복합어 '두디쥐'는 '두지쥐'로 나타나기도 하나,[1] 현대국어에서는 '*뒤지쥐'가 아닌 두더지'가 되었다. 그리고 '두디쥐'의 '쥐'도 표기가 변하여 '지'로 표기된다. 그리하여 현대국어의 '두더지'는 '뒤지-'와 '쥐'라는 두 개의 어기로 나눌 수 없을 정도로 복합어라는 인식이 약화되었다. 이 '두더지'의 경우는 단일어화한 예로 볼 수도 있다.

  ② 박쥐
  현내국어의 '박쥐'는 후기 중세국이의 '붉쥐'에서 온 말이다.

  (5) 가. 蝙蝠糞 <u>붉쥐</u> 똥<구간 6:68ㄱ>

     나. 蝙 <u>붉쥐</u> 편 蝠 붉쥐 복<훈몽 上:12ㄱ>

  (6) 가. 蝙蝠 <u>붉쥐</u><역해 下:27ㄴ>

     나. <u>붉쥐</u> 똥 夜明砂糞<제중 8:17ㄱ>

  (7) <u>박쥐</u> 蝙蝠<국한 130>

---

1) '두지쥐'는 '<u>두지쥐</u> 녕식인지 곳곳지 두지드시 ᄨᆞ生에 처음이오'(교시조 71-1)에서 보인다. 『우리말큰사전』에서 재인용.

‘붉쥐’는 후기 중세국어부터 확인되는데, (5)는 후기 중세국어, (6)의 근대국어의 예이다. (6나)의 ‘夜明砂’는 한의학에서 박쥐 똥을 이르는 말로 열을 내리게 하고 눈을 밝게 한다고 붙여진 이름인데, 이로 미루어 ‘붉쥐’의 ‘붉-’도 [明]과 유연성이 있음을 알 수 있다. 이 ‘붉쥐’는 ‘·’가 사라진 이후에는 ‘밝쥐’로 표기될 것으로 예상되나 19세기 자료에서 (7)에서와 같이 ‘박쥐’로 나타난다. 그러므로 현대국어에 비록 ‘밝다’와 ‘쥐’가 다 존재한다고 하더라도 ‘박쥐’를 ‘밝-＋쥐’의 구조라고 분석하기는 어려워 복합어라는 어원 의식이 약화된 예가 된다.

③ 경금

‘경금’은 근대국어의 ‘검금’에서 온 말이다.

(8) 黑礬 <u>검금</u><방언 戌:19ㄴ>
    <u>검금</u> 黑礬<국한 20>

‘검금’은 ‘황산 제일철’을 의미하는 ‘黑礬’과 같은 의미로 ‘검-＋금’의 구조로 분석된다. 『표준국어대사전』의 ‘경금’ 항을 보면 다음과 같이 뜻풀이 되어 있다.

(9) 경금 명 황산 제일철을 물감으로 이르는 말. 검정 물감의 매염제로 쓴다.

이로 미루어 ‘경금’은 ‘검금’에서 온 말이 확실하나 ‘검-[黑]’과 유연성이 없어져 어원 의식이 약화되었다.

④ 넉가래

‘넉가래’는 근대국어의 ‘넙가래’에서 온 단어인데, ‘넙가래’는 그 의미상 어간 ‘넙-’과 명사 ‘가래’가 결합하여 된 단어이다. (10)은 근대국어에서 확인되는 '넙가래'의 예이고, (11)은『표준국어대사전』의 '넉가래' 항의 뜻풀이이다.

(10) 枚 <u>넙가래</u><물보 下:9ㄱ>

(11) 넉가래 몡 곡식이나 눈 따위를 한곳으로 밀어 모으는 데 쓰는 기구. 넓적한 나무판에 긴 자루를 달았다.

'넙가래'는 '넙-'과 '가래'라는 두 개의 어기로 나눌 수 있었으나, 현대국어의 '넉가래'는 복합어라는 의식이 약화되어 두 개의 어기로 나눌 수 없게 되었다.

⑤ 주무르다

현대국어에 나타나는 '주무르다'는 후기 중세국어에 나타나는 '쥐므르다'에서 온 단어이다.

(12) 가. 소느로 목을 <u>쥐믈어</u> 목 ᄆᆞ딋 ᄲᅧ롤 뿌처 바르게 ᄒᆞ고<구간 1:60ㄱ>

　　 나. 모깃 허므를 <u>주ᄆᆞ르며</u> 모굘 ᄆᆞᆫ지고<구방 上:78ㄱ>

(13) 가. 挐弄 <u>쥐무로다</u><몽해 上:22ㄱ>

　　 나. 물을 ᄒᆞᆫ 디 너허 쑬 죠곰 쳐 <u>쥐믈너</u> 화합ᄒᆞ야<규합 11ㄱ>

'쥐므르다[挼]'는 '쥐-[拳]'와 'ᄆᆞ르-[爛]'가 결합하여 된 복합어로, '손으로 쥐어서 무르게 하다' 정도의 의미를 가진다. (12)는 후기 중세국어의 예로 (12가)는 '쥐므르다'가 쓰인 예이고, (12나)는 '주ᄆᆞ르다'가 쓰인 예이다. 후기 중세국어에서 '주ᄆᆞ르다'가 쓰인 예는 (12나)의 예 하나밖에 확인되지 않으며 대부분 선행 어간이 '쥐-'로 나타난다. 이는 근대국어에서도 마찬가지여서 (13)과 같이 '쥐무로다' 또는 '쥐믈르다' 등으로 나타난다. 그런데 현대국어에서는 '주무르다'로 나타나는바 이 단어는 '쥐

-+무르-'의 결합에서 온 복합어라는 인식이 약화되었다고 할 수 있다.

⑥ 건너다
현대국어의 '건너다'는 후기 중세국어의 '걷나다'에서 온 단어이다.

(14) 가. 越은 뎌녁 ㄱ새 <u>걷나다</u> 혼 쁘디니<월석 7:46ㄴ>
    나. 비로 <u>건나</u> ㄱ롬과 시내로 드로라<두시 25:16ㄴ>
    다. 步步애 三界롤 <u>걷너</u> 지븨 도라와<목우 15ㄱ>
    라. 寒獄올 <u>건너</u> 熱獄애 드로믈 니르시니라<능엄 8:76ㄴ>

'걷나다'는 '걷-'과 '나-'가 결합하여 된 어간복합어인데, 자음동화가
반영된 표기인 '건나다'(두시 15:35ㄱ)로 나타나기도 하고, 모음조화가
반영된 '걷너다'로 나타나기도 하고, 또한 이에 다시 자음동화가 반영된
'건너다'로 나타나기도 한다. 그러나 현대국어에서는 이 가운데 '건너
다'만이 확인되어 현대국어에서 '걷-'과 '나-'로 나누어질 수 없는 상태
로 복합어라는 의식이 약화되었다.

⑦ 만나다
현대국어의 '만나다'는 후기 중세국어의 '맞나다'(월천 上, 其178)에서
온 단어이다. '맞나다'는 8종성법에 의해 '맛나다'로 표기되었는데, 19
세기까지 '맛나다'(국한 108)가 확인된다. 그러나 현대국어에서는 '만나
다'로 어형이 변하여 '맞-'과 '나-'로 나눌 수 없게 되었다.

⑧ 덩거칠다
'덩거칠다'는 고려가요에서부터 확인되는 '덦거츨다'에서 온 단어인
데, 앞에서 보았듯이 이 단어는 '덦-'과 '거츨-'의 결합에서 온 단어일
가능성이 있다. 이 단어는 현대국어에서 '덩거칠다'로 어형이 변화하여

공시적으로 두 개의 어기로 나누기 어려워졌다. '덮거츨다'의 변화에 대해서는 3.2.2에서 언급하였다.

⑨ 부둥키다

다음으로 볼 단어는 '부둥키다'이다. '부둥키다'는 '붙움키다'에서 온 말로, '붙-＋움키-'가 결합하여 된 복합어이다. 그러나 '부둥키다'는 어형의 변화를 겪어 '붙-'과 '움키-'라는 두 개의 어기로 나눌 수 없게 되었다.

[2] 이상에서 본 예들은 어간복합어가 통시적으로 변화를 일으킨 예들이다. 그런데 우리는 한 시대 안에서도 복합어를 구성하는 두 개의 어기 사이에 음운 현상이 일어나 표기에 반영된 예들을 볼 수 있다. 이 경우는 앞의 두 경우와는 달리 두 개의 자립적인 어기로 분리는 할 수 있으나 음운 현상이 일어나지 않은 복합어에 비해 선후행 어기 사이의 관계가 더 긴밀하다고 할 수 있다.[2] 이것을 유형별로 정리하면 다음과 같다.

① 음운 탈락

음운 탈락 가운데에서 가장 많이 나타나는 것은 설음이나 치음 앞에서 선행 어기 말음의 'ㄹ'이 탈락하는 현상이다. 여기에 속하는 예는 다음과 같다.

(1) 'ㄴ' 앞에서 : 그우니다(그울-＋니-), 노니다(놀-＋니-), 느니다(늘-＋니-), 도니다(돌-＋니-), 도셔다(돌-＋셔-), 드나둘다(들-＋나둘-), 드놓다(들

___

2) 이현희(1991ㄴ)에서는 '딜것, 한숨, 날둘'과 같이 두 어기 형태 그대로의 결합인 복합어를 '이완복합어'로, '딜엇, 한숨, 나둘'처럼 음운 현상이 표기에 반영된 복합어를 '긴밀복합어'로 본 바 있다.

-+놓-), 므너흘다(믈-+너흘-), 우니다(울-+니-), 횟도니다(輪回, 횟
돌-+니-)

(2) 'ㄷ' 앞에서 : 거둘다(걸-+둘-), ㄹ다둠다(ㄹ-+다둠-), 도돈다(遁逃, 돌
-+돋-), 드다루다(들-+다루-), 쓰다둠다(쁠-+다둠-)

(3) 'ㅅ' 앞에서 : ㄴ솟다(놀-+솟-), 더브살다(더블-+살다-), 봄노솟다(踊躍,
봄놀-+솟-), 쁘서럿다(쁠-+서럿(설엊)-), 쁘설다(쁠-+설-), 이싯다
(淘汰, 일-+싯-), 이우시들다(憔悴, 이울-+시들-)

(4) 'ㅈ' 앞에서 : 우지지다(울-+지지-)

이러한 유음탈락 현상은 현대국어에서도 확인되는바, '끄집다(끌-+집-),
무뜯다(물-+뜯-), 미당기다(밀-+당기-), 어녹다(얼-+녹-), 여닫다(열
-+닫-)' 등이 나타난다. 이 가운데 '어녹다'는 '얼녹다'로도 나타난다.

② 비음화

건나다(건나다), 건니다(건니다), 돈니다(돈니다)

비음화는 선행 어기의 말음 'ㄷ'이 후행하는 비음의 영향으로 비음화되
는 현상이다. 비음화는 단어형성에서는 표기에 반영되었으나 활용형에
서는 표기에 반영되지 않았다. 안병희·이광호(1990:37)에서는 '건너-,
돈니-'와 같은 표기는 후기 중세국어 당시 'ㄷ+ㄴ'이 'ㄴ+ㄴ'으로 동
화되는 규칙이 있었음을 보여 주는데, 이러한 규칙은 복합어의 표기에
서만 반영되었고, 활용형에서도 동화의 규칙이 있었을 것임에도 불구하
고 15세기 국어에서는 '믿는(信)'이 '민는'으로 표기되지 않았다고 지적
하고 있다.

③ 음운 축약

이 유형에 속하는 복합어는 이음절이었던 선행 어간이 복합어를 형성할 때 일음절로 축약하는 예들이다.

둘보다(周, 두르-＋보-), 몰오다(裁縫, ᄆᆞᄅ-＋ᄌᆞ-), 쁠알히다(쁘리-＋알히-), 홀그으다(후리-＋그ᄋ-)

④ 자음군단순화

이 유형의 복합어는 선행 어간의 말자음이 자음군인 경우 복합어를 형성하면서 자음군이 단순화되는 예들이다.

셧- : 셧겯다, 셧듣다, 셧몯다/ 빗- : 빗흐르다/ 봇- : 봇닳다

⑤ 후행 어기의 'ㄱ' 약화 현상

몰오다(裁縫, ᄆᆞᄅ-＋ᄌᆞ-), 서럯다(설-＋*겇- ＞ 설엊- ＞ 서럯-), 질긔운다(질긔-＋굳-)

'설엊다'는 '설-＋*겇-'이 결합한 뒤 형태소 경계를 사이에 둔 'ㄹ' 아래에서의 'ㄱ'약화 현상이 일어난 예이다.

⑥ 유기음화

어간복합어의 선행 어간 말음의 'ㅎ'이 후행 어간의 초성과 만나 유기음으로 표기되는 현상이다.

글탏다(焦, 긇-＋*닿-), 됴쿶다(둏-＋궂-) 저투리다(젛-＋두리-)

⑦ 유성마찰음화

어간복합어 후행 어기의 초성인 'ㅂ'과 'ㅅ'이 'ㅸ'과 'ㅿ'으로 교체
되는 현상이다.

(1) 'ㅂ'이 'ㅸ'으로 : 메밧다(메-+밧-), 돌보다(돌-+보-), 놀웆다(鷰飛, 놀-+
   붗-), 놀우치다(놀-+부치-), 브스왜다(브스-+배-)
(2) 'ㅅ'이 'ㅿ'으로 : 쓰설다(쓰설다)

먼저 '메밧다'는 '메밧다'로 표기된 예는 확인되지 않고, 후기 중세국어
에서 '메밧다'(석상 9:29ㄱ), '메왓다'(두시 11:40ㄱ), 메왯다(내훈 1:45
ㄱ)가, 근대국어에서 '메앋다'(어내 1:59ㄱ)로 나타난다. '돌보다'는 '돌
오다'로도 나타나는데, 근대국어 이후 자료에서는 '돌보다'로 나타난다.

⑧ 'ㄹ'이 'ㄷ'으로 변하는 현상

잔갈다(잘-+갈-), 잔널다(잘-+널), 잔다듬다(잘-+다듬-), 잔주름(잘-+주
름), 잔징(잘-+징)

이 경우는 '잘다'의 '잘-'이 복합어의 선행 성분으로 결합할 때 '잔'으
로 나타나는 예이다. 파생어 '잔다랗다'에서도 동일한 변화가 일어난다.

⑨ 'ㅂ'이 'ㅁ'으로 변하는 현상

놈놋갑다(놉놋갑다), 굼닐다(굽닐다), 싱검털털하다(싱겁-+털털하-), 어둠
침침하다(어둡-+침침하-)

'놈놋갑다, 굼닐다'의 선행 어간인 '높-, 굽-'의 'ㅂ'은 후행 어간 초성

의 영향으로 'ㅁ'으로 변한 것으로 보인다. 그러나 단어 형성에서는 후
행하는 비음의 영향을 받지 않는 환경에서도 선행 어기 말음의 'ㅂ'이
'ㅁ'으로 변하는 경우가 있는 듯하다. '싱검털털하다(싱겁-＋털털하-),
어둠침침하다(어둡-＋침침하-)'와 같은 복합어나, '싱검쟁이(싱겁-＋-쟁
이)'와 같은 파생어가 그러하다.[3]

⑩ 형태소 경계를 넘어선 자음의 표기

　　숩쁘다(솟-＋쁘다), 볼쁘듸다(넓-＋드듸-)

'숩쁘다'는 '솟-'과 '쁘-'가 결합한 복합어인데, 후행하는 '쁘-'의 영향
으로 '숩-'으로 표기된 것으로 보인다. 그리고 '볼쁘듸다'는 '넓-'의 종
성 'ㅂ'이 후행 어기의 초성으로 표기된 것이다. 이것은 '넓드듸다'로도
표기된다.

　그리고 이외에 '좃드듸다(循, 좇-＋드듸-)'의 '좇-'이 '좃-'으로, '깁
수위다(玄, 깊-＋수위-)'의 '깊-'이 '깁-'으로 표기되는 현상은 8종성 표
기법에 따른 표기이므로 따로 언급하지 않기로 한다.

　마지막으로 복합어의 내부에 사이시옷이 개입하는 현상을 간단히 살
펴보기로 하겠다. 이기문(1972:209)에서는 "중세어에서 속격이었던 'ㅅ'
은 근대어에 와서 문자 그대로의 '사이시옷'이 되었다. 이것은 거의 합
성명사 사이에만 나타나게 되어 그 표지가 되었다."라고 하였다. 우리는
주로 명사와 명사의 결합인 복합명사에서 나타나는 복합어 표지인 사이
시옷이 동사 어간과 어기의 결합인 어간복합어에서도 복합어 표지로 나
타나는 경우가 있다고 생각한다. 이 경우의 사이시옷은 선행 어간의 종

---

3) '싱검쟁이'의 '-쟁이'는 일반적으로 명사 뒤에 붙는 경우가 많으나, '실없쟁이, 철
　모르쟁이'와 같이 어간 뒤에 붙는 것이 불가능한 것은 아니다(북한어에는 '헤프쟁
　이'도 있다).

성으로 표기되기도 하고, 후행 어간의 초성으로 표기되기도 한다. 동사 어간과 동사 어간의 결합 사이에 사이시옷이 들어간 예로는 '값돌다, 빗뿌다, 넚건다, 덮거츨다, 횟두르다' 등이 있다. '횟두르다'의 '횟'을 접두사로 보는 견해도 있으나, 우리는 '횟두르다'가 용언 어간 '휘-'와 '두르-'의 사이에 사이시옷이 개입하여 형성된 어간복합어라고 본다. 그 이유는 '휘-'가 접사라면 용언 어간일 때의 의미에서 변화가 일어나야 하는데 그렇지 않기 때문이다. '횟두르다'의 '휘-[彎]'에는 용언 어간일 때의 의미가 그대로 살아 있다. '횟두르다'는 '휘쏘로다'<정속 이16ㄴ>로도 표기되는데 이 역시 '값돌다'가 '감쏠다'로 표기되기도 하는 현상과 동일하다.

동사 어간과 명사의 결합 사이에서 복합어 표지로 사이시옷이 나타나는 예로는 근대국어의 '후릿그물'과 현대국어의 '건넛방, 건넛산, 건넛집, 나눗셈, 후릿고삐, 후릿가래질, 후릿줄' 등이 있다.

4.1.2. 어기의 소멸

이 유형은 복합어를 구성하는 구성 어기 가운데 한쪽이 사어화한 예이다. 앞에서 본 '어형의 변화' 유형은 두 구성 어기가 공시적으로 다 존재하나 어형이 변화하여 두 개의 어기로 나누기 어렵게 된 경우이고, 지금 우리가 논하는 '어기의 소멸'은 복합어를 구성하는 어기 가운데 하나가 현대국어에서 사어가 된 경우이다.

① 숫돌

'숫돌'은 후기 중세국어의 '뿟돌[礪]'에서 온 단어인바, 이 '뿟돌'은 동사 어간 '뿣-[摩]'과 '돌[石]'이 결합하여 된 복합어이다. '뿣-'은 후기 중세국어 자료와 17세기 자료에서는 단독으로 쓰인 예가 확인되나 현대국어에서는 더 이상 확인되지 않아 사어화한 것으로 보인다. 이에 현대국어의 '숫돌'은 더 이상 공시적으로 두 개의 어기로 나눌 수 없게 되었다.

② 부뚜

현대국어의 '부뚜'는 '타작마당에서 곡식에 섞인 티끌이나 쭉정이, 검부러기 따위를 날려 없애려고 바람을 일으키는 데 쓰는 돗자리'의 의미이다. 이 단어는 근대국어의 '붓돗'(역해 下:8ㄴ)에서 온 단어이다. '붓돗'은 '붗-[扇]'과 '돗[席]'이 결합하여 된 어간복합어인데, '붗-'이 현대국어에서 사어화하여[4] 공시적으로 존재하는 두 개의 어기로 분리할 수 없게 되었다. '붗돗'은 '부뚜'로 어형의 변화를 겪었다.

③ 부채

'부채'도 앞 항에서 본 '부뚜'와 마찬가지로 '붗-'이 들어간 복합어이다. 이 단어는 동사 어간 '붗-[扇]'과 '채[鞭]'가 결합하여 된 복합어인데, 현대국어에서 '붗-'이 사어가 되어 공시적으로 생산적인 두 개의 어기로 분리할 수 없게 되었다.

④ 엿보다

현대국어의 '엿보다'는 후기 중세국어의 '엿보다'에서 온 말이다. '엿보다'는 '엿-[窺]'과 '보-[見]'가 결합하여 된 복합어인데, '엿다'는 근대국어 이후 자료에서는 단독으로 쓰인 예가 확인되지 않는다. 그러므로 현대국어의 '엿보다'는 더 이상 '엿-'과 '보-'라는 두 개의 자립적인 어기로 나눌 수 없게 되었다. 그리고 '여수다'[5]라는 단어도 나타나는데,

---

4) '부치다'에서 그 흔적을 확인할 수 있다.
5) '엿보다'의 잘못.

‘엿보다’가 ‘*엿볻다’를 거쳐 ‘엿보다/엿우다’로 변하여 된 단어일 가능성이 있다. 이 단어도 역시 복합어라는 의식이 약화된 예이다.

⑤ 엿듣다

‘엿듣다’도 ‘엿보다’와 마찬가지로 ‘엿-’과 ‘듣-’이 결합하여 된 단어인데, 현대국어에서는 두 개의 어기로 나눌 수 없다.

⑥ 더위잡다

‘더위잡다’는 후기 중세국어에서 나타나는 ‘더위잡다’와 어형이 동일한데, ‘더위잡다’는 ‘더위-’와 ‘잡-’이 결합하여 된 복합어이다. 후기 중세국어와 근대국어에서는 ‘더위다’가 단독으로 쓰였으나 현대국어에서는 사어가 되었다. 그러므로 현대국어에서 ‘더위잡다’는 공시적으로 존재하는 두 개의 어기로 분리할 수 없게 되었다.

⑦ 비틀다

현대국어의 ‘비틀다’는 후기 중세국어의 ‘뷔틀다[絞]’에서 온 말이다. ‘뷔틀다’는 ‘뷔-[搓]’와 ‘틀-’이 결합하여 된 말인데, 현대국어에서 ‘비비 꼬다’의 의미를 가진 ‘뷔다’가 사어가 되어 공시적으로 두 개의 어기로 나눌 수 없게 되었다.

⑧ 넘치다

현대국어의 ‘넘치다’는 후기 중세국어의 ‘넘씨다’에서 온 말인데, ‘넘씨다’는 어간 ‘넘-[過]’과 ‘씨-[溢]’가 결합하여 된 복합어이다. 이 단어는 15세기에서는 ‘넘씨다’(능엄 8:101ㄴ), ‘넚디다’(월석 2:48ㄴ), ‘넘씨다’(석상 9:20ㄱ)로 나타나고, 16세기에서는 ‘넘씨다’(훈몽 하:15ㄱ), (신합 하:50ㄴ)로, 17세기에서는 ‘넘씨다’(마경 상:78ㄴ)와 ‘넘뗘다’(역해 상:59ㄱ)로, 18세기에서는 ‘넘씨다’(천의 1:17ㄱ), ‘넘띠다’(무원 3:68ㄴ), ‘넘찌다'(즈훌 4ㄴ)로 나타난다. '넘치다'(국한 59)는 19세기에 이르러서야 확인된다. '넘쪄다'는 15세기 이후 상당히 표기가 혼란스럽게 나타나는데 이는 '쪄다'가 16세기 이후 단독으로 쓰이지 못하고 사어화한 것과 관련이 있다고 할 수 있다.[6] 현대국어의 '넘치다'는 현대국어에서 '넘-'과 '치-'로 나눌 수 없게 되었다.

⑨ 다니다

'다니다'는 후기 중세국어의 '돈니다'(용가 113)에서 온 단어이다. '돈니다'는 자음동화가 반영된 표기인 '돈니다'(두시 11:26ㄱ)로도 나타나며, 근대국어에서는 '드니다'(마경 上:45ㄱ)로 나타난다. 그리고 19세기 말부터 '다니다'(국한 66)로 나타난다. '돈니다'의 '돈다'는 '닫다'로 현대국어에 존재하나, '니다'가 사어화하여 공시적으로 존재하는 두 개의 어기로 나눌 수 없게 되었다.

4.2. 의미의 변화

다음으로 언급할 어간복합어의 변화는 '의미의 변화'이다. 여기에서 살펴볼 대상은 통시적으로 볼 때 형태상 복합어인 것은 변하지 않았으나 의미상 변화를 겪게 된 어휘이다. 주지하는 바와 같이 어휘의 의미는 고정되어 있는 것이 아니라 언어 자체의 원인, 역사적 원인, 사회적 원인, 심리적 원인, 외래어의 영향, 신어의 영향 등 다양한 원인에 의해 끊임 없이 변화한다. 그래서 표면적으로 드러나는 형태는 동일하더라도 그 의미는 변화를 겪게 되는 경우가 적지 않다.

---

6) '쪄다'가 사어화한 것은 '넘쪄다'가 '쪄다'의 의미영역을 침범하게 되어 두 단어가 경쟁을 하다가 '넘쪄다'가 사회성을 획득하게 되었기 때문인 것으로 보인다.

이처럼 통시적으로 어휘의 의미가 변화하는 예는 복합어의 경우에도
역시 확인된다. 여기에서는 의미 변화의 큰 흐름을 따라 주로 중세국어
부터 현대국어까지 그 쓰임이 확인되는 복합어를 중심으로 어휘 의미의
변화를 살펴보기로 하겠다. 의미의 변화는 크게 '의미의 확장, 의미의
축소, 의미의 이동'으로 나누어 검토하기로 하겠다.

4.2.1. 의미의 확장

의미의 확장은 어휘의 의미가 기본 의미에서 점차 그에서 파생된 새
로운 의미로 그 영역을 넓혀가는 경우를 말한다. 여기에 속하는 예로는
'ᄀᆞ다듬다, 값돌다, 넘삐다' 등이 있다.

① 가다듬다
'ᄀᆞ다듬다'는 후기 중세국어에서는 다음과 같은 예에서 확인된다.

(1) 가. 磨礱理窟ᄒᆞ야 疏達萬法之深原ᄒᆞ노니<월석 序20ㄴ>
  나. 磨礱은 돌 <u>ᄀᆞ다ᄃᆞ물</u> 씨라 窟은 굼기라 疏達은 ᄉᆞ모출 씨라 深原은 기
     픈 根源이라<월석 序21ㄱ>
  다. 道理ㅅ 굼글 <u>ᄀᆞ다ᄃᆞ마</u> 萬法의 기픈 根源을 ᄉᆞ뭇게 코져 ᄇᆞ라노니<월
     석 序21ㄱ>

위 내용은 다 『월인석보』의 序에 나오는 구절로 (1가)은 구결문 부분이
고, (1나)는 (1가)에 대한 협주이고, (1다)은 (1가)에 대한 언해 부분이다.
이 예들에서 우리는 'ᄀᆞ다듬다'를 확인할 수 있는데, 먼저 (1나)에서 '돌
ᄀᆞ다듬다'의 'ᄀᆞ다듬다'는 'ᄀᆞᆯ다'와 '다듬다'의 합인 기본적인 의미로,
'돌처럼 구체적인 사물을 갈고 다듬다'라는 의미를 가진다. 그리고 (1다)

에서는 '진리의 굴을 가다듬다'이므로 이 기본 의미에서 파생되어 '정신을 차리거나 마음을 바로 잡다'라는 추상적인 의미로 쓰였음을 알 수 있다. 이 예에서도 알 수 있듯이 어간복합어는 그 구성 어기의 합인 기본 의미가 있고 이에서 확장된 새로운 의미를 가지게 된다. 이렇게 확장된 의미는 다른 문헌에서도 확인된다.

   (2) 가. 네 ᄆᆞᅀᆞ매 微細히 혜아려 ᄀᆞ다ᄃᆞᄆᆞ라<능엄 1:90ㄴ>

       나. 게으르고 프러디면 ᄀᆞ다ᄃᆞ마 정히 몯ᄒᆞ고<번소 6:16ㄴ>

그리고 근대국어에서는 이외에 새로운 의미도 확인된다.

   (3) 秦襄公이 兵을 ᄀᆞ다듬아 犬戎을 滅ᄒᆞ려 ᄒᆞ거늘<여사4:31ㄱ>

   (4) ᄭᅮᆯ어 잔을 밧드러 슈룰 올리고 얼골을 ᄀᆞ다듬고 손을 ᄭᅩ자<오륜 宗:55ㄱ>

(3)은 '흐트러진 조직이나 대열을 바로 다스리고 꾸리다'의 의미이고, (4)는 '태도나 매무새 따위를 바르게 하다'의 의미이다. 이러한 의미는 후기 중세국어 자료에서는 확인할 수 없었던 의미이다. 그리고 현대국어에서는 이 외에 '목청을 고르다'와 '숨을 안정되게 고르다' 등의 의미도 확인할 수 있다. 이처럼 '가다듬다'는 '돌을 가다듬다'는 기본 의미에서 '정신을 가다듬다'의 추상적 의미로 확장된 다음, '옷매무새를 가다듬다, 목을 가다듬다, 호흡을 가다듬다, 전열을 가다듬다' 등으로 의미가 확장하였음을 알 수 있다.

  ② 감돌다

 '갊돌다[市]'는 '감-[纏]'과 '돌-[繞]'이 결합하여 이루어진 복합어로 그 표기가 '감똘다'(월석 1:30ㄱ)로도 나타난다. 이 때 '감-'과 '돌-' 사이에 나타나는 'ㅅ'은 사이시옷으로 보인다.

(5) 가. 부텻 棺애 禮數ᄒᆞ시고 올흔 녀그로 닐굽 번 <u>값도ᄅᆞ시고</u> 목노하 우르
　　　샤 하ᄂᆞᆯ해 도라가시니라<석상 23:36ㄴ>
　　나. 陽德 孟山 鐵山 嘉山 ᄂᆞ린 물이 浮碧樓로 <u>감도라</u> 들고<청구 498>

(5가)는 후기 중세국어에서, (5나)는 근대국어에서 '감돌다'가 쓰인 예이
다. 여기에서 '감돌다'는 '감아서 돌다'라는 두 어기의 단순한 합인 의
미를 가지는데, 그 의미를 구체적으로 말하면, 전자는 '어떤 둘레를 여
러 번 빙빙 돌다'의 의미, 후자는 '길이나 물굽이 따위가 모퉁이를 따라
돌다'의 의미이다.

(6) 가. 섬 전체에 갑자기 이상한 긴장이 <u>감돌기</u> 시작했다.<표준, '감돌다' 항>
　　나. 그에 대한 나쁜 생각이 온통 내 머릿속을 <u>감돌고</u> 있었다.<표준, '감돌
　　　다'항>

(6)은 『표준국어대사전』에 나오는 '감돌다'의 용례 가운데 일부로 (5)의
의미 외에도 '감돌다'가 새로운 의미를 가지게 되었음을 보여 준다. (6
가)는 '어떤 기체나 기운이 가득 차서 떠돌다'의 의미, (6나)는 '생각 따
위가 눈앞이나 마음속에서 사라지지 않고 자꾸 아른거리다'의 의미로,
근대국어 이전 시기에 '감돌다'가 구체적인 사물과 공기하였던 데 비해
현대국어에서는 추상적인 '긴장, 생각' 따위와 공기하여 쓰임이 확대되
었을 뿐만 아니라 그 의미 영역도 확장되었음을 알 수 있다.

③ 넘치다
'넘ᄢᅵ다'는 어간 '넘-[過]'과 'ᄢᅵ-[溢]'가 결합하여 된 어간복합어로
이후 '넘ᄶᅵ다, 넘ᄣᅵ다'를 거쳐 '넘치다'로 표기되고 있다. 그 의미의 변
화를 검토해 보면 다음과 같다.

(7) 가. 조티 몯흔 거시 흘러 <u>넘</u>**씨**거든<법화 2:110ㄱ>

　　나. フ룸과 우믏 므리 다 <u>넚디고</u><월석 2:48ㄴ>

(7)은 '넘**씨**다'가 기본적 의미로 쓰인 예로 '가득 차서 밖으로 흘러 나오다'의 의미를 보인다.

(8) 쳔랴이 有餘ᄒ고 倉庫ㅣ フ드기 <u>넘씨고</u><석상 9:20ㄱ>

(8)은 (7)의 의미에서 더 확장된 의미로 (7)이 구체적인 액체 따위가 흘러 나오는 것을 의미했던 반면, 이것은 재산처럼 액체가 아닌 것이 '일정한 정도를 넘을 만큼 많다'의 의미를 나타낸다. 후기 중세국어에서는 이처럼 '넘**씨**다'가 주로 구체적인 사물과 공기하여 쓰였다.

(9) 분흔 긔운이 말 밧긔 <u>넘쪄</u><천의 1:17ㄱ>

그러나 (9)에서 볼 수 있는 것처럼 18세기 자료에 와서는 '느낌이나 기운이 정도를 벗어나도록 강하게 일어나다'라는 의미로도 쓰이고 있다. 그리고 현대국어에서는 앞에서 본 세 가지 의미 외에도 '그 사람은 분수에 <u>넘치게</u> 산다'와 같이 '어떤 기준을 벗어나 지나다'라는 의미로도 쓰이게 되었다. 이는 '넘**씨**다'가 사회성을 획득한 뒤 '의미의 확장'을 일으켰음을 보여 준다.

④ 덩거칠다

'덩거칠다'는 앞에서 살펴본 바와 같이 '덦거츨다'에서 온 단어이다. '덦거츨다'는 한문 원문의 '蕪穢'에 대당하는 단어로 '잡초가 우거지고 거칠다'의 의미를 가진다. 그런데 현대국어의 '덩거칠다'는 '[1] ① 풀이나 나무의 덩굴이 뒤엉켜 거칠다. ② 사람의 생김새나 행동 따위가 매우 거칠다. [2] 閧 성미나 솜씨 따위가 세밀하지 못하고 거칠다'라는 의미를 가진다. 현대국어의 '덩거칠다'가 근대국어 이전 자료에서는 볼 수 없었던, '사람의 생김새이나 행동 따위가 거칠다'와 '성미나 솜씨 따위가 세밀하지 못하고 거칠다'라는 새로운 의미를 가짐을 알 수 있다.

4.2.2. 의미의 축소

의미의 축소가 일어난 예로는 '돌보다'를 볼 수 있다.

(10) 가. 太子끽 절흐숩고 두루 <u>돌봇며</u> 붓그려 흐더라<석상 3:8ㄱ>

　　나. 아힛삑 서르 <u>돌오던</u> 사르미 다ᄋ니(兒童相顧盡)<두시 24:47ㄴ>

　　다. 술읫 가온디셔 <u>돌보디</u> 아니흐며<소언 3:13ㄱ>

(10)은 후기 중세국어에서 '돌보다'가 쓰인 예이다. 먼저 (10가)에서는 '고개를 돌려 주변을 보다'의 의미를 가진다. 그리고 (10나)는 '관심을 가지고 보살피다'의 의미이다. 이처럼 후기 중세국어에서 '돌보다'는 두 가지 의미를 가졌다. 그런데 이러한 의미 가운데 전자의 의미는 근대국어 이후의 자료에서는 거의 확인되지 않는다.

(11) 가. 扶助他 뎌를 <u>돌보다</u><역해 下:52ㄴ>

　　나. 나는 서르 아는 ᄉ이오라 <u>돌보려</u> 흐고 그리 말을 흐더니<인어 10:11ㄱ>

　　다. 곳 가셔 죽더라 흐여도 부모의 <u>돌보믈</u> 브라지 아니리이다<감응 5:2ㄱ>

(11)의 (가)~(다)는 각각 17세기, 18세기, 19세기 문헌에 나타나는 '돌보다'의 예로 모두 후자의 의미로만 쓰였음을 알 수 있다. 이는 현대국어에서도 마찬가지여서 '고개를 돌려 주변을 보다'라는 의미는 쓰이지 않

고, '관심을 가지고 보살피다'라는 의미만이 쓰이고 있다. 그러므로 '돌보다'는 두 가지 의미로 쓰이다가 한 가지 의미로 쓰이게 되어, '의미의 축소'가 일어났음을 알 수 있다.

이렇게 '돌보다'가 의미의 축소가 일어나게 된 것은 어미가 개재된 복합어인 '돌아보다'와 관련이 있는 듯하다. '돌아보다'가 주로 '고개를 돌려 주변을 보다'의 의미로 안정적으로 쓰이게 되자 '돌보다'는 의미의 중복을 피하기 위하여 영역이 축소된 것으로 보인다.

4.2.3. 의미의 이동

앞에서 본 '의미의 확장'이나 '의미의 축소'는 기본 의미가 있고 이 의미에서 의미가 확장하거나 축소하는 경우인데, 이 '의미의 이동'은 어떤 단어가 처음 가졌던 의미와 전혀 유연성이 없는 새로운 의미를 가지게 되는 경우를 말한다. 이에 해당하는 예로는 '헐뜯다'를 들 수 있다.

(12) 헐쓰더 기운 집의 議論도 하도 할샤<청구 86>

(12)는 근대국어에 나오는 '헐뜯다'의 예로, '헐고 떨어지다' 정도의 의미를 가진다. 이것은 '집이 헐뜯다' 정도의 문장으로 쓰일 수 있는 의미로, 자동사로 쓰였음을 알 수 있다.

그런데 현대국어에서의 '헐뜯다'는 '남을 해치려고 헐거나 해쳐서 말하다'의 의미로 '친구를 헐뜯다, 서로를 헐뜯다'와 같이 목적어를 취하는 타동사로 쓰인다. 물론 이 경우 근대국어의 '헐뜯다'와 현대국어의 '헐뜯다'를 전혀 별개의 동사로 볼 수도 있으나 '헐-'과 '뜯-'이라는 동일한 어기가 결합하여 된 어간복합어라는 점에서 동일하므로 '의미의 이동'이 일어난 예로 처리하였다.

제5장 결 론

　　지금까지 우리는 용언의 어간이 어미와 유리되어 복합어의 선행 성분으로 참여하여 형성된 어간복합어의 특성과 시대별 목록, 통시적 변화 등을 살펴보았다. 우리가 이 유형의 복합어에 관심을 가진 이유는 이것이 늘 특별한 단어 형성법으로 처리되었을 뿐만 아니라 현대국어에서는 더 이상 생산성이 없다고 논의되어 그에 대한 연구가 거의 이루어지지 않았기 때문이다. 우리는 실제 자료의 검토를 통하여 어간복합어가 근대국어 이후 생산성이 사라진 것이 아니라 현대국어에서도 여전히 생성되고 있음을 확인하였다. 지금까지 논의한 내용을 요약하고 앞으로 남은 문제를 정리해 보기로 하겠다.

　　먼저 2장에서는 용언의 어간이 어미와 유리되는 현상이 시대별로 어떻게 나타나는지 확인하기 위하여 차자표기가 사용되었던 고대국어부터 훈민정음 창제 이후 현대국어까지 각 시대별로 '용언 어간의 유리성'을 유형별로 검토하였다. 그리하여 '용언 어간의 자립적 유리성'과 '용언 어간의 의존적 유리성'을 구분하여, 영변화 파생명사와 영변화 파생부사 같이 용언 어간이 자립적으로 쓰이는 예는 전자의 경우로 후기 중세국어 이후 소멸되었다고 보았다. 반면 용언 어간이 단어 형성의 선행 성분이 될 때 어미와 유리되는 '용언 어간의 의존적 유리성'은 어느 한 시대에 국한된 것이 아닌, 국어 고유의 특성임을 확인하였다. 그리고 용언 어간의 특성을 통하여 인간의 머릿속 어휘부에 어간과 어미가 결합되어 존재하는 것이 아니라 따로 저장되어 있을 가능성이 있음을 보았다. 다음으로 어간복합어가 근대국어나 현대국어에서 계속 형성된다는 사실을 신조어의 생성을 통하여 확인하였는데, 특히 근대국어에 나타나는 '헐벗다'와 같은 단어는 '벗다'의 의미로 미루어 볼 때 중세국어에서 생긴 단어라고 보기는 힘들다는 것을 검토하였다. 또한 현대국어의 '빌붙다'와 같은 단어도 후기 중세국어나 근대국어에서는 그 단어가 쓰일 만한 문맥에서 '아당하다'나 '아첨하다'와 같은 한자어가 나타나 현대국어에서 형성된 단어일 가능성이 있다고 보았다.

그리하여 우리는 지금까지 어간복합어가 근대국어 이후 소멸되었다고 본 것은 후기 중세국어에 나타나던 어간복합동사들의 소멸을 단어 형성 방식의 소멸로 본 것으로, 단어의 소멸과 단어 형성 방식의 소멸은 구별해야 한다고 보았다. 다음으로는 어간복합어의 의미 특성을 보았는데 그 결과는 다음과 같다. 첫째, 어간복합어는 어미가 개입된 복합어나 구로는 나타낼 수 없는 의미를 나타내는 경우가 있다. 둘째, 어간복합어는 결합하는 선행 어간과 후행 어기 사이에 어미가 개입하지 않음으로써 어미가 개입된 복합어보다 두 성분 간에 의미의 긴밀성이 생길 수 있다.

다음으로는 어간복합어를 판별하기 위한 기준을 제시하였는데, 우선 어간복합어가 단순히 그 구성 어기의 합인 의미를 나타낼 경우 이를 구로 볼 수 있는지 검토하였다. 복합어가 단순히 두 성분의 합인 의미를 나타낸다고 하여도 그것을 구로 보기는 쉽지 않다. 만약 그것이 구라면 용언 어간이 자립적으로 유리되어 쓰이는 것이 가능하다는 것을 인정하여야 한다. 그러나 우리가 살펴보았듯이 어간이 어미 없이 자립적으로 쓰인 예는 12세기의 『계림유사』에 나타난 차자표기를 제외하고는 거의 찾아보기 힘들뿐더러 그것마저 설명법 어미에 국한되는 것이었다. 설령 후기 중세국어에 나타나는 '보숣피다, 쥐주다' 등이 단어가 아니라 구 구성이라고 처리한다 하여도 이처럼 어기의 단순한 합인 의미를 나타내는 현대국어의 단어들은 어떻게 처리해야 하는지가 역시 문제로 남는다. 물론 영변화 파생부사와 영변화 파생명사를 고려해 볼 때 후기 중세국어에서는 용언 어간의 자립적 유리성이 존재하였으므로 그 당시에 이러한 구성이 구였다고 볼 가능성도 없지는 않다. 그러나 이를 인정하려면 현대국어에서도 '용언 어간의 자립적인 유리성'이 존재한다고 보아야 할 것이다. 아니라면 후기 중세국어의 '보ᇝ피다, 쥐주다'와 현대국어의 '찌삶다, 덮두들기다' 사이에 어떠한 형성상의 차이가 있다고 하여야 할 것인데 이를 설명하기는 쉽지 않다. 물론 용언 어간의 자립적 유리성이 후기 중세국어 시대와 그 이전 시기에 존재하기는 하였으나 단어 형성에서 나타나는 용언 어간의 유리성은 이와 구별하여 논해야 할 문제라고 생각한다. 어간보다 더 자립성이 없는 어근도 단어의 선행 성분이 될 때는 유리되어 단어 형성에 참여하는데, 이것을 보고 어근도 자립적으로 쓰였을 가능성이 있다고 보기는 힘들 것이다. 복합어를 만들 때 중심 의미를 나타내는 형태소 위주로 결합이 이루어지기 때문에 생기는 현상이라고 보는 것이 더 설득력이 있다고 생각한다.

다음으로 어간복합어의 선행 성분이 부사인지 용언 어간인지 판단이 어려운 예를 대상으로 판별기준을 제시하였는데, '선행 성분이 영변화 파생부사라면, ㄱ 부사의 수식을 받는 후행 성분이 다양하게 확인되어야 한다'는 기준과 '선행 성분이 영변화 파생부사라면, 동시대에 같은 어간에 부사 파생 접미사가 결합한 파생부사가 생산적으로 쓰이지 않아야 한다'는 기준, 이 두 기준을 가지고 판별을 시도하였다. 다음으로 어간복합어로 보이는 단어의 선행 성분이 접사인지 용언 어간인지 판별이 어려운 예들을 대상으로 '접사의 생산성'과 '의미의 변화'라는 두 가지 기준을 세워 구별을 시도하였다. 그래서 어간의 의미가 그대로 살아 있으면 용언 어간이고 의미가 약화되거나 변형되어 독립적으로 쓰이지 못하면 접사임을 확인하였다. 그리고 어간복합어로 보이는 단어의 선행 성분이 어미가 결합하여 축약된 형태인지 아니면 용언 어간 자체인지 판별이 쉽지 않은 예들을 대상으로 성조의 검토를 통하여 판별을 시도해 보았다.

3장에서는 각 시대별로 어간복합어의 목록을 확인하였다. 그 결과 고대국어의 어간복합어로 '哭屋, 陪立, 涌出, 收坐, 追移, 弗矩內, 異次頓, 推火郡' 등을, 전기 중세국어의 어간복합어로 '聞見, 知想, 齒所叱史如, 孛쫓, 黑鷄' 등을 확인하였다. 우리는 어간복합어의 존재에 더 관심을 기울인다면 전기 중세국어 이전의 차자표기 자료를 해독하는 데도 적지 않은 도움이 될 수 있을 것이라 생각한다. 그리고 후기 중세국어, 근대국어, 현대국어의 어간복합어를 차례로 살펴보았다. 우리가 확인할 수 있는 복합어는 현존하는 문헌에서 확인되는 예에 한정되므로 그것이 그 시대에 존재하였던 어간복합어 전체를 보여 준다고는 할 수 없다. 그러나 어간복합어는 근대국어 이후에 소멸된 것으로 처리되었기 때문에 근대국어 이후의 복합어 목록은 체계적으로 정리된 바가 거의 없다. 더욱이 '넘보다, 덮두들기다, 섞바꾸다' 같은 동사, '넓둥글다, 높푸르다, 짙붉다' 같은 형용사, '묵밭, 밉상, 옥니' 같은 명사 등 현대국어에서 처음으로 확인되는 단어들의 목록을 확인함으로써 이후의 어간복합어 연구에 토대를 제공하고자 하였다.

기존 논의에서는 어간복합어가 어미가 없기 때문에 의미가 불명료하여 어미가 개재하게 되었다거나 또는 어미 체계가 제대로 발달하지 않은 상태에서 어간복합어가 쓰였으나 이후 어미 체계의 발달과 더불어 사라지게 되었다거나 또는 어간복합어가 우리 고유의 단어결합방식이 아닌 한자어 단어 형성 방식의 일시적 차용이었다고 보는 등 어간복합어가 중세 이후 생산성을 잃은 것으로 보고 그 원인 규명에 치중하였다. 그러나 우리가 실제 자료를 살펴본 결과, 이것은 15세기와 16세기에 존재하였던 복합동사에 한정하여 말할 때에만 성립할 수 있는 논의로 단어의 소멸과 단어 형성 방식의 소멸을 구별하지 않아 전자를 후자로 혼동했기 때문에 생긴 일이었다. 실제로 복합형용사나 복합명사의 경우는 중세국어 이후 근대와 현대에서 더욱 활발하게 생성되고 있었다. 그러므로 어간복합어는 사라진 것이 아니라 오히려 주로 복합동사에만 쓰이던 것이 복합형용사와 복합명사로 영역의 확장이 일어났다고 할 수 있다. 특히 현대국어에서 어간복합어가 생산성이 없다고 보아 '먹거리'를 '먹을거리'로 순화하는 등 사용이 제한적이었던 것을 고려한다면, 실제로 어간복합어의 생성 가능성은 우리가 생각하는 것 이상일 수 있다. '덮밥'이 생성된 뒤 '덮라면'과 '덮면'이 만들어지는 것에서도 이러한 사실을 확인할 수 있다. 단어의 생성은 인위적이나 그 단어가 사회성을 획득하는 것은 언중에 의해서이다. 동일한 단어 형성 원리로 생성된 '넘보라살'과 '먹거리' 가운데 '넘보라살'이 사회성을 획득하지 못하고, '먹거리'가 사회성을 획득한 것은 단어 형성 원리의 문제가 아니라 언중에 의해 사회성을 획득하느냐 아니냐의 문제인 것이다.

4장에서는 어간복합어의 통사적 변화를 살펴보았다. 4.1에서는 복합어라는 의식이 약화되는 예들을 보았는데 복합어의 어형이 변화하여 현대국어에서 두 개의 어기로 나눌 수 없게 된 '두더지' 같은 예와 한쪽 어기가 소멸되어 두 개의 어기로 나누기 어렵게 된 '숫돌'과 같은 예들을 검토하였다. 4.2에서는 의미의 변화를 살펴보았는데 통시적으로 의미가 확장된 예, 축소된 예, 의미가 이동한 예들을 살펴보았다. 복합어가 생성된 뒤 변화를 겪는 것은 어휘사의 문제이므로 우리는 가능한 한 개별 어휘의 역사를 정밀하게 살펴보고자 하였다.

이제 앞으로 남은 문제를 검토하기로 하겠다. 우리는 본 논의에서 어간복합어의 특성과 현대국어에서의 생산성을 규명하는 데 치중하였다. 어간복합어가 현대국어에서 생산성이 있음을 확인한 이상, 이제 더 정밀한 논의가 이루어져야 할 것이다. 먼저 어간복합어와 어미가 개재된 복합어의 의미 차이를 규명하여야 할 것이다. 2.3에서 이에 대하여 언급하기는 하였으나 '얽어매다'와 '얽매다', '돌아보다'와 '돌보다'처럼 두 가지 형식의 복합어가 다 존재하는 예들의 경우 그 사이에 어떤 의미 차이가 있는지 살펴보아야 할 것이다. 그리고 주로 어간복합어의 선행 성분으로 나타나는 '옥다'(옥다물다, 옥죄다, 옥니) 같은 용언과 주로 어미가 개재된 복합어의 선행 성분으로 나타나는 '알다'(알아내다, 알아듣다, 알아보다) 같은 용언 사이에 어떠한 의미적·통사적 차이가 있는지도 검토해 보아야 할 것이다. 즉 주로 어간복합어를 잘 형성하는 용언과 어미가 개재된 복합어를 잘 형성하는 용언 사이에 어떤 차이가 있는지 확인해 볼 필요가 있다.

우리는 어간복합어의 통사적 특성에 대해서는 검토하지 못했다. 어간복합어를 구성하는 선행 어기와 후행 어기의 통사 특성에 따라 어간복합어의 특성이 어떻게 달라지는지도 검토하여야 할 것이다.

마지막으로 2.4.4에서 본 어미 축약형과 용언 어간을 구별할 수 있는 방법에 대해서도 생각해 보아야 할 것이다. 앞에서도 말하였지만, '날개'의 '날-'과 '날벌레'의 '날-'이 외견상 아무 차이가 없는데도 전자의 '날-'은 용언 어간 자체라고 보고, 후자의 '날-'은 '날-'과 관형사형 어미 '-ㄹ'의 결합이라고 보는 것은 문제가 있다고 생각한다. 지금까지는 어간복합어가 현대국어에서 생산성이 없다고 보았기 때문에 이러한 설명만이 가능하였다. 그러나 어간복합어가 현대국어에서도 존재한다는 것이 밝혀진 이상, 이를 판별하는 방법이 마련되어야 할 것이다.

현대국어의 어간복합어에 대한 연구는 이제 시작 단계라 할 수 있다. 우리는 그 목록을 확인하는 데 만족하였다. 앞으로 이와 관련하여 더 다양하고 깊이 있는 논의가 이루어지기를 바라는 바이다.

참고문헌

강병륜(1990), 「충청북도의 지명어 연구」, 인하대 박사학위 논문.

강성일(1972), 「중세국어 조어론 연구」, 『동아논총』 9, 동아대.

강 영(1990), 「복합동사에 관한 일고찰: 동사 + 동사의 구성을 중심으로」, 『한국
　　　어학신연구』(우운 박병채 선생 정년퇴임기념논총), 한신문화사.

강신항(1980), 『계림유사 고려방언 연구』, 성균관대 출판부.

＿＿＿＿＿(1991), 『현대국어 어휘사용의 양상』, 태학사.

강은국(1993), 『조선어 접미사의 통시적 연구』(우리말 밝히기 5), 서광학술자료사.

강진식(1994ㄱ), 「현대국어의 단어형성 연구」, 전남대 박사학위 논문.

＿＿＿＿＿(1994ㄴ), 「합성동사의 구조와 의미 고찰」, 『우리말 연구의 샘터』(연산 도
　　　수희 선생 화갑기념 논총), 문경출판사.

고영근(1987), 『국어 문법의 연구: 그 어제와 오늘』, 탑출판사.

＿＿＿＿＿(1989), 『국어형태론연구』, 서울대 출판부.

＿＿＿＿＿(1993), 『우리말의 총체서술과 문법체계』, 집문당.

＿＿＿＿＿(1997), 『개정판 표준준세국어문법론』, 집문당

고영근·남기심(1985), 『표준국어문법론』, 탑출판사.

＿＿＿＿＿＿＿＿＿＿(1986), 『국어의 통사·의미론』, 탑출판사.

고영근·이현희 교감(1986), 『주시경: 국어문법』, 탑출판사.

고영진(1997), 『한국어의 문법화 과정: 풀이씨의 경우』, 국학자료원.

고재설(1994), 「국어 단어 형성에서의 형태·통사 원리에 대한 연구」, 서강대 박
　　　사학위 논문.

곽충구(1996), 「국어사 연구와 국어 방언」, 『이기문 교수 정년퇴임기념 논총』,
　　　신구문화사.

구본관(1998), 『15세기 국어 파생법에 대한 연구』, 태학사

______(2002), 「'동사 어간+아/어+동사 어간' 합성 동사 형성의 원리」, 『문법과
       텍스트』, 서울대 출판부.

국립국어연구원 편(1993), 『국어사전에서의 합성어 처리에 관한 연구』.

권용경(2001), 「국어 사이시옷에 대한 통시적 연구」, 서울대 박사학위 논문.

권인한(1995), 「조선관역어의 음운론적 연구」, 서울대 박사학위 논문.

기주연(1994), 『근대국어 조어론 연구(Ⅰ)』, 태학사.

김계곤(1996), 『현대 국어의 조어법 연구』, 박이정.

김광우(1995), 「합성동사의 국어사적 연구」, 경희대 박사학위 논문.

김광해(1993), 『국어 어휘론 개설』, 집문당.

김기혁(1995), 『국어 문법 연구: 형태·통어론』, 박이정.

김사권(1990), 「『석보상절』에 나타난 조어법 연구」, 건국대 석사학위 논문.

김성란(1989), 「국어의 합성동사 연구」, 부산여대 석사학위 논문.

김세중(1990), 「16세기 초기 우리말의 낱말만들기 연구」, 건국대 석사학위 논문.

김영석·이상억(1992), 『현대형태론』, 학연사.

김완진(1970), 「이른 시기에 있어서의 한중언어접촉의 일반에 대하여」, 『어학연
       구』 8-1.

______(1973), 「국어 어휘 마멸의 연구」, 『진단학보』 35.

______(1979), 『문학과 언어』, 탑출판사.

______(1980), 『향가해독법연구』, 서울대 출판부.

______(1983), 「계림유사와 음절말 자음」, 『국어학』 12.

______(2000), 『향가와 고려가요』, 서울대 출판부.

김용범(1989), 「합성어 구조 유형에 관한 연구: 학습 현장에서의 어휘지도를 중
       심으로」, 동아대 석사학위 논문.

김일병(2000), 『국어 합성어 연구』, 역락.

김정남(1998), 「국어 형용사의 연구」, 서울대 박사학위 논문.

김정은(1995), 「현대국어의 단어 형성법 연구」, 숙명여대 박사학위 논문.

김종욱(1992), 「15세기 국어의 복합어 연구」, 국민대 석사학위 논문.

김창섭(1981), 「현대국어의 복합동사 연구」, 국어연구 47.

______(1990ㄱ), 「영파생과 의미전이」, 『주시경학보』 5.

______(1990ㄴ), 「복합어」, 『국어연구 어디까지 왔나』, 동아출판사.

______(1996ㄱ), 『국어의 단어형성과 단어구조 연구』, 태학사.

______(1996ㄴ), 「국어 파생어의 통사론적 문제들」, 『이기문 교수 정년퇴임기념 논총』, 신구문화사.

______(1997), 「합성법의 변화」, 『국어사 연구』(전광현·송민 선생 화갑기념 논총), 태학사.

______(1998), 「복합어」, 『문법 연구와 자료』(이익섭 선생 회갑기념 논총), 태학사.

김철남(1997), 『우리말 어휘소 되기』, 한국문화사.

남기심·고영근(1985), 『표준 국어문법론』, 탑출판사.

남성우(1986), 『15세기 국어의 동의어 연구』, 탑출판사.

남풍현(1968), 「15세기 언해 문헌에 나타난 정음 표기의 중국계 차용 어사 고찰」, 『국어국문학』 39·40.

______(1981), 『차자표기법 연구』, 단대 출판부.

______(1990), 「이두·구결」, 『국어연구 어디까지 왔나』, 동아출판사.

______(1999), 『국어사를 위한 구결 연구』, 태학사.

______(2000), 『이두 연구』, 태학사.

노양수(1992), 「석보상절에 나타난 조어법 연구」, 동아대 석사학위 논문.

박병채(1974), 『고려가요의 어석 연구』, 선명문화사.

박성현(1989), 「국어의 부사화소 {-이}와 {-게}에 대한 사적 연구: 기능과 분포를 중심으로」, 서울대 석사학위 논문.

박용찬(1994), 「근대국어 복합명사 연구」, 국어연구 122.

박정순(1999), 「국어의 비통사적 복합동사에 대한 어휘사적 연구 서설」, 한국정신문화연구원 석사학위 논문.

박진호(2000), 「'봄놀다'와 '붑괴다'에 대한 어원론적 형태 분석」, 『형태론』 2-2.

박희숙(1985), 「『대명률직해』의 이두 연구」, 명지대 박사학위 논문.

배주채(1996), 『국어음운론개설』, 신구문화사.

백춘범(1992), 『조선어 단어결합과 단어어울림 연구』, 사회과학출판사.

서병국(1975), 「현대국어의 어구성 연구」, 경북대 박사학위 논문.

서종학(1995), 『이두의 역사적 연구』, 영남대 출판부.

서태룡(1988), 『국어 활용어미의 형태와 의미』(국어학총서 13), 탑출판사.

성광수(2001), 『국어의 단어형성과 의미해석』, 월인.

송원용(2002), 「국어 어휘부와 단어 형성 체계에 대한 연구」, 서울대 박사학위 논문.

송창선(1999), 「중세국어 비통사적 합성용언의 의미관계」, 『국어교육연구』 31,
        국어교육학회.

송철의(1990), 「국어의 파생어형성 연구」, 서울대 박사학위 논문.

______(1998), 「파생어」, 『문법 연구와 자료』(이익섭 선생 회갑기념 논총), 태학사.

시정곤(1998), 『수정판 국어의 단어형성 원리』, 한국문화사.

신중진(1998), 「현대국어 의성의태어 연구」, 국어연구 154.

심재기(1982), 『국어어휘론』, 집문당.

______(1990), 「어원」, 『국어연구 어디까지 왔나』, 동아출판사.

______(1994), 「숨어있던 복합어에 대하여」, 『우리말 연구의 샘터』(연산 도수희
        선생 화갑기념 논총), 문경출판사.

______(1997), 「국어 어휘의 구조와 특징」, 『국어사 연구』(전광현 · 송민 선생 화
        갑기념 논총), 태학사.

______(2000), 『국어 어휘론 신강』, 태학사.

심재기 · 이기용 · 이정민(1984), 『의미론서설』, 집문당.

안병호(1985), 『계림류사와 고려시기 조선어』, 민족문화사.

안병희(1959), 「15세기 국어의 활용어간에 대한 형태론적 연구」, 국어연구 7(국
        어학 연구선서 2(1978), 탑출판사 재간).

______(1960), 「여요 이제」, 『한글』 127.

______(1977), 『중세국어 구결의 연구』, 일지사.

______(1979), 「중세어의 한글자료에 대한 종합적인 고찰」, 『규장각』 3.

______(1987), 「월인석보 권11·12에 대하여」, 『국어생활』 9, 국어연구소.

______(1989), 「국어사자료의 오자와 오독」, 『이정 정연찬 선생 회갑기념논총』, 탑출판사.

안병희·이광호(1990), 『중세국어문법론』, 학연사.

안병희(1992), 『국어사 자료 연구』, 문학과 지성사.

안효경(1994), 「현대국어 접두사 연구」, 국어연구 117.

양정호(1991), 「중세 국어 파생 접미사 연구」, 국어연구 105.

양주동(1947), 『여요전주』, 을유문화사.

______(1965), 『증정 고가연구』, 일조각.

유경종(1986), 「국어 복합어 형성과정의 의미론적 연구」, 한양대 석사학위 논문.

유창돈(1971/1980), 『어휘사연구』, 이우출판사.

이광호(1998), 「후기 중세국어 합성어의 '어미와 유리된 동사 어간'에 대한 연구 서설」, 『정신문화연구』 73(이광호(2001)에 재수록).

______(2001), 『국어문법의 이해』 1, 태학사.

이기문(1961), 『국어사개설』(초판), 민중서관

______(1967), 「한국어 형성사」, 『한국문화사대계』 V, 고려대 민족문화연구소.

______(1972), 『개정 국어사개설』, 탑출판사.

______(1983), 「'아자비'와 '아즈미'」, 『국어학』 12.

______(1991), 『국어 어휘사 연구』, 동아출판사.

이기문·김진우·이상억(1984), 『국어음운론』, 학연사.

이병근(1979), 『음운현상에 있어서의 제약』, 탑출판사.

______(1992), 「근대국어 시기의 어휘정리와 사전적 전개」, 『진단학보』 74.

이병기(1997), 「보조용언과 강세접사의 발달」, 『국어학논집』 3, 서울대 국어국문학과 편, 태학사.

이상복(1990), 「현대국어의 조어법 연구」, 연세대 박사학위 논문.

이석주(1989), 『국어형태론』, 한샘.

이선영(1992ㄱ), 「15세기 국어 복합동사 연구」, 국어연구 110.

_____(1992ㄴ), 「중세국어 비통사적 복합동사의 특성」, 『주시경학보』 10.

이성하(1998), 『문법화의 이해』, 한국문화사.

이승욱(1973), 『국어문법체계의 사적 연구』, 일조각.

_____(1974), 「동사어간형태소의 발달에 대하여」, 『진단학보』 38.

_____(1977), 「문법사의 몇 문제」, 『국어학』 5.

_____(1997), 『국어 형태사 연구』, 태학사.

이승재(1992), 『고려시대의 이두』(국어학총서 17), 태학사.

이양혜(2000), 『국어의 파생접사화 연구』, 박이정.

이영숙(1987), 「『계튝일긔』에 나타난 조어법 연구」, 상명여대 석사학위 논문.

이익섭(1963), 「십오세기 국어의 표기법 연구」, 국어연구 10.

_____(1965), 「국어 복합명사의 IC 분석」, 『국어국문학』 30.

_____(1975), 「국어 조어론의 몇 문제」, 『동양학』 5.

_____(1983), 「현대국어의 반복복합어의 구조」, 『백영 정병욱 선생 환갑기념 논
    총』, 신구문화사.

_____(1986/2000), 『국어학개설』, 학연사.

_____(1992), 『국어표기법연구』, 서울대 출판부.

이익섭·임홍빈(1983), 『국어문법론』, 학연사.

이익섭·채완(1999), 『국어 문법론 강의』, 학연사.

이익환(1985), 『의미론 개설』, 한신문화사.

이주행(2001), 『개정판 한국어 문법의 이해』, 월인.

이지양(1993), 「국어의 융합현상과 융합형식」, 서울대 박사학위 논문.

_____(1998), 「문법화」, 『문법 연구와 자료』(이익섭 선생 회갑기념 논총), 태학사.

이진환(1984), 「18세기 국어의 조어법 연구: 『방언집석』을 중심으로」, 단국대 석
    사학위 논문.

이태영(1988), 『국어 동사의 문법화 연구』, 한신문화사.

이현희(1987), 「중세국어 '둗겁-'의 형태론」, 『진단학보』 63.

_____(1988), 「『소학』의 언해에 대한 비교연구: 형태·통사적 측면을 중심으로」,

『한신논문집』 5.

______(1991ㄱ), 「국어문법사 기술에 있어서의 몇 가지 문제」, 『국어사 논의에 있어서의 몇 가지 문제』, 한국정신문화연구원.

______(1991ㄴ), 「중세국어의 합성어와 음운론적인 정보」, 『석정 이승욱 선생 회갑기념 논총』.

______(1994), 『중세국어 구문연구』, 신구문화사.

______(1995), 「'-사'와 '-沙'」, 『한일어학논총』, 국학자료원,

______(1996), 「중세국어 부사 '도로'와 '너무'의 내적 구조」, 『이기문 교수 정년 퇴임기념 논총』, 신구문화사.

______(1997), 「중세국어의 강세접미사에 대한 일고찰」, 최태영 외(1997), 『한국 어문학논고』, 태학사.

______(2002), 「중세·근대국어 형태론의 몇 문제」, 『문법과 텍스트』, 서울대 출판부.

이현희·이호권·이종묵·강석중(1997ㄱ), 『두시와 두시언해』 권6, 신구문화사.

이현희·이호권·이종묵·강석중(1997ㄴ), 『두시와 두시언해』 권7, 신구문화사.

이호승(2001), 「단어형성과정의 공시성과 통시성」, 『형태론』 3-1.

이희승(1955), 『국어학개설』, 민중서관.

임홍빈·장소원(1995), 『국어문법론』 I, 한국방송대학교 출판부.

장세경(2001), 『이두자료 읽기 사전』, 한양대 출판부

장종하(1986), 「십오세기 국어의 복합동사 연구」, 단국대 석사학위 논문.

전철웅(1990), 「사이시옷」, 『국어연구 어디까지 왔나』, 동아출판사.

정동환(1991), 「국어 합성어의 의미관계 연구」, 건국대 박사학위 논문.

정원수(1992), 『국어의 단어 형성론』, 한신문화사.

조남호(1988), 「현대국어의 파생접미사 연구: 생산력이 높은 접미사를 중심으로」, 국어연구 85.

조일규(1997), 『파생법의 변천(Ⅰ)』, 박이정.

조현룡(1994), 「국어 비통사적 합성어의 통시적 연구」, 경희대 석사학위 논문.

주시경(1910), 『국어문법』.

채현식(2000), 「유추에 의한 복합명사 형성 연구」, 서울대 박사학위 논문.

최규일(1989), 「한국어 어휘형성에 관한 연구」, 성균관대 박사학위 논문.

최남희(1996), 『고대국어 형태론』, 박이정.

최태영 외(1997), 『한국어문학논고』, 태학사.

최현배(1937/1989), 『우리말본』, 정음문화사.

최형용(2002), 「국어 단어의 형태·통사론적 연구: 통사적 결합어를 중심으로」,
　　　서울대 박사학위 논문.

하미선(1998), 「우리말 합성풀이씨를 이루는 불구뿌리 연구」, 동아대 석사학위
　　　논문.

한상인(1998), 『조선초기 이두의 국어학적 연구』, 보고사.

한재영(1999), 「중세국어 복합동사의 구성에 관한 연구」, 『어학연구』 35-1.

한태형(1986), 「국어 합성어 연구: 합성 임자씨, 합성 풀이씨의 생산성과 관련하
　　　여」, 연세대 석사학위 논문.

허　웅(1965), 「15세기 국어 용언의 강세 접미사」, 『조명기 박사 환갑기념 불교
　　　사학논총』.

＿＿＿＿(1966ㄱ), 「서기 15세기 국어를 대상으로 한 조어법의 서술방식과 몇가지
　　　문젯점」, 『동아문화』 6.

＿＿＿＿(1966ㄴ), 「서기 15세기 국어의 비통사적 합성어」, 『아세아학보』 2, 아세
　　　아 학술연구회.

＿＿＿＿(1967), 「서기 15세기 국어의 통사적 합성어」, 『동방학지』 8, 연세대 동방
　　　학연구소.

＿＿＿＿(1975), 『우리옛말본: 15세기 국어 형태론』, 샘문화사.

허철구(1998), 「국어의 합성동사 형성과 어기분리」, 서강대 박사학위 논문.

홍윤표(1993), 『국어사 문헌자료 연구』, 태학사.

＿＿＿＿(1994), 『근대국어연구』(Ⅰ), 태학사.

홍일섭(1984), 「한국어 조어법 연구: 중세어를 중심으로」, 중앙대 석사학위 논문.

황현주(1994), 「국어의 복합동사에 관한 연구: 'X + 하다' 복합동사를 중심으로」, 성신여대 석사학위 논문.

藤澤文人(1994), 「복합동사의 형태·의미론적 고찰」, 경북대 석사학위 논문.

Aitchison, J.(1989), *Words in the mind: An introduction to the mental lexicon*, 임지룡·윤희수 역(1993), 경북대 출판부.

Aronoff, M.(1976), *Word Formation in Generative Grammar*, The MIT press.

Bauer, L.(1983), *English word-formation*, Cambridge:Cambridge University Press.

Bloomfield, L.(1933), *Language*, London:Allen & Unwin.

Caplan, D.(1992), *Language: Structure, Processing, and Disorder*, The MIT press.

Hockett, C. F.(1958), *A Course in Modern Linguistics*, New York:Macmillan.

Lyons, J.(1968), *Introduction to theoretical linguistics*, Cambridge: Cambridge University Press.

Lyons, J.(1977), *Semantics*, Cambridge: Cambridge University Press.

Marchand, H.(1969), *The categories and types of present-day English word-formation*, 2nd eds., Munchen: Verlag C·H·Beck.

Nida, E. A.(1949), *Morphology: The Descriptive Analysis of Words*, 2nd ed., University of Michigan Press.

__________(1973), *Componential Analysis of Meaning*, 조항범 역(1990), 탑출판사.

Palmer, F. R.(1976), *Semantics*, Cambridge University Press.

Scalise, S.(1984), *Generative morphology*, Foris Publications, 전상범 역(1987), 한신문화사.

Sohn Ho-min(1976), *Semantics of Compound Verbs in Korean*, 『언어』 1-1, 한국언어학회.

Ullmann, S.(1957), *The Principles of Semantics*, Basil Blackwell, Oxford.

__________(1962), *Semantics*, Basil Blackwell, Oxford.

부 록

어간복합어 목록

(가) 후기 중세국어부터 현대국어까지 용례가 확인되는 어휘

(나) 후기 중세국어부터 근대국어까지 용례가 확인되는 어휘

(다) 후기 중세국어에서만 용례가 확인되는 어휘

(라) 근대국어부터 현대국어까지 용례가 확인되는 어휘

(마) 근대국어에서만 용례가 확인되는 어휘

(바) 현대국어에서만 용례가 확인되는 어휘

1. 복합동사

갈닦다(바)
갈바래다(바)
갈부수다(바)
감샐다(라)
감뛰다(바)
감믈다(가)
감삼다(마)
감싸다(바)
감씹다(바)
값돌다(가)
갖추쓰다(바)
굴희나다(다)
거둘다(다)
거느리치다(다)

거두쁠다(다)
거두들다(나)
거두불다(다)
거두잡다(다)
거두쥐다(다)
거두추다(마)
거르뛰다(다)
걷곳다(나)
걷나다(가)
걷니다(가)
걷몰다(바)
걷잡다(바)
걷지르다(바)
걸앉다(가)
걸채이다(바)
검기울다(바)

것모르죽다(나)
것곳다(다)
것긇다(다)
것듣다(다)
것비치다(다)
션니르나(가)
고르잡다(바)
고초드듸다(다)
고초앉다(마)
곧듣다(바)
곧차다(바)
곯마르다(바)
곱꺾다(바)
굶주리다(라)
굽닐다(라)
굽죄다(바)

굽지지다(마)
굽질리다(바)
그우니다(다)
그치누르다(다)
글밂다(다)
긁빗다(나)
긁싯다(나)
긁쥐다(다)
긋누르다(다)
긋버히다(다)
깁누비다(다)
깁보타다(다)
ᄀᆞ다듬다(가)
ᄀᆞ리듧다(다)
ᄀᆞ리쓰다(다)
ᄀᆞ리얼다(마)
ᄀᆞᆯ이막다(다)
ᄀᆞᆯ희집다(나)
깔뜨다(바)
깔보다(라)
꼬집다(바)
꿇앉다(바)
끄집다1(바)
나니다(나)
나들다(가)
낮보다(바)
낮잡다(바)
너르듣다(다)
넘ᄢᅵ다(가)
넘걷다(다)
넘나다(가)
넘나들다(라)
넘내리다(바)

넘노닐다(바)
넘늘어지다(바)
넘드듸다(다)
넘보다(바)
넙놀다(가)
노니다(가)
높뛰다(바)
누르볶다(다)
눅놀다(다)
눅늘어지다(바)
눅자치다(가)
눕닐다(마)
늧들다(바)
늧뿌리다(바)
늧심다(바)
늧익다(바)
늧자라다(바)
늧잡다(바)
늧잡죄다(바)
늧치르다(바)
닐뮈다(다)
닛다히다(마)
ᄂᆞ니다(가)
ᄂᆞ솟다(가)
눌뮈다(나)
눌쁘다(나)
눌씌다(라)
눌우치다(다)
눌웆다(다)
달뜨다(바)
더브살다(다)
더위잡다(가)
덥누로다(라)

덥달다(나)
덥두드리다(마)
덮닙다(다)
덮두들기다(바)
덮싸다(바)
덮싸쥐다(바)
덮쌓다(바)
덥수기다(다)
도돋다(다)
도니다(가)
도셔다(가)
도지다(마)
돈보다(바)
돌봇다(가)
두위구우리다(다)
두위눕다(다)
두위드듸다(다)
두위틀다(다)
두의걷다(다)
둘보다(마)
둡덥다(나)
드나둘다(가)
드날리다1(바)
드놓다(가)
드다루다(바)
드더지다(라)
드위부치다(다)
듣보다(가)
들앉다(바)
들엎드리다(바)
들엎디다(바)
들오다(바)
디낳다(마)

딕먹다(나)
딕좃다(나)
돋건니다(다)
돋니다(가)
돋닐다(다)
둘이니다(다)
막미다(마)
맛보다(나)
맞나다(가)
메밨다(나)
메지다(다)
모도디니다(다)
모도잡다(다)
모도흐르다(다)
무뜯다(바)
무루좃다(마)
무르끓다(바)
묵삭다(바)
묵새기다(바)
묻갊다(다)
묻져주다(다)
물쁘다(다)
뭇샇다(다)
므너흘다(나)
므르듣다(다)
므르굴다(다)
므르슬다(마)
므르걷다(나)
므르고으다(나)
므르글히다(다)
므르녹다(가)
므르닉다(가)
므르들다(다)

므르딯다(다)
므르십다(다)
미당기다(바)
밀혀다(다)
밀몬지다(마)
밀막다(바)
밀맡기다(바)
밀몰다(바)
밀힐후다(다)
밉보다(바)
므르서흘다(다)
몰갔다(다)
몰요다(나)
몱안초다(다)
미뭇다(나)
미쑤미다(나)
미얽다(다)
바르집다(바)
받내다(바)
받들다(가)
받나가다(바)
받나디(비)
받놀다(바)
받놓다(바)
받드듸다(가)
받딛다(바)
받서다(바)
벗가다(바)
벗나가다(바)
벗듯다(마)
베서흘다(나)
보술피다(가)
보비호다(다)

봄노솟다(다)
봇닭다(다)
봇닳다(다)
붓동히다(라)
붓디켜다(마)
붙견디다(바)
붙동이다(바)
붙따르다(바)
붙매이다(바)
붙박다(바)
붙움키다(바)
붙죄다(바)
뷔터다(마)
뷔걷다(마)
뷔듣니다(다)
뷔틀다(가)
브스굴다(다)
브스딯다(다)
브스왜다(다)
브르지지다(가)
븥동기다(가)
븥들다(가)
븥안다(가)
븥잡다(가)
븥좇다(가)
빌쁘다(다)
빌먹다(다)
빌붙다(바)
빗눌다(다)
빗거스리다(다)
빗놓다(나)
빗잡다(다)
빗흐르다(다)

ㅂㄹ좇다(다)	설잡죄다(바)	씨엊다(라)
볼뜨듸다(다)	설차다(바)	쩍지르다(마)
뛰놀다(가)	설취하다(바)	쥐쩨다(마)
빨다리다(바)	섯돈니다(다)	쮜닐다(마)
뻗디디다(바)	섯돋다(다)	쏩내다(마)
뻗딛다(바)	섯민다(다)	쏩듣다(다)
뻗서다(바)	섯및다(다)	썔먹다(다)
뽀지지다(마)	섯굴이다(다)	씻부시다(바)
쓰다듬다(라)	섯결다(다)	쓰덥다(마)
쓰서럿다(마)	섯느리다(다)	안니다(마)
쓰설다(다)	섯닐다(다)	알슳다(마)
삐들다(다)	섯돌다(나)	얕보다(바)
뛰놀다(다)	섯듦다(다)	얕잡다(바)
살죽다(바)	섯든다(다)	어긔으릋다(나)
석배다(다)	섯몯다(다)	어녹다(바)
섞갈리다(바)	섯박다(다)	어루꾀다(바)
섞바꾸다(바)	섯배다(다)	어루달래다(바)
섞사귀다(바)	섯버믈다(나)	어르문지다(가)
설굳다(바)	섯불다(마)	어르더듬다(라)
설굽다(바)	섯알프다(다)	어리믜다(마)
설깨다(바)	섯얽다(다)	어리미치다(마)
설다루다(바)	섯흘리다(다)	어리비치다(바)
설데치다(바)	숩쓰다(라)	어울트다(마)
설되다(바)	솟긇다(다)	얼녹다(바)
설듣다(바)	솟나다(다)	얼마르다(바)
설마르다(바)	솟보다(바)	얼부풀다(바)
설맞다(바)	슬믜다(나)	얼붙다(바)
설보다1(바)	싀새오다(라)	얽믜다(가)
설삶다(바)	시가시다(라)	얽동히다(라)
설엊다(나)	시붓다(다)	얽섞이다(바)
설익다(바)	십두드리다(다)	업둘다(다)
설자다(바)	싯빗기다(마)	업눌으다(라)
설잡다(바)	싀자리다(다)	엎누르다(바)

엎쓸다(바)
여닷다(라)
여위ᄆᆞᄅ다(다)
여위시들다(다)
엿듣다(라)
엿보다(가)
엿살피다(바)
오ᄅᄂ리다(가)
옥갈다(바)
옥깨물다(바)
옥다물다(바)
옥물다(바)
옥붙다(바)
옥죄다(바)
옭걸다(바)
옭매다(바)
옮돋니다(다)
외푸다(다)
우기누르다(다)
우기쥐다(마)
우니다(가)
우ᄅ적시다(다)
우지지다(가)
웨지지다(마)
옭잡다(마)
이받다(가)
이싯다(다)
이우시들다(다)
일찌오다(라)
잔갈다(바)
잔널다(바)
잔다듬다(바)
잡굿이다(다)

잡가티다(다)
잡달호다(다)
잡들다(나)
잡매다(바)
잡죄다(라)
잡쥐다(가)
잦다듬다(바)
잦쥐다(바)
저투리다(다)
접개다(바)
져기드듸다(마)
졋붓다(마)
좃드듸다(다)
좃붙다(다)
죽배다(다)
죽살다(다)
줏미다(다)
줏모호다(마)
쥐므르다(가)
쥐빗다(마)
쥐빗다(바)
쥐잡다(마)
쥐주다(나)
쥐집다(마)
쥐치다(다)
즈르드듸다(다)
즈르잡다(마)
즈르쥐다(마)
지르감다(바)
지르끼다(바)
지르누르다(바)
지르되다(바)
지르디디다(바)

지르물다(바)
지르밟다(바)
지르보다(바)
지르신다(바)
지즐ᄐ다(마)
지즐먹다(다)
지즐앉다(다)
지지누르다(바)
직좃다(마)
찌삶다(바)
추들다(다)
푸ᄂ외다(다)
헐믚다(나)
헐쓸다(라)
헐벗다(라)
헤쁘다(나)
헤츠다(다)
헤듣다(다)
헤다히다(가)
헤므르다(다)
헤부치다(다)
헤불다(다)
헤적시다(마)
헤젓다(가)
헤퍼디다(다)
횟도니다(다)
훅ᄇᆞᆺ다(나)
후리쁠다(가)
홀그으다(마)
휘감다(라)
휘감치다(바)
휘넣다(마)
휘늘어지다(바)

휘더듬다(바)
휘덮다(바)
휘돌다(라)
휘둘러보다(바)
휘듣다(마)
휘말다(바)
휘몰다(바)
휘젓다(바)
휫두르다(가)
흐치다(마)
흐르니다(다)
흐리눅다(마)
흘리띄우다(바)
흘리젓다(바)
홋놀다(라)
홋미다(마)
홋쏠히다(라)
홋걷다(마)
홋더디다(마)
홋듯다(마)
홋부르다(마)
홋부치다(마)
흩던지다(바)
회번득이다(라)
흣놀이다(다)
흣저즐다(다)

2. 복합형용사

감푸르다(가)
감노랗다(바)
감노르다(바)
감붉다(마)

감파랗다(바)
감파르족족하다(바)
감푸르다(바)
검누렇다(바)
검누르다(바)
검묽다(바)
검불그스름하다(바)
검붉다(바)
검붉다(가)
검뿌옇다(바)
검어듭다(다)
검퍼렇다(바)
검푸르다(바)
검푸르죽죽하다(바)
검프르다(가)
고리삭다(바)
고리타분하다(바)
고리탑탑하다(바)
곧바르다(바)
구리터분하다(바)
구리텁텁하다(바)
굳브르다(다)
굳세다(가)
길동그랗다(바)
길동글다(바)
길둥그렇다(바)
길둥글다(바)
깁수위다(다)
낡삭다(바)
널펀펀하다(바)
넓둥글다(바)
넓삐죽하다(바)
높놋갑다(가)

높나직하다(바)
높푸르다(바)
누르뻑뻑하다(바)
누르칙칙하다(바)
누르퉁퉁하다(바)
누리비리다(다)
느리터분하다(바)
달보드레하다(바)
덦거츨다(가)
덥듯흐다(나)
돈나다(바)
동글갸름하다(바)
동글납대대하다(바)
동글납작하다(바)
동글반반하다(바)
됴쿻다(나)
둥글납작하다(바)
둥글넓데데하다(바)
둥글넓적하다(바)
둥글번번하다(바)
둥글삐죽하다(바)
맵싸하다(바)
맵짜다(바)
맵차다(바)
붉누르다(바)
븓질긔다(다)
비리누리다(다)
뽄알프다(나)
뽈알히다(라)
설미지근하다(바)
설우르다(가)
싀서늘흐다 (가)
시들마르다(바)

싱검털털하다(바)
알살피다(마)
얄밉다(라)
얕푸르다(바)
어두침침하다(바)
어두캄캄하다(바)
어두컴컴하다(바)
어둠침침하다(바)
어리미혹ᄒ다(다)
어위크다(다)
얽머흘다 (나)
엷붉다(바)
엷파랑다(바)
엷푸르다(바)
올곧다(바)
올바르다(바)
잦바듬하다(바)
재빠르다(바)
젖버듬하다(바)
질긔굳다(다)
짙붉다(바)
짙푸르다(바)
줏밉다(라)
코리타분하다(바)
코리탑탑하다(바)
쿠리터분하다(바)
쿠리텁텁하다(바)
크넓다(바)
푸르누렇다(바)
푸르싱싱하다(바)
흑ᄇᄉᄉᄒ다(마)
흑덕다(다)
흐리터분하다(바)

희넓적하다(바)
희누르스레하다(바)
희누르스름하다(바)
희말쑥하다(바)
희맑다(바)
희멀겋다(바)
희멀끔하다(바)
희멀쑥하다(바)
희묽다(바)
희번드르르하다(바)
희번지르르하다(바)
희부옇다(바)
희불그레하다(바)
희붉다(바)
희뿌옇다(바)
희조츨ᄒ다(마)

3. 복합명사

감발(바)
감파랑(바)
거르션(마)
거츨게(마)
건너편(바)
건넛마을(바)
건넛방(바)
건넛산(바)
건넛집(바)
검금(라)
검노랑(바)
검노린재(바)
검독수리(바)
검물벼룩(바)

검물잠자리(바)
검버섯(라)
검보라색(바)
검새(마)
검자주색(바)
검자줏빛(바)
검팽나무(바)
검회색(바)
곧뿌림(바)
곧창자(바)
곱구슬(바)
곱상(바)
곱자(바)
곶감(라)
굳기름(바)
굳돌(바)
굳비늘(바)
굳뼈(바)
굽가락지(바)
굽성(바)
깎낫(바)
꺾괄호(바)
꺾쇠(바)
꺾자(바)
꺾창(바)
나눗셈(바)
나눗수(바)
널다둠이(라)
넓미역(바)
넙가래(라)
넙창(마)
노느몫(바)
높다락(바)

<table>
<tr><td>높바람(바)</td><td>늦여름(바)</td><td>되비지(바)</td></tr>
<tr><td>높쌘구름(바)</td><td>늦잎(바)</td><td>두디쥐(가)</td></tr>
<tr><td>높하늬바람(바)</td><td>늦자식(바)</td><td>두텁떡(바)</td></tr>
<tr><td>늙바탕(바)</td><td>늦작물(바)</td><td>둣겁느믈(마)</td></tr>
<tr><td>늙판(바)</td><td>늦잠(바)</td><td>둥글돔(바)</td></tr>
<tr><td>늦왜즉(다)</td><td>늦장(바)</td><td>둥글먼지벌레(바)</td></tr>
<tr><td>늦가을(바)</td><td>늦장가(바)</td><td>둥글목람가뢰(바)</td></tr>
<tr><td>늦갈이(바)</td><td>늦장마(바)</td><td>둥글무늬바퀴(바)</td></tr>
<tr><td>늦감자(바)</td><td>늦재주(바)</td><td>맺씨(바)</td></tr>
<tr><td>늦거름(바)</td><td>늦저녁(바)</td><td>몰표(바)</td></tr>
<tr><td>늦거리(바)</td><td>늦점심(바)</td><td>묵나물(바)</td></tr>
<tr><td>늦겨울(바)</td><td>늦철(바)</td><td>묵뫼(바)</td></tr>
<tr><td>늦공부(바)</td><td>늦체(바)</td><td>묵무덤(바)</td></tr>
<tr><td>늦과일(바)</td><td>늦콩(바)</td><td>묵밭(바)</td></tr>
<tr><td>늦김치(바)</td><td>늦팥(바)</td><td>묵솝(바)</td></tr>
<tr><td>늦닭(바)</td><td>늦풀(바)</td><td>밉상(바)</td></tr>
<tr><td>늦더위(바)</td><td>늦하늬(바)</td><td>밉성(바)</td></tr>
<tr><td>늦동지(바)</td><td>늦하늬바람(바)</td><td>받대접(바)</td></tr>
<tr><td>늦모(바)</td><td>늦호박(바)</td><td>받돌(바)</td></tr>
<tr><td>늦물1(바)</td><td>늦휴가(바)</td><td>받줄(바)</td></tr>
<tr><td>늦물2(바)</td><td>다듬가위(바)</td><td>밟다듬이(바)</td></tr>
<tr><td>늦바람(바)</td><td>다듬대(바)</td><td>벋다리(바)</td></tr>
<tr><td>늦밤(바)</td><td>다듬면(바)</td><td>부채(가)</td></tr>
<tr><td>늦밭갈이(바)</td><td>다듬몸돌(바)</td><td>붉가시나무(바)</td></tr>
<tr><td>늦배(바)</td><td>다듬재단(바)</td><td>붉돔(바)</td></tr>
<tr><td>늦벼(바)</td><td>더듬감각(바)</td><td>붉벤자리(바)</td></tr>
<tr><td>늦보리(바)</td><td>덥치그물(마)</td><td>붉오동(바)</td></tr>
<tr><td>늦복(바)</td><td>덮그물(바)</td><td>붓돗(라)</td></tr>
<tr><td>늦복숭아(바)</td><td>덮깃(바)</td><td>붙장(바)</td></tr>
<tr><td>늦봄(바)</td><td>덮밥(바)</td><td>붙접(바)</td></tr>
<tr><td>늦부지런(바)</td><td>돋새김(바)</td><td>붉나모(라)</td></tr>
<tr><td>늦새끼(바)</td><td>동글붓(바)</td><td>비븨활(나)</td></tr>
<tr><td>늦서리(바)</td><td>되두부(바)</td><td>붉쥐(가)</td></tr>
</table>

뽓돌(가)
섞흐름(바)
시들방귀(바)
시들병(바)
쓰믈(가)
쩨짓(라)
어울무덤(바)
얼망(바)
얽매그물(바)
옥까뀌(바)
옥낫(바)
옥니(바)
옥다리(바)
옥생각(바)
옥셈(바)
옥자귀(바)
옥자새(바)
옥장사(바)
옭마디(바)
옭매듭(바)
잔주름(바)
잔징(마)
접관(바)
접낫(바)
접문(바)
접부채(바)
접요(바)
접자(바)
접장(바)
접창(바)
접초롱(바)
접칼(바)
접톱(바)

접교의(마)
겹낫(라)
죽상(바)
째못(바)
쪼개접(바)
튀밥(바)
풀버히옷(마)
후리장(바)
후리채(바)
후릿가래질(바)
후릿고삐(바)
후릿그물(라)
후릿줄(바)
흘긔눈(마)
희갈색(바)
희누른색(바)

이선영

· 대구 출생
· 서울대학교 인문대학 국어국문학과 졸업(1990)
· 동 대학원 국어국문학과 문학석사(1992)
· 동 대학원 국어국문학과 문학박사(2002)
· 서울대, 명지대, 가톨릭대, 숙명여대, 서울여대 강사 역임
· 현재 숭실대학교 국어국문학과 전임강사

주요 논문

용언 어간의 어휘형성론적 고찰(2003)
『음식디미방』과 『주방문』의 어휘 연구(2004)
근대국어의 단어형성에 대한 고찰(2005)
후기 중세국어의 색채어에 대하여(2005)

국어 어간복합어 연구

초판 1쇄 인쇄	2006년 5월 8일
초판 1쇄 발행	2006년 5월 11일

지은이	이선영
펴낸이	지현구
펴낸곳	태학사

경기도 파주시 교하읍 문발리
파주출판문화정보산업단지 498-8
전화 : (031) 955-7580
전송 : (031) 955-0910
등록 제406-2006-00008호
전자우편 : thaehak4@chol.com

ISBN 89-5966-047-7 94710
ISBN 89-7626-147-X (세트)

값 11,000원

☞ 이 책은 지은이와의 협의하에 인지를 생략합니다.
☞ 잘못된 책은 구입한 곳이나 본사에서 바꾸어 드립니다.

國語學 叢書 目錄